KB190074

30개
도시로 읽는
영국사

30개
도시로 읽는

영국사

김현수 지음

다산
초당

"도시는 인류 문명의 중심이자 역사의 증거다.

도시는 역사를 만들고, 역사를 보존하고, 역사를 바꾼다.

도시를 통해 역사를 보고, 듣고, 느낄 수 있다.

도시는 살아 있는 역사 교과서다."

내가 영국에 관심을 가지기 시작한 건 청소년 시절이었다. 지금 청소년들은 해리 포터 시리즈를 비롯해 여러 영화와 책, 유튜브를 통해 영국의 문화와 역사, 장소와 인물, 사건들을 쉽게 접할 수 있지만, 당시에는 그런 기회가 거의 없었다. 그럼에도 청소년 시절에 영국의 유명한 두 대학인 옥스퍼드와 케임브리지를 비교하며 '나라면 어느 대학을 선택할까?'라는 상상을 자주 했다. 그때는 꿈뿐이었지만, 이러한 관심은 나중에 영국사 연구라는 현실적인 목표로 바뀌었다.

필자는 영국 역사에 대한 깊은 관심을 가진 사학자로, 오랫동안 영국의 정체성과 민주주의의 기원을 연구해 왔다. 특히 한국이 영국의 외교사에서 배울 수 있는 교훈이 무엇인지를 탐구했다. 외교사 이외에 영국이 민주주의의 발전에 어떤 역할을 했는지, 그리고 그 역사가 현재의 영국 사회와 문화에 어떤 영향을 미쳤는지를 단지 학술적인 관점에서만 살피지 않고, 넓은 시각에서 바라보고자 했다. 그래서 일반 독자들을 위해 『이야기 영국사』를 비롯한 몇 권의 책도 썼다.

영국 역사 연구와 집필을 위해 그동안 영국의 다양한 기관과 기록 보관소를 방문하여 소중한 자료들을 수집했다. 그 결과 어느 정도의 학문적 결실을 이루었으나 그래도 돌아보면 여전히 아쉬운 부분이 남아 있다. 강단에서 강의할 때나 (사학)과에서 정례 학술답사 기간이 돌아오면 항상 학생들에게 "책으로 배운 역사를 직접 보고 만지고 느끼는 시간을 가져라"라고 말했다. 하지만 정작 나 자신은 연구와 역사 문헌 확보를 위해 영국 지역을 누비고 다녔지, 역사의 현장을 스스로 피부로 느껴보는 시간을 제대로 가지지 못했다. 이런 아쉬움을 느낄 즈음 다산북스에서 『30개 도시로 읽는 영국사』라는 책 집필을 제안했다. 이 제안이 문헌 속에서 만나던 역사를 현장에서 직접 만나고 느끼는 색다른 경험이 되리라는 생각이 들어 이 책을 쓰기로 결심했다.

이 책은 영국 도시가 갖고 있는 역사에 대한 간략한 소개이다. 영국은 정식으로 'United Kingdom of Great Britain and Northern Ireland'라고 불리며, 잉글랜드, 스코틀랜드, 웨일스, 북아일랜드의 네 개의 지역으로 구성된다. 저마다 다른 역사와 문화를 지닌 지역들이 모여 나라를 이룬 만큼 도시마다 독특하고 다채로운 이야기가 있다. 여기서는 그중 30개 도시를 선정하여 소개하고자 한다.

이 책은, 영국의 원주민인 켈트족 후손이 유지했던 지역(스코틀랜드, 웨일스, 북아일랜드)과 로마제국이 물러난 5세기 이후 영국 땅에 들어온 게르만족을 중심으로 형성된 7개 왕국 지역(에식스·서식스·웨섹스 왕국들과 켄트 왕국, 이스트앵글리아 왕국, 머시아 왕국, 노섬브리아 왕국)으로 나누고, 그 속에서 역사적으로 의미가 큰 도시들을 뽑아 살펴보았다. 게르만족의 경우 앵글족, 색슨족, 주트족, 이 세 부족이 들어와 지역별로 특색 있게 왕국을 형성했기에 이 부분도 염두에 두고 구성했다. 그리고 지역별로 차례를 짜되 각 지역의 도시들은 첫 번째 언급한 도시로부터 시계 방향으로 이동하며 살펴보았다.

이 책을 읽다 보면 영국의 역사뿐만 아니라 자연스럽게 영국의 정체성과 문화를 깊이 이해하게 된다. 각 도시는 영국 역사의 특정한 시기나 사건과 밀접한 관련이 있으며, 그 도시의 문화, 건축, 예술 등으로 영국 역사의 다양한 측면을 살펴볼 수 있다. 단순한 역사적 사실 나열에 그치지 않고, 그 사실이 현재의 영국 사회와 어떻게 연결되는지, 도시 간의 공통점이나 차이점이 어떠한지 등 영국의 정체성을 분석하고 비교해 볼 수 있다.

또 이 책을 읽으면 여행자들이 직접 체험하고 느낄 수 있는 여행 코스를 살펴볼 수 있다. 그리고 이 책을 읽어 여행지에 대한 배경지식을 습득하고, 실제로 방문하면 그 장소의 매력을 더욱 깊이 있게 즐길 수 있을 것이다. 부디 이 책이 독자의 여행에 풍부한 재미를 더하는 가이드북이 되기를 바란다.

끝으로 책이 나오기까지 물심양면으로 신경 쓰고 지원해 준 다산북스에 진심으로 감사의 말씀을 드리며, 독자들의 영국 여행에 이 책이 도움이 되기를 기대해 본다.

2024년 10월

김현수

30개 도시로 떠나는 영국사 여행 지도

대서양

북해

스코틀랜드

글래스고 · 에든버러

북아일랜드 · 벨파스트

뉴캐슬어폰타인

랭커스터 · 요크
리즈 · 킹스턴어폰헐
맨체스터 ·
리버풀 · 셰필드

노팅엄
코번트리 · 레스터 · 노리치
버밍엄 · 잉글랜드 · 일리
우스터 · 케임브리지
글로스터 · 콜체스터
옥스퍼드 · 런던
스완지 · 웨일스 · 브리스톨 · 캔터베리
카디프 · 윈체스터
포츠머스
플리머스

차례

1부 방어적이고 실용적인 잉글랜드 남부 지역
색슨족과 주트족 도시들

2부 구조적이고 지역 중심적인
잉글랜드 중북부 지역

앵글로족 도시들

차 례

3부 고립적이고 자연 중심적인
잉글랜드 이외 지역
켈트족 도시들

1부

방어적이고 실용적인
잉글랜드 남부 지역

색슨족과 주트족 도시들

에식스·서식스·웨섹스 왕국들과 켄트 왕국

색슨족은 5세기 이후로 잉글랜드에 정착한 게르만족의 한 부족이다. 그들은 앵글족, 주트족과 함께 앵글로색슨인이라고 불리며, 잉글랜드의 역사와 문화에 깊은 흔적을 남겼다. 색슨족은 원래 독일 북부와 북해 연안의 작센 지역 출신이었으며, 이 지역은 현재의 니더작센과 베스트팔렌 지역에 해당한다. 색슨족은 잉글랜드 남부와 중부에 여러 왕국을 건설했는데, 그중에서 가장 유명한 것은 에식스, 서식스, 웨섹스이다. 이들 세 왕국은 다른 앵글로색슨 왕국들과 교류하거나 대립하면서 무역을 하고 전쟁을 벌였다. 이 지역에서 다룰 색슨족 왕국들의 영향권에 속한 주요 도시는 8곳인데, 첫 수도인 윈체스터에서 시작하여 현재의 수도인 런던으로, 이어서 캔터베리, 포츠머스, 플리머스, 브리스틀, 글로스터, 옥스퍼드까지 살펴볼 것이다.

01

윈체스터

Winchester

앨프레드 대왕의
명성만이 남은 도시

주	햄프셔주
인구	48,478명 (2021)

Winchester

윈체스터는 영국 남부에 자리 잡은 평온한 고대 도시로, 역사적인 매력을 갖고 있다. 도시의 가장 중심이 되는 거리인 하이 스트리트를 걷다 보면 도시의 상징물을 발견할 수 있다. 바로 도시 중심가 동쪽 끝에 서 있는 앨프레드 대왕Alfred the Great의 청동상이다. 앨프레드 대왕은 윈체스터를 수도로 삼고, 그곳에서 법률을 정리하고 교육을 장려하며 군사적 방어 또한 강화했다. 초기 잉글랜드 왕국의 통일과 발전에 큰 영향을 미친 인물이다.

앨프레드 대왕의 꿈이 담긴 윈체스터 대성당

윈체스터는 영국 역사의 중심지로, 앨프레드 대왕 동상에

방문객들을 반기는 앨프레드 대왕의 동상

서 시작해 도시의 중심부로 한 블록쯤 걸어가다 보면 왼편에 중앙
홀의 길이가 유럽에서 가장 긴 중세 시대의 건축물이자 영국에서
여섯 번째로 큰 규모의 윈체스터 대성당이 보인다. 수직적인 고딕
양식의 아름다운 외관을 뽐내는 이 성당은 영국 문학의 거장인 제
인 오스틴의 무덤과 유명한 윈체스터 성경 등 많은 문화유산을 간
직하고 있다.

　'이 대성당을 앨프레드가 세웠을 거야. …아닌가?' 이런 의문이

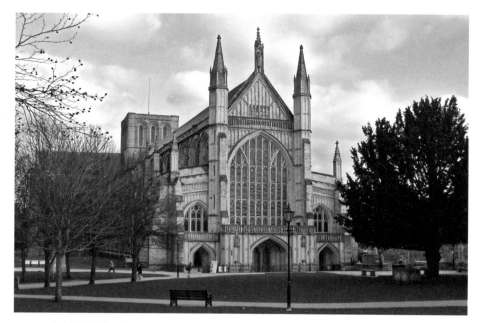

고딕 양식의 윈체스터 대성당

든다면 먼저 앨프레드 대왕의 기독교 정책을 살펴봐야 한다. 앨프레드는 영국 전역을 기독교로 통일하려는 꿈을 가지고 윈체스터에서 기독교 부흥과 확산을 위해 큰 노력을 기울였다. 9세기 후반 처음 쓰이기 시작한 역사서 『앵글로색슨 연대기』에 따르면, 그는 7세기에 건설된 '올드 민스터'라는 교회를 중심으로 기독교 문화를 부흥시켰다. 이 교회는 영국뿐만 아니라 유럽에서도 유명한 성직 학자들의 터전이 되었다. 그는 왕립 학교를 설립하여 올드 민스터 출신 성직 학자들을 고용하고 왕가와 귀족, 우수한 중산층의 자녀들에게 기독교 교육을 담당하게 했다. 또 학자들에게 라틴어로 된 기독교 서적을 영어로 번역하고 출판하도록 독려했다. 이러한 역사적 사실들로 볼 때, 앨프레드는 교회와 교육을 통해 기독교 통치를 실현하고자 하는 열정과 희망을 품고 있었다고 할 수 있다.

기록에 따르면 앨프레드는 대성당보다 이미 존재하던 올드 민스터 근처에 뉴 민스터라는 새로운 교회를 건설하려 했으나, 완공을 보지 못하고 사망했다. 다행히 그의 아들 대 에드워드Edward the Elder가 그의 유지를 이어받아 뉴 민스터를 완공시켰다.

그렇다면 앨프레드 대왕과 관련된 두 민스터와 전혀 다른, 윈체스터 교구 주교가 관할하는 대성당은 언제 누가 세운 것인가? 1066년 노르망디 공인 윌리엄은 잉글랜드를 정복한 다음, 정복을 인정받기 위해 잉글랜드 전역에 성을 건설하고, 교회와 수도원을 개조하고, 국왕으로서의 권위를 강화하기 위한 여러 조처를 취했다. 그 한 과정으로 대성당도 윌리엄의 명으로 1079년에 두 민스터 바로 남쪽에 건설되기 시작해 1093년에 완성되었다.

대성당 건물이 완성된 직후 앨프레드와 관련된 두 민스터는 철거되었다. 올드 민스터는 현재 대성당 본당의 북쪽에 건물의 윤곽만 남아 있고 뉴 민스터는 윈체스터 북쪽 성벽 바로 바깥쪽에 하이드 수도원으로 옮겨 갔다. 앨프레드 대왕 부부의 유해도 원래는 뉴 민스터에 안치되었다가 이때 하이드 수도원으로 옮겨졌다. 그러나 철거 당시 다른 색슨계 왕들의 많은 무덤과 앨프레드에 버금가는 위대한 잉글랜드 왕이던 바이킹 출신 크누트 대왕의 무덤은 윈체스터 대성당에 옮겨 안치되었다. 이런 사실에서 윌리엄이 대성당에 노르만의 전통을 녹여내는 것도 중요하게 여겼지만 앵글로색슨계 잉글랜드의 전통도 보존하려던 의지가 있었음을 알 수 있다.

현재 대성당에 앨프레드의 무덤이 존재하지 않지만, 이곳을 방문하는 누구나 그가 꿈꾸던 기독교 통치란 꿈은 오롯이 담겨 있음을 느껴볼 수 있다.

전설이 된 아서 왕 원탁에 숨어 있는 힘

대성당에서 하이 스트리트로 나와 서쪽으로 10분 정도 걸어가면 중세 성곽의 유적이 남아 있다. 도시의 역사와 문화를 알려주는 안내판을 따라가다 보면 성의 메인 룸인 그레이트 홀이라는 성채의 일부가 보인다. 이 성채는 옛날에 왕실과 귀족들이 사용했던 곳으로, 지금은 박물관으로 개방되어 있다.

누구나 역사적 지식 없이 성곽 유적과 그레이트 홀을 대하면 앨프레드 대왕 때부터 있던 것이라 여길 수 있다. 하지만 앨프레드 때에는 조그만 왕궁만 있었고 중세 성의 모습은 영국을 점령한 정복자 윌리엄이 1067년에 로마 시절 성벽으로 둘린 이곳 성터에 존재한 60채의 집을 철거하고 성을 축조한 뒤 갖춰졌다. 이후 윌리엄의

남아 있는 성곽 유적

후손들이 성을 계속 확장했는데 그레이트 홀은 13세기 초에 헨리 3세가 자신이 태어난 성임을 기념하려고 축조한 건축물이었다.

그레이트 홀은 입구로 들어서자마자 영국 고딕 건축의 전형인 목제지붕 골조인 해머 빔 지붕^{hammer beam roof} 형태로 되어 있어 전체적으로 장엄한 분위기를 풍긴다. 입구에 서서 오른쪽으로 고개를 돌리면 홀의 중앙 벽면에 걸린 전설의 아서 왕의 원탁^{Round Table}이 눈에 들어온다.

전설이 된 아서 왕은 6세기에 게르만족의 침략에 맞서 싸운 켈트족 군주로 알려져 있다. 아서 왕과 그의 기사들은 원탁에 앉아 서

해머 빔 지붕

로의 얼굴을 볼 수 있었고, 누구도 다른 사람보다 높거나 낮지 않았다. 그래서 원탁은 오늘날 민주주의의 중요한 가치인 평등을 상징한다. 이는 아서 왕의 지혜와 정의로움을 보여주며, 그가 영국 역사와 문화에 미친 영향력을 증명하는 것이다.

그레이트 홀에 걸려 있는 원탁은 아서 왕 때 만들어진 것이 아니라 헨리 3세의 아들 에드워드 1세 때인 1270년대 초반에 제조되어 처음으로 벽에 걸린 것이다. 이 테이블은 지름이 5.5미터, 무게가 1.2톤에 달하며, 표면에는 아서 왕의 초상과 기사 24명의 이름이 새겨져 있다. 에드워드 1세는 당시 영국의 원주민 켈트족이 사는 스코틀랜드와 웨일스, 아일랜드를 통합하려 했다. 그는 노르만의 후손이었지만, 원탁의 아서 왕처럼 정복한 지역의 사람들을 공정하게 대하고 통치하겠다는 자세를 보였다. 원탁은 에드워드 1세의 겸손함과 힘의 상징이다.

후대 왕인 헨리 8세는 부친인 헨리 7세 때 새롭게 세워진 튜더

전설에 남은 아서 왕의 원탁

왕조를 안정시키고 통합된 영국을 통치하려는 마음에 1522년, 세월에 색 바랜 이 원탁을 수리하여 홀의 벽에 다시 내걸었는데 이 역시 에드워드 1세의 마음가짐과 이어져 있다. 두 왕이 소망하던 원탁에 담아둔 의미와 힘은 헨리 8세의 딸인 엘리자베스 1세 때 현실적으로 드러났다. 엘리자베스 1세는 스스로 "국가와 결혼했다"라고 선포해 겸손한 왕의 모습을 보임으로써 자국민의 마음을 통합한 것이다.

왕위는 내 것, 헨리의 옥새 절도

　　노르만의 윌리엄이 잉글랜드 왕국을 정복하면서 앨프레드가 꿈을 펼쳤던 윈체스터는 수도의 지위를 잃지 않았을까? 윌리엄은 영국 침략 후 대성당과 유사한 교회인 런던의 웨스트민스터 사원에서 영국 국왕 윌리엄 1세로 즉위했고, 또 런던 템스강 변 북쪽에 런던 타워(런던 탑)을 세워 런던 지역민들을 통치했다. 이런 윌리엄의 움직임을 보면 런던을 수도로 삼고자 했다는 사실이 상식적이며 합리적으로 여겨진다.

　　윌리엄 1세는 로베르, 윌리엄 루푸스, 헨리라는 세 아들을 두었다. 윌리엄 1세는 죽기 전에 둘째 아들인 윌리엄 루푸스를 후계자로 지명했고, 그는 윌리엄 2세라는 이름으로 왕위에 올랐다. 그러나 1100년 8월, 윌리엄 2세는 사냥 중에 동행했던 귀족 월터 티럴이 쏜 화살에 맞아 비극적으로 사망하고 만다. 『앵글로색슨 연대기』에 따르면, 화살은 왕의 심장을 꿰뚫었다고 한다. 이때 흥미로운 점은 셋째 아들 헨리가 즉시 윈체스터 왕궁으로 가서 옥새와 국고를 점유하고, 런던으로 달려가 헨리 1세로 즉위했다는 것이다. 그가 이렇게 재빠르게 움직인 이유는 윌리엄 1세의 첫째 아들 로베르가 아직 살아 있었고, 그도 왕위를 원했기 때문이었다. 역사가들은 헨리 1세가 윌리엄 2세의 장례를 신경 쓰지 않고 행동한 것을 왕권 찬탈로 본다.

연대기 내용에서 주목할 부분은 왕실 옥새가 윈체스터 성에 있었다는 사실과 헨리 1세가 즉위하던 1100년에도 여전히 영국의 수도가 윈체스터였다는 사실이다. 이 사건에서 노르만 정복 후에도 일정 기간은 윈체스터가 수도의 역할을 했다는 사실을 알 수 있다.

유대인을 쫓아내고 도시의 영광을 잃다

정복왕 윌리엄은 영국을 정복한 후, 자신의 재정을 강화하기 위해 유럽 각지에서 돈을 벌고 있던 디아스포라 유대인들을 영국으로 유치했다. 그 결과 영국의 여러 도시에 유대인들이 모여 살면서 거리가 형성되었다. 윈체스터는 그레이트 홀 근처의 주리 스트리트Jewry Street.가 이름대로 유대인 거리가 되었으며, 이곳에서 유대인들은 상업과 금융업을 통해 번영했다.

13세기에 유대인 공동체는 금융업을 통해 영국 경제에 큰 영향력을 행사했다. 그러나 그들의 부유함과 성공은 영국인의 적대감과 질투를 불러일으켰고, 유대인은 갖은 박해와 학대를 겪었다. 그중에서도 가장 비참한 사건은 유대인들이 기독교 소년들의 피를 이용하여 종교의식을 실시한다는 거짓 소문 때문에 일어났다. 이 소문은 윈체스터의 유대인 공동체에도 퍼졌고, 그들 중 아브라함 핀치가 체포되어 사형선고까지 받았다. 핀치는 거짓 소문의 희생자였다.

유대인 거리의 흔적이 남아 있다.

　　그러나 윈체스터 영국 내 본격적인 유대인 박해는 영국 정치사
와 연결되면서 시작됐다. 1215년 영국의 존 왕은 귀족들의 압박으
로 '대헌장'(마그나카르타)이라는 역사적인 문서에 서명했다. 왕권
을 제한하고 귀족 대자문회를 중심으로 국정을 운영하겠다는 문서
였다. 존 왕의 후계자 헨리 3세는 이 약속을 어기고 독재적으로 통
치하려고 했으나, 대귀족들의 저항에 부딪혔다. 대귀족들의 리더는
헨리 3세의 사위이자 의회의 창시자로 알려진 시몽 드 몽포르였다.
몽포르는 왕과 전쟁을 벌이면서 유대인들을 탄압하고 재산을 약탈
했다.

몽포르가 반기를 들었을 때 바로 유대인들이 그의 눈에 들어왔다. 당시 기독교인은 고리대금업이 금지되어 유대인만 할 수 있었다. 그러다 보니 영국민 중 대다수가 채무자로 전락하는 경우가 많았다. 유대인에 대한 영국인의 감정은 좋지 않았을 게 뻔했다. 이런 영국민의 정서를 이용해 유대인으로부터 진 빚을 탕감해 주는 조건으로 채무 영국민이 반란군이 되도록 유도했고, 몽포르의 반란군은 결국 기대 이상의 지지를 받아 루이스 전투에서 대승했다. 그리고 그는 약속한 대로 유대인을 박해하면서 반란군에 참여한 영국민의 빚을 없애 주었다. 예외 없이 윈체스터의 유대인 지구도 몽포르의 둘째 아들 시몽에게 공격받아 잔혹하게 약탈당했다.

다행히 얼마 지나지 않아 몽포르는 반란에 실패해 죽고 헨리 3세가 다시 왕위를 회복하며 잠시 유대인 박해가 멈추는 듯했다. 하지만 유대인에게 진 빚을 갚지 않으려는 반유대 정서는 이미 영국 전역에 퍼져 있었다. 헨리에 이어 왕위에 오른 에드워드 1세는 1275년 '유대인 법령'을 도입해 고리대금 관행을 불법화하고 유대인에게 무거운 세금을 매길 방안도 마련했다. 이때 희생된 윈체스터 출신 유대인 집안이 있다. 역사가 로버트 스테이시가 "중세 영국에서 가장 중요한 유대인 여성"이라 일컫은 리코리시아와 그의 아들 베네딕트였다.

리코리시아는 13세기 초 영국에서 활동한 유대인 여성 고리대금업자이다. 두 번 결혼했으며, 두 번째 남편은 영국에서 부유한 유대인이었던 데이비드였다. 남편이 죽은 후 재산을 상속받은 리코리시아는 옥스퍼드에서 윈체스터로 이주하고, 고리대금업을 확장하면서 사회적인 영향력도 가졌다. 그는 유대인 사회의 1퍼센트에 속하는 부유한 금융가였다. 그러나 1277년에 자기 집에서 무참히 살해되었다. 살인 용의자로 지목된 세 명은 재판에 넘겨졌지만, 결국 무죄로 풀려났다.

리코리시아의 아들 베네딕트는 동전을 깎는 금속세공업자가 되었다. 그는 중세 잉글랜드와 서유럽의 금속 길드에 속한 유대인이었다. 당시 유대인 법령에 따르면 유대인은 기독교 공동체와 접촉할 수 없었는데, 베네딕트는 이를 어긴 죄로 처형되었다. 윈체스터에서 일어난 리코리시아와 베네딕트의 비극은 중세 영국에서 유대인이 당한 억압과 차별의 대표적인 사건이다.

윈체스터에서 번영했던 유대인들은 에드워드 1세 때부터 본격적으로 쇠퇴한다. 당시 영국에서 유대인은 왕의 보호를 받으며 고리대금을 통해 부를 쌓았지만, 한편으로 민중들의 적개심을 샀고, 교회와 귀족의 박해를 받았다. 1290년에는 왕이었던 에드워드 1세가 유대인을 영국에서 추방하기로 했고, 이에 따라 유대인 공동체는 사라졌다. 영국에서 가장 큰 유대인 공동체가 윈체스터에 있었기 때문에 도시의 중요 재정원이었던 유대인이 사라지자 윈체스터는 경제적으로 쇠퇴할 수밖에 없었다. 그에 따라 수도의 지위와 정치적 영향력도 점차 잃어 런던에 밀려났다. 14세기에는 모직 산업

리코리시아와 그의 아들 베네딕트 동상

이 잠시 번성했으나, 경쟁력이 부족했고, 흑사병으로 인해 도시의 인구가 절반으로 줄었다. 이렇게 윈체스터는 옛 앨프레드 대왕이 세운 수도로서의 명성만을 간직한 채 현재에 이르렀다.

그레이터 런던

Greater London

민주주의의 멋을 간직한
영국의 수도

주	그레이터 런던 특별 자치구
인구	8,855,333명 (2022)

그레이터 런던(광역 런던)은 영국의 수도이자 최대 도시로, 시티 오브 런던과 시티 오브 웨스트민스터 그리고 31개의 자치구로 이루어져 있다. 각국의 수도에는 도시의 전경을 감상할 수 있는 곳이 많다. 런던에서는 템스강 남쪽에 자리 잡은 대관람차 런던 아이를 타고 템스강을 따라 펼쳐지는 런던의 모습을 볼 수 있다. 런던아이에서 템스강 맞은편으로 보이는 의회와 그 주변 지역은 '시티 오브 웨스트민스터'라고 부르고, 오른쪽 멀리에 보이는 마천루가 높이 솟은 곳은 '시티 오브 런던'이라고 부른다. 이 두 지역은 런던의 역사와 문화를 대표하는 중심지이며, 런던아이에서 보이는 범위 안에 런던의 많은 이야기가 담겨 있다. 이렇게 런던을 한눈에 감상할 수 있다는 의미에서 런던 아이라는 이름은 매우 적절하다.

런던을 한눈에 볼 수 있는 런던 아이

누가 봐도 위풍당당한 영국 왕실의 권위

런던 아이에 타고 밖을 바라볼 때 가장 먼저 눈에 들어오는 곳은 영국 의회로 알려진 웨스트민스터 궁이다. 보통 이곳으로 발길이 먼저 가는데 막상 그곳에 도착하면 궁 뒤편에 다른 웅장한 건물이 눈에 확 들어온다. 바로 웨스트민스터 사원이다. 이 사원은 앵글로색슨계의 마지막 왕이던 참회왕 에드워드가 세웠다. 에드워드는 기존의 베드로 수도원이 있던 곳에 큰 교회를 증축하여 사원으로 재건했는데 잉글랜드에는 없던 로마네스크 양식에 십자가 형

웨스트민스터 사원

태로 지어진 건물이었다. 이곳은 노르망디 공국의 윌리엄이 잉글랜
드를 점령한 뒤 대관식을 치르면서 왕권의 출발지란 상징성을 남
겼다. 윌리엄 이후의 모든 왕은 이곳에서 대관식을 치렀기 때문이
다. 웨스트민스터 사원은 윌리엄 1세가 즉위한 1066년부터 최근 찰
스 3세의 대관식까지 모든 군주의 대관식이 진행되었으며, 저명인
들의 매장지로도 유명하다. 수많은 군주와 귀족, 정치인을 포함해
3300명 이상의 정치 문화계 인사들이 이곳에 묻혀 있다. 웨스트민

스터 사원은 오늘날에도 여전한 영국 왕실의 권위를 그대로 보여주는 대표 장소이다.

왕실을 누르고 승리한 시민혁명의 현주소지

　　사원 바로 앞에 있는 웨스트민스터 궁은 왕의 실거주지였던 만큼 왕실의 권위를 충분히 느낄 수가 있다. 그런데 건물을 바라보다 보면 많은 생각이 교차하게 된다. '궁전이라면 왕이 있는 곳일 텐데 왕권을 제약하는 시민권이 행해지는 의회로 사용되고 있다니….' 웨스트민스터 궁이 어쩌다 의회 건물로 쓰이게 되었는지 궁금해진다.

　　웨스트민스터 궁은 윌리엄 2세가 웨스트민스터 홀을 건립한 것으로 시작되었다. 그는 수도원 앞에 이 건물을 세워 자신의 권력과 위상을 과시하고자 했다. 당시 왕의 본거지는 윈체스터였으나, 때때로 런던(현재의 웨스트민스터 지역)에서 정무를 처리하거나 숙박할 때 이 홀을 이용했다. 홀의 규모가 너무 커서 작은 홀을 별도로 준비했다는 이야기도 있다. 13세기 들어 윈체스터의 중요성이 떨어지면서 왕은 웨스트민스터 홀을 중심으로 궁전을 확대한 이곳에 거주했고, 이에 따라 런던이 수도로 자리 잡았다.

　　웨스트민스터 궁은 왕의 거주지이자 정부의 중심지였다. 왕이

웨스트민스터 궁

궁 안에 있는 회의 건물로 국가의 정책과 법률을 결정하는 관료들을 초대하거나 그들의 활동을 감시했기 때문이다. 의회제도의 선구자로 알려진 에드워드 1세는 1295년에 귀족, 성직자, 기사, 시민 등 다양한 계층의 대표들을 웨스트민스터 궁으로 불러들여 자신의 통치 방식을 공개하고 재정과 군사적 지원을 요구하는 '모범의회'를 정기적으로 열기도 했다.

1521년 화재로 왕의 거처가 타버리자 헨리 8세는 현재 영국 정부의 주요 기관들이 위치한 화이트홀 궁으로 거처를 옮겼다. 이후 웨스트민스터 궁은 정부 청사나 국회의사당, 그리고 왕립법원으로만 사용되었다. 1640년대에 잉글랜드 내전으로 알려진 혁명기가 시작되면서 이곳은 찰스 1세와 대립한 단기의회, 장기의회가 열리는 중

화이트홀 궁

심지가 되었다. 장기의회에서는 올리버 크롬웰의 주도로 왕의 사형
이 결정되었고, 이어서 1689년 윌리엄 3세와 메리 2세 때 권리장전
을 공포해 현대 민주주의의 기초가 된 입헌군주제가 성립되었다.

　이처럼 웨스트민스터 궁은 다양한 역사적 사건을 목격한 곳이
다. 1834년에는 상원 건물에서 불이 나 건물 대부분이 파괴됐으나
다행히 웨스트민스터 홀은 화재를 견뎌냈다. 당시 윌리엄 4세는 웨
스트민스터 궁을 복구하기보다 북쪽에 있는 버킹엄 궁으로 정부와
의회의 본거지를 옮기자고 제안했지만, 이 계획은 무산되었다. 결국

버킹엄 궁

웨스트민스터 홀을 중심으로 새로운 궁이 재건되었고, 이것이 현재의 의회 건물이 되었다. 남아 있던 버킹엄 궁은 윌리엄 4세의 후계자인 빅토리아 여왕이 즉위하면서 여왕의 런던 주거지가 되었다.

**왕이 군림하지만 통치하지 않는 그곳,
'시티 오브 웨스트민스터'**

시티 오브 웨스트민스터는 그레이터 런던의 중심부에 있

는 행정구다. 템스강 건너편 런던아이에서 보면 의회인 웨스트민스터 궁과 빅벤이 시의 상징처럼 서 있다. 시의 건물들이 자리 잡은 구조를 생각해 보면 영국 민주주의의 기본인 왕은 군림하지만 통치하지 않는다는 입헌군주제의 정신이 느껴진다. 의회 뒤쪽에 웨스트민스터 사원과 왕의 주된 거주지인 버킹엄 궁이 위치해 주권은 국민에게 있다는 것이 건물 배치로도 드러나기 때문이다. 대표적 건물을 빼더라도 시티 오브 웨스트민스터 지역을 둘러보면, 화이트홀 궁 주변에 실질적 영국 정치의 수장인 총리 관저인 다우닝가 10번지를 비롯한 정부 관청들이 즐비한데 이 모두가 왕실 권력을 누르고 시민권이 제대로 펼쳐진 현장임을 확실히 인지하게 해준다.

시민을 위해 만들어진 경제적 중심지

런던 아이에서 바라본 또 하나의 관심 구역인 런던의 금융 중심지인 '더 시티'(시티 오브 런던)에는 과거와 현대가 어우러진 빌딩들이 눈에 띈다. 옛 권위와 풍요를 상징하는 성당과 성, 영국중앙은행과 증권거래소가 현대의 마천루와 어깨를 나란히 하고 있다. 더 시티는 영국의 경제력을 보여주며 웨스트민스터와는 다른 분위기를 자아낸다. 이곳은 영국의 정치와 경제가 역사적으로 교차한 곳이다. 특히 길드 홀은 중세 시대부터 상인들의 모임 장소였고, 지금은 시티 오브 런던의 시장 집무실과 시 의회가 있다.

사실, '더 시티'는 1666년 런던 대화재로 인해 크게 파괴되었던 곳이다. 이 화재는 9월 2일부터 6일까지 도시의 중심부를 태웠다. 당시 왕인 찰스 2세는 화재로 인해 생겨난 난민들이 반란을 일으킬 것을 두려워하여 긴급하게 도시를 재건했다. 이때 재건된 도시는 템스강의 흐름과 바람의 방향에 따라 계획적으로 설계되었다. 주로 템스강의 흐름이 서쪽에서 동쪽의 영국해협으로 흐르기에 런던시의 동쪽 변경 지역에 무역을 위한 항구나 독이 많았는데, 바람도 서

영국중앙은행

쪽에서 동쪽으로 불기 때문에 도시 계획상 매연과 폐수를 쏟아내는 산업 공장도 동쪽으로 집중시켰다. 물론 화재로 인한 난민들의 삶을 되찾아 주는 방식으로 산업 공장을 동쪽에 배치하기도 했다. 그러다 보니 19세기 중후반 산업혁명의 공장들과 영 제국의 물류가 오가던 항만을 통한 자금력이 풍성해져 더 시티에 은행과 투자 기관들이 속속 세워진 것이다. 그 모습이 지금도 그대로 존재한다.

이곳은 경제의 중심지이기는 하지만, 그것뿐만은 아니다. 런던 주교좌 성당인 성공회의 세인트 폴 대성당이나 정복왕 윌리엄이 런던 시민들을 통제하기 위해 건설한 런던 탑과 같은 역사적인 명소들도 여기에 있다. 이러한 건물들은 종교적이고 정치적인 의미를 지니지만, 웨스트민스터 지역의 사원이나 의회 건물과는 다른 특징을 보여준다. 웨스트민스터의 건물들은 왕권과 귀족이나 상위중산층 생활과의 관계에 초점이 맞춰져 있는 데 비해 동쪽의 대성당이나 런던 탑은 왕이나 의회가 통치하던 하위 중산층이나 하층 시민들과의 관계가 반영되어 있다.

시민 자치권의 뿌리가 보이는 길드 홀

더 시티의 중산층 시민들과의 관계에서 가장 눈에 띄는 곳은 길드 홀이라고 할 수 있다. 길드는 중세에서 근대에 이르기까

웨스트민스터 길드 홀

지 도시에서 상업이나 공예를 영위하는 사람들이 만든 동업자 단체로, 런던의 길드 홀은 15세기 초 존 크록스턴John Croxton이 로마 시대 원형극장이 있던 자리에 지었다. 1666년의 대화재로 이곳도 큰 피해를 보았으나 1670년에 재건되어 현재까지 남아 있다.

　길드 홀은 왕실 런던과 구분되는 이 지역의 자치권을 상징하는 곳이다. 이곳에서 지배 상인계급은 자신들의 법정을 개설했으며, 지역의 부를 증대시켜 줄 법률과 규정을 제정했다. 이러한 역사적 배경 덕분에 길드 홀은 '더 시티'의 행정 중심지이자 지역 사회의 핵심이 되었다(그레이터 런던의 시청사는 2002년부터 2021년까지 런던 탑의 템스강 건너편 서더워크에 있었으나, 현재는 카나리 워프보다 동쪽에 있는 로열 빅토리아 독으로 이전했다).

로드 메이어(시티 오브 런던의 시장)는 역사적으로 강한 자치권을 가진 길드 홀의 수장으로 매년 직선제로 선출되며 독립적 지위를 과시한다. 하지만 그는 국가 내에서 자치권을 가진 지방 행정관으로서 선출되자마자 군주에게 충성을 맹세해야 한다. 이를 위한 행사가 바로 로드 메이어스 쇼Lord Mayor's Show로, 매년 11월 둘째주 토요일에 열린다. 이날 시장은 길드 홀에서 오전 11시쯤 출발하여 더 시티 중심부의 맨션 하우스와 세인트 폴 대성당을 거치고, 시티 오

로드 메이어스 쇼

브 웨스트민스터 외곽의 왕립사법재판소까지 가서 군주에게 충성을 맹세한다. 그 후 다시 길드 홀로 돌아온다. 행진은 총 4시간 반 정도 걸린다. 흥미로운 점은 행진에 참여하는 상인 단체나 관련 회사, 밴드와 군대, 자선 단체와 학교 구성원들이다. 특히 상인 단체나 관련 회사들은 길드의 전통을 잘 보여준다. 머서Mercers와 드래퍼스Drapers 같은 직물회사들, 식료품점, 생선 장수, 금세공인, 머천트 테일러스Merchant Taylors 같은 재단사 협회, 스키너스Skinners 같은 모피상인, 잡화상, 소금상, 철물상, 포도주·양조업자나 직물 노동자 등이다.

로드 메이어는 군주에게 충성을 맹세했기에 더 시티로 왕이 행차할 땐 도시의 입구인 템플 바 게이트에 왕을 마중 나와서 도시의 상징인 진주 검을 왕에게 내어 보이며 군주에게 자신의 권위를 잠시나마 양도하는 짧은 의식을 행한다. (거리에서 행사하기 번거로울 땐 왕이 자주 들리는 세인트 폴 대성당에서 이 행사를 치른다) 누구든지 이 장면을 지켜보면 런던 시민의 자치권이 어느 정도인지 생생하게 느낄 수 있다.

길드 홀 건물도 런던의 자치성을 상징하는 곳이다. 이 건물에서는 매년 런던의 과거와 현재를 잇는 특별한 의식이 치러진다. 길드 홀 내부에는 그레이트 홀을 포함해 여러 홀이 있고, 시민들은 다양한 목적으로 홀을 대관할 수 있다. '오픈 하우스 런던' 축제 때에는 일반 대중에게도 개방되어 런던의 역사와 문화를 체험할 기회가 제

템플 바 게이트

길드 홀 내부의 그레이트 홀

공된다(이때 더 시티의 행정 업무는 길드 홀 북쪽에 있는 현대식 건물에서 이루어진다).

다양한 문화가 공존하는 다채로운 이스트엔드

　　이스트엔드는 런던의 독특한 지역으로, 정확한 경계가 없는데도 이름이 붙어 있다. 일반적으로 서쪽은 알드게이트 펌프에서 시작하고, 동쪽은 레아강이 끝이라고 여겨진다. 17~18세기에는 이곳에 피혁 공장이 많아서 피 냄새가 나고, 화약 제조나 총기 시험 같은 위험한 작업도 이루어졌다. 비누나 납도 이곳에서 주로 만들었다. 그때부터 이스트엔드는 가난하고 불결한 지역으로 알려지게 되었다. 19세기에는 산업혁명과 인구 증가로 부두에서 일하는 저임금 노동자들이 많아졌다. 그리고 재단사, 청과상, 제화공, 배달원, 톱장이, 목수, 캐비닛 제작자 등 소상공인들도 모여들었다. 이들은 대부분 위그노 난민, 아일랜드 직공, 아슈케나지(독일) 유대인, 벵골인 등 이민자 출신이었다. 이렇게 영국에서 가장 빈곤하고 혼잡한 지역이 탄생한 것이다.

　빈민가의 몇 군데 중에서 약 6000명이 거주하고 730개의 낡은 계단식 주택과 20개의 좁은 거리로 구성된 올드 니콜은 이스트엔드 최악의 빈민가였다. 베스날 그린은 소규모 제조업과 초라한 노동계

알드게이트 펌프

급 주택들이 모인 곳으로 19세기의 마지막 30년 동안 극심한 빈곤과 과밀한 빈민가 지역으로 알려졌다. 이들 두 지역보다 남쪽에 있는 스피타필즈는 나병 환자를 위한 세인트 메리스 스피텔 병원St. Mary's Spittel hospital에서 이름을 따온 곳으로 프랑스 위그노 실크 직공들이 거주했다. 하지만 19세기 초 맨체스터에 섬유 공장이 커지면서 이곳은 범죄가 들끓는 빈민가로 변하기 시작했다. 그리고 스피타필즈의 옆 동네인 화이트채플은 빅토리아 시대의 마지막 수십 년 동안 극심한 빈곤 속에 살았던 아일랜드 이민자, 중부 및 동유럽 출신의 이민자, 대부분 가난한 러시아인, 폴란드인 및 독일계 유대인

올드 스피탈필드 마켓(세인트 메리스 스피텔 병원 부지)

으로 구성된 노동계급이 피난처로 찾은 곳이다. 이곳에는 위생 시설과 적절한 환기 설비가 갖추어지지 않은 단칸방 숙소들이 꽉 차 있었는데 하룻밤에 약 8000명의 노숙자와 궁핍한 사람들에게 쉼터를 제공하는 200개 이상의 공동 숙박 시설이 있었다고 한다.

이러한 역사적 배경을 바탕으로, 이스트엔드는 19세기 말부터 20세기 초까지 잭 더 리퍼와 같은 연쇄 살인마와 갱단의 활동 장소로 유명해졌다. 이 연쇄살인 사건이 전국 언론에 자세히 보도되면서 정부는 화이트채플뿐만 아니라 이스트 런던 빈민가 정리 정책을 도입하여 최악의 빈민가를 없애려고 노력했다. 그 중심에는 1980년대 후반부터 시작해 런던의 주요 금융 및 상업 중심지 중 하나로 발전하게 만든 카나리 워프 프로젝트가 있었다.

이스트엔드는 단순히 범죄와 가난의 상징이 아니라 다양한 문

잭 더 리퍼 기사

화와 종교가 공존하고 협력하는 다채로운 지역이기도 하다. 이스트엔드에서 태어나고 자란 많은 사람은 자신들의 정체성과 공동체 의식을 자랑스럽게 여기며, 이스트엔더라는 별칭으로 불린다. 이스트엔드는 오늘날에도 런던에서 가장 변화무쌍하고 활기찬 지역 중 하나로 남아 있다.

더 시티가 가장 빛을 보게 된 곳

더 시티의 자치성이 가장 돋보이는 곳은 런던의 금융 비즈니스 중심구역CBD인 카나리 워프이다. 템스강을 따라 런던 탑과 타워브리지를 지나 동쪽에 있는 아일 오브 독스Isle of Dogs에 자리 잡은, 높은 마천루가 즐비한 곳이다. 이 지역은 런던 이스트엔드의 일부이다.

19세기에는 서인도 부두회사가 카나리 워프를 중심으로 활발한 무역을 펼쳤으며, 20세기 초에는 지중해 및 카나리아 제도에서 수입되는 과일을 취급하는 항만으로 번성했다. 그러나 1960년대부터 항만 산업의 쇠퇴로 카나리 워프는 폐쇄되었고, 1980년대에 재개발 계획이 수립되었다. 이때 카나리 워프는 비즈니스 센터로써 가능성을 보여주었는데, 특히 고객과 직접 대면하지 않고 제품이나 서비스를 생산하는 백 오피스 업무에 적합한 공간이었다. 백 오피스 업무는 비용 절감과 효율성이 중요한 요소이기 때문에, 금융과 법률 같은 분야에서 많은 수요가 있었다.

1991년에 완공된 원 캐나다 스퀘어는 당시 런던에서 가장 높은 건물로 235미터의 높이를 자랑했다(현재는 더 시티에서 런던브리지를 건너면 보이는 309.6미터의 더 샤드가 런던에서 가장 높은 건물이다). 이후에도 100미터 이상의 고층빌딩이 27개나 생겨나며 런던의 중심부를 장식했다. 이곳에는 금융, 통신, 법률 등 다양한 분야의 다국적 기업

카나리 워프

들이 밀집해 있는데 특히 로이드, BT, 스탠다드차타드 같은 다국적
기업들과 매직 서클이라고 불리는 영국 최고의 법률회사들의 본사
가 있다.

길드 홀 인근의 런던 증권 거래소, 영국 중앙은행 등의 지원을
받아 눈부시게 발전한 카나리 워프는 뉴욕시의 월 스트리트와 어깨
를 나란히 하는 세계 금융 중심지로 자리매김했다. 2009년에는 런
던시가 영국 GDP의 2.4퍼센트를 차지했는데, 이 중 일일 글로벌
매출액 3조 9800억 달러의 절반 가까이인 약 1조 8500억 달러가

런던, 특히 카나리 워프에서 거래되었다는 기록이 있다. 하지만 브렉시트와 코로나19 유행 이후로는 상황이 크게 바뀐 것을 고려해야 한다.

그레이터 런던의 의미를 다시 조명해 보자. 런던은 서쪽과 동쪽으로 나뉘며, 각각의 지역은 역사적으로 다른 정치적, 경제적 의미를 지니고 있다. 서쪽에 있는 웨스트민스터 지역은 영국의 왕실과 의회가 자리잡고 있으며, 권력의 상징이다. 이곳에서는 민주주의와 자유를 위해 많은 투쟁과 혁명이 일어났다. 동쪽에 있는 더 시티와 이스트엔드의 카나리 워프 지역은 산업혁명과 세계무역의 중심지였다. 이곳에서는 돈과 노동력이 계급과 신분을 극복하고, 평등과 복지를 추구하는 사회적 변화가 일어났다.

끝으로 이스트엔드는 런던의 역사적인 빈민가로, 근대 민주주의의 발전 과정에서 분명히 중요한 역할을 했다. 하지만 지금도 여전히 빈곤과 사회적 배제에 시달리는 지역이다. 여기서 영국이 근대 민주주의의 원조국이지만, 그 체제가 완벽하지 않음을 알 수 있다. 다시 말해서 근대 민주주의는 세계적으로 널리 퍼진 정치체제이지만, 그레이터 런던 안에는 여전히 해결해야 할 문제들이 존재한다는 사실이다.

다양한 삶이 펼쳐지는 문화의 집합지, 웨스트엔드

지금까지 살펴봤듯 그레이터 런던은 동서로 크게 구분되는 지역적 특성이 있다. 그러나 이 두 지역을 잇는 중심부 역시 많은 매력을 갖고 있다. 이곳은 웨스트엔드West London라고 불리는데, 여기에는 런던의 동서 문화가 조화롭게 혼합된 다양한 행정, 상업, 문화 시설들이 밀집되어 있다.

웨스트엔드는 런던 서부에 있는 지역으로, 19세기 초에 채링 크로스역을 중심으로 '더 시티'와 시티 오브 웨스트민스터 사이의 지역을 가리키는 용어로 처음 사용되었다. 이 지역은 국왕의 거처였

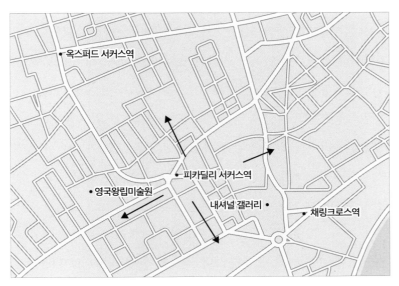

런던 문화의 중심지, 웨스트엔드

던 웨스트민스터 궁전과 가까웠고, 동쪽 산업지역의 공해로부터 떨어져 있었기 때문에 부유한 사람들이 선호하는 거주지가 되었다. 이후 호번, 세븐다이얼스, 코번트 가든 등 가난한 지역들을 재개발하면서 지역이 확장되었고, 고급 주택, 상점, 오락시설들이 들어서면서 웨스트엔드의 경계는 불분명해졌다. 현재 웨스트엔드는 런던의 문화와 엔터테인먼트의 중심지로, 극장, 뮤지컬, 레스토랑, 영화관, 쇼핑몰 등이 다채로운 분위기를 조성하고 있다. 또한 이 지역에는 숨은 보석 같은 박물관들도 있어서 문화적 매력을 한껏 느낄 수 있다.

피카딜리 서커스 광장은 웨스트엔드 지역의 중심으로, 여러 관광명소와 쇼핑지가 이곳에서 뻗어나간다. 동쪽으로는 영화관이 밀집한 레스터 스퀘어와 코번트 가든이 있는데, 코번트 가든은 옛날 과일과 채소 시장이었지만 지금은 쇼핑과 문화의 메카다. 로열 오페라 하우스도 이곳에 있다. 북쪽으로는 소호가 있으며, 이곳은 뮤지컬 극장과 레스토랑이 많은 엔터테인먼트의 중심지이다. 리젠트 거리에는 리버티 백화점 같은 유명한 쇼핑몰이 있고, 거기서 동쪽으로 가면 영국박물관을 만날 수 있다. 서쪽으로는 하이드 파크 인근에 1834년에 세워진 유명 백화점인 헤로즈와 로열 앨버트 홀이 있다. 특히 앨버트 홀은 1895년부터 열리는 클래식 음악 축제인 프롬스BBC Proms의 장소로 유명하다. 빅토리아 앤드 앨버트 박물관과 자연사 박물관도 가까운 곳에 있다. 남쪽으로는 트래펄가 광장이 있는데, 여기에는 넬슨 제독 기념비와 내셔널 갤러리가 있다. 내셔널 갤러리에는 13세기부터 19세기까지의 회화 작품들이 전시되어 있다. 국립초상미술관도 바로 옆에 있으며, 영국 역사 속 유명인들의 초상화들을 볼 수 있다.

문화의 거리인 웨스트엔드에는 다양한 종류의 예술과 엔터테인먼트가 살아 숨 쉬고 있다. 역사적 변화와 사회적 발전에 따라 많은 사람이 함께 즐기고 참여할 수 있는 공간으로 성장한 것이다. 상류층뿐만 아니라 중산층과 노동자층도 웨스트엔드의 문화를 소비하고 생산하며 이곳에 자신들의 색깔을 더해왔다. 또한 다른 국가와 문화에서 온 이주자들의 정체성과 특성도 반영됐다. 소호와 맞닿아 있는 차이나타운은 대표적으로 웨스트엔드의 문화적 다양성을 잘 보여주는 곳이다.

웨스트엔드는 다양한 문화를 경험하고 즐길 수 있는 곳이지만 그중에서도 의외로 축구와 밀접한 관련이 있다. 1863년, 해로, 이튼, 윈체스터 등 당시 영국의 중상류층 자녀가 다니는 명문 학교의 대표들이 런던에 모여 첫 번째 축구 회의를 열었다. 이 회의에서는 '14개 조의 규칙'이라는 최초의 공식 축구 규칙을 만들었으며, 축구협회^{FA}도 설립되었다. 이 역사적인 회의가 열린 곳이 웨스트엔드의 그레이트 퀸 스트리트 61-65번지에 있던 프리메이슨 태번(지금 드 베르 그랜드 코노트 룸$^{De Vere Grand Connaught Rooms}$이 있다)이라는 선술집이었다. 이렇게 웨스트엔드는 축구의 발전에 의미 깊은 지역으로 기록되었다.

웨스트엔드에서 정립된 현대 축구는 산업화의 영향을 받아 빠르게 성장했다. 기존의 중산층 사립학교 축구팀은 공장이나 사무실에서 조직된 축구클럽들에 밀려 소수파가 되었다. 최고의 선수들은 경제적인 보상을 받았고, 경기 티켓은 대부분 노동계급인 대중에게 팔렸다. 19세기 말 런던에서 탄생한 축구클럽은 박주영 선수가 소속되었던 런던 최초의 프로 축구팀 아스날(1891), 밀월Millwall(1920), 이영표 선수에 이어 손흥민 선수가 소속된 토트넘(1895), 웨스트햄(1898), 풀럼(1898) 등이 있다.

웨스트엔드에서 움튼 상하 계층의 구별 없이 즐기는 축구의 역사적 배경은 계급, 인종, 종교, 이데올로기를 초월하는 세계적인 문화가 되었다. 이는 오늘날 축구가 국제축구연맹FIFA의 주도하에 계급 갈등이나 빈부 차이 없이 오직 실력으로만 결정되는 월드컵 같은 지구촌 한마당 문화의 장으로 자리 잡은 것과도 관계가 있다.

캔터베리

Canterbury

세계 문화유산이 즐비한
교회의 심장 도시

주	켄트주
인구	55,087명 (2021)

Canterbury

캔터베리는 런던에서 동남쪽으로 87킬로미터 떨어진 곳에 있으며, 대중교통을 이용하면 1시간 반에서 2시간 정도 소요된다. 중세시대 작가인 제프리 초서가 쓴 『캔터베리 이야기』의 배경이자 성지순례의 목적지로 유명하다. 캔터베리에는 성공회의 총본산인 캔터베리 대성당을 비롯해 세인트 오거스틴 수도원, 세인트 마틴 교회가 있는데, 이 세 곳은 유네스코 세계문화유산(1988년 등재)이기도 하다. 이 도시를 방문하면, 기독교와 관련된 역사적 유산을 탐방하기 위해 어디부터 시작해야 할지 고민할 수 있다. 켄트 왕국의 에설버트 왕(재위 589~616)이 기독교를 받아들였던 7세기 무렵으로 거슬러 올라가면 그 답을 찾을 수 있다.

손님 대접하다가 개종까지 한 에설버트 왕

　　　　세인트 오거스틴 수도원과 캔터베리 대성당 사이에 있는 작은 정원에서 에설버트 왕을 만날 수 있다. 에설버트 동상의 뒤로 캔터베리 대성당이 보이고, 동상이 손으로 가리키는 곳에는 프랑크 왕국 출신인 아내 베르타 왕비의 동상이 있다. 베르타 왕비는 에설버트 왕과 결혼하기 전부터 기독교 신자였으며, 왕비의 노력으로 에설버트 왕도 세례를 받았다. 이들의 역사적 업적은 8세기에 활동한 베다^{Bede}라는 역사가가 저술한 『영국인의 교회사』에 기록되어

에설버트 왕 동상　　　　　　　　베르타 왕비 동상

세인트 마틴 교회

있다.

프랑크 왕국의 공주였던 베르타는 켄트 왕국의 에설버트 왕과 결혼하기로 했을 때, 자신의 기독교 신앙을 유지하도록 해달라고 요구했다. 베르타는 켄트에 도착하자마자 로마 시대부터 있던 폐허가 된 교회를 복원하고, 그곳에서 예배를 드렸다. 이 교회가 현재 유네스코 세계문화유산으로 지정된 세인트 마틴 교회다. 세인트 마틴 교회의 이름은 프랑스의 주교이자 프랑스 3공화정의 수호성인으로 추앙받는 성 마틴에서 딴 것이다. 이 교회는 베르타 왕비의 동상 뒤쪽으로 좀 멀리 자리 잡고 있는데 영어권에서 가장 오래된 교회로 알려져 있다.

에설버트 왕이 기독교를 받아들인 재미있는 일화가 있다. 베르타 왕비가 신앙을 고수하며 지내던 어느 날, 로마 교황 그레고리우스가 복음 전파를 위해 아우구스티누스 수도사가 이끄는 40명의 선교사를 영국으로 보냈다는 소식을 들었다. 그들은 프랑크 왕국과 친분이 깊었던 켄트 왕국의 캔터베리로 향했다. 그러나 그들이 성문에 이르렀을 때, 이교도인 에설버트 왕은 기독교인들을 거부하고 성안으로 들이지 않았다. 베르타 왕비는 왕에게 "저들은 내 친구이자 멀리서 온 손님이니, 그들을 대접해 주시기를 바랍니다"라고 호소했다. 왕은 결혼할 때 왕비의 종교를 존중하겠다고 약속했기 때문에 그들을 입성시켰다. 왕은 "대륙에서 온 손님이라면 환영하지만 빨리 떠나길 바란다"라는 메시지를 선교단에게 전했다. 그러나 얼마 지나지 않아 아우구스티누스 수도사의 설교를 듣고 감명받은 왕이 기독교로 개종하고, 선교사들이 거주하던 세인트 마틴 교회에서 세례를 받았다. 서기 596년의 일이었다.

포교에 성공한 로마 가톨릭의 현장

역사적 의미는 세인트 마틴 교회가 깊지만, 이 도시에서의 최대의 관심은 단연 캔터베리 대성당이다. 대성당은 세인트 마틴 교회에서 도보로 15분 거리에 있다. 그리고 그 교회 사이에 또 하나의 문화유산인 세인트 오거스틴(성 아우구스티누스) 수도원의 흔적들이 보인다. 느낌상 선교단의 등장과 에설버트 왕의 개종이 이 건물들과 관련 있다는 것을 추측할 수 있다.

개종한 에설버트는 수도사들이 왕국 내에서 자유롭게 포교하도록 허락했고 성벽 안과 밖에 수도원을 세울 수 있는 땅을 제공했다. 아우구스티누스 수도사는 이때부터 켄트 지역에서 기독교를 본격적으로 전파했고, 얼마 후 교황 그레고리우스 1세로부터 켄터베

캔터베리 대성당

리 대주교로 임명되었다. 대주교라면 주교좌가 있는 교회, 즉 대성당이 필요했다. 왕의 허락이 떨어지자 성안에 캔터베리 대성당을 세웠는데, 기록에는 로마 점령기 때 만들어진 교회를 먼저 본당으로 이용했다고 남아 있다. 초기의 열악했던 대성당은 노르만이 잉글랜드를 정복한 이듬해인 1067년에 화재로 소실되었다. 다행히 노르만 성직자이자 윌리엄 왕의 최측근인 란프랑크가 자신이 수도원장으로 있었던 프랑스 캉의 생테티엔 수도원을 본뜬 대성당으로 1070~1077년 사이에 재건했다.

성 밖에도 수도원이 세워졌는데 처음에는 성 베드로와 바울 수도원이라고 불렸으나, 나중에는 창립자인 아우구스티누스 수도사의 이름을 따 세인트 오거스틴 수도원이라고 불리게 되었다. 이 수도원은 로마식 기독교의 교육과 훈련을 위한 장소로, 1541년 헨리 8세가 수도원을 해체할 때까지 사용되었다. 해체된 수도원 중에서 남아 있는 그레이트 게이트는 현재 '킹스 스쿨'의 정문으로 쓰이고 있으며, 베르타 동상 뒤쪽에 있다.

에설버트의 배려하에 뿌리를 내린 대성당과 수도원 건설, 이와 함께 선교단은 켄트 왕국 사람들에게 많은 세례를 베풀었는데, 도착한 이듬해인 598년에 로마에 보고한 기록을 보면 세례받은 인원이 1만 명이 넘었다고 한다. 이로써 영국 땅에 로마 가톨릭을 포교하려는 시도는 성공적으로 열매를 맺었다.

싸움이 불러온 비극

노르만인들이 세운 대성당도 1174년 동쪽 합창단 건물이 불에 타서 크게 훼손되어 고딕 양식으로 새롭게 단장했다. 이러한 변화의 배경에는 1170년에 살해된 대주교 베켓의 영향이 컸다. 그의 죽음으로 대성당은 많은 순례자가 찾는 성지가 되었고, 순례자들을 수용하기 위해 건물을 확장했다.

토머스 베켓은 상인 출신으로, 대주교로 신분이 수직 상승한 인물이다. 중세 유럽의 정치는 교황을 중심으로 움직였는데 영국만은 왕권이 교권보다 강한 클래런던 헌장에 따라 나라가 운영됐다. 베켓은 성직자가 재판받을 때, 일반인과 달리 교회 재판과 세속 재판까지 두 번 받아야 하는 것이 부당하다고 주장했다. 그는 왕인 헨리 2세에게 반대하다가 왕의 신하들로부터 강력한 반발을 사고 처벌을 받았다. 이 때문에 영국을 떠나게 되었는데, 상황을 전해 들은 교황이 헨리 2세를 압박해 베켓이 다시 영국으로 돌아가 캔터베리 대주교로 복귀하도록 했다. 비극은 이후에 발생했다.

돌아온 베켓은 왕의 편을 들었던 요크 대주교 등 여러 주교를 파면했다. 왕은 노르망디의 성에서 크리스마스를 보내고 있었는데, 이 소식을 듣고 분노했다. "교황의 비호 아래 있는 이 난폭한 사제를 없애줄 사람은 없는가?" 왕의 말에 자극받은 4명의 기사가 1170년 12월 29일에 대성당으로 찾아가 본당 합창단석 쪽 계단에서 베켓

베켓의 희생을 기리는 4개의 칼 조각

을 살해했다. 베켓의 순교 장소에는 지금도 그의 희생을 기리는 4개의 칼이 걸려 있다.

이 소식이 영국과 유럽의 신자들에게 전해져 베켓은 순교자로 추앙되었다. 교황 알렉산드르 3세는 그를 성인으로 시성하고 캔터베리 대성당에 묘소를 세웠다. 헨리 2세는 베켓의 죽음에 대한 책임을 인정하고 참회의 의미로 천 옷을 입고 캔터베리로 걸어갔다. 그는 세인트 던스턴 교회에서 출발하여 베켓의 무덤 앞에서 기도하고 사죄했다. 이것이 캔터베리 순례의 시초가 되었다(캔터베리는 1012년

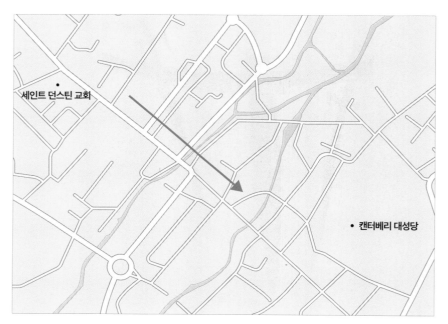

헨리 2세의 참회 경로

에 데인족의 침략으로 살해된 성 엘페아 대주교가 묻혀 이미 순례지로 유명했지만, 베켓의 순교 이후 더욱 번성하게 된다).

베켓의 시신은 대성당 동쪽 지하실에 묻혔다. 순례자들이 많이 찾아오기 때문에 돌 덮개를 씌웠고, 그 위에 두 개의 구멍을 냈다. 이 구멍들은 '기적의 창문들'이라고 불리는데, 베켓의 무덤에 입을 맞추고 싶어 하는 사람들을 위한 것이다. 1174년에 대성당이 확장되었고, 1220년 이후로는 베켓의 머리뼈 조각이 트리니티 예배당의 성 아우구스티누스 주교좌 뒤에 있는 지하실로 옮겨졌다. 지금도 그곳에는 촛불이 항상 밝혀져 있으며, 순례자들이 계속해서 방문하고 있다.

베켓을 살해한 4명의 기사는 죄책감과 두려움에 시달렸다. 그들은 교황과 왕의 분노를 피하고자 도망쳤지만, 어디에서도 안식을 찾을 수 없었다. 결국 그들은 교황에게 용서를 구하기로 결심했다. 그들은 교황 앞에 무릎을 꿇고 자신들의 죄를 고백했다. 교황은 그들에게 성지를 지키는 임무를 14년 동안 수행하도록 명령했다. 이것이 바로 십자군 국가의 영토인 아크레에서 영국인으로만 결성된 성 토머스 기사단의 탄생이었다.

문화적 순례지로 남은 캔터베리의 명성

베켓 살해 사건은 캔터베리 대성당을 순례의 목적지로 만들었다. 그러나 캔터베리의 명성을 더욱더 높여준 것은 제프리 초서의 『캔터베리 이야기』라는 작품이었다. 이 작품은 14세기의 작가 초서가 캔터베리로 가는 순례자들의 이야기를 모은 것이다. 캔터베리 중심가에 있는 웨스트 게이트 성문 근처에 그를 기념하는 동상이 있다.

초서가 활동하던 14세기 후반은 영국이 정치적, 종교적으로 변화하던 시기였다. 리처드 2세가 왕위에 오른 후 농민들의 반란과 왕

제프리 초서 동상

권의 약화로 정치적인 불안이 커졌다. 옥스퍼드대학교의 존 위클리프 교수는 성경을 영어로 번역하고, 교회의 권위와 성직자의 타락을 비판하는 사상을 전파했다. 이 사상은 롤라드주의Lollardy라고 불리는 종교운동으로 이어졌다. 초서는 1374년에 런던 세관 감사관으로 임명되었고, 그 후 캔터베리로 자리를 옮겼다. 이곳에서 직책을 수행하던 1387~1400년 사이에 캔터베리 대성당의 베켓 성지 순례자들을 소재로 1만 7000줄이 넘는 24개의 이야기로 이뤄진 『캔터베리 이야기』를 썼다. 초서는 자신의 시대에 대한 비판적인 시각을 예술적인 필치로 표현했고, 이 작품은 중세 영어로 쓰인 최고의 문학작품으로 평가받았다. 『캔터베리 이야기』는 영국과 유럽에서 큰 영향력을 미쳐 베켓의 성지를 찾는 순례자들의 수가 더 늘어났다.

캔터베리 대성당은 순례자들이 많이 찾는 곳이었지만, 금전적으로 넉넉한 순례자들만 있는 것은 아니었다. 가난한 순례자들은 순례 중 숙박할 곳이 없어 곤란했는데, 이들을 위해 하이 스트리트에 성 토머스의 이름을 딴 세인트 토머스 병원이 문을 열었다. 이 병원은 1176년경 캔터베리 대성당이 순례지로 인정된 후에 건설되었다고 한다. 처음에는 자선으로 운영되었으나, 14세기 에드워드 3세 시대에 이르러 스트랫퍼드 대주교가 병원의 규칙과 의식을 정했다. 순례자들은 하룻밤을 묵기 위해 4펜스를 내야 했고, 병자들이 먼저 숙소를 배정받았다. 지역의 40세 이상의 여성들은 병원에 와서 침대를 정리하고 약을 주는 일을 해야 했다. 병원의 원장 신부와 담당 신부가 이 모든 일을 감독했고, 예배당도 병원 안에 마련되어 있었다. 가난한 자들을 위해 운영된 이 병원 건물은 지금도 보존되어 방문객들을 환영하고 있다.

세인트 토머스 병원

주인이 바뀌어도 권위와 명성은
그대로 남은 캔터베리 대성당

       캔터베리 대성당의 총관리자인 대주교는 원래 가톨릭 성
직자이다. 1534년 헨리 8세가 종교개혁을 단행하면서 가톨릭 교황
과 단절하고 영국 국교를 성공회로 정했다. 그렇다면 이곳 대주교
도 사라져야 할 것이다. 그런데 지금 캔터베리 대주교는 옛 가톨릭
권위와 명성을 그대로 이어받아 성공회 대주교로 불린다. 사실 성
공회는 가톨릭과 많은 공통점을 가지고 있기에 현 캔터베리 대주교

는 가톨릭 시대부터 이어져
온 권위와 명성을 유지할 수
있었다.

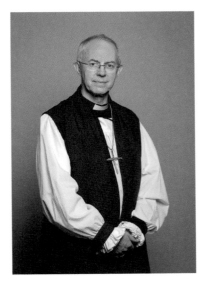

현 캔터베리 대주교인 저스틴 웰비

오늘날 캔터베리 대주교
는 영국 국교회(성공회)의 수
석 주교이자 전 세계 성공회
의 의장이며, 캔터베리 교구
의 주교이기도 하다. 처음에
는 왕이 직접 임명했지만, 현
재는 총리가 주도하는 '왕관
지명위원회'에서 후보를 추
천하고 왕이 최종적으로 승
인한다. 현재 캔터베리 대주교는 597년에 파견된 성 아우구스티누
스 수도사 이후 105번째로 저스틴 웰비 대주교가 맡고 있다.

캔터베리는 영국 역사와 종교의 중심지로 오랫동안 알려졌지
만, 헨리 8세가 가톨릭교회와 단절하고 영국 국교회를 세운 후에는
성지순례가 금지되었다. 이에 따라 도시 경제가 큰 타격을 입었다.
그러나 16세기에 프랑스에서 박해받던 위그노들이 캔터베리로 많
이 이주해 실크 직조 산업이 발전하면서 도시는 다시 활기를 찾는
다. 17세기를 기준으로 5000명의 주민 중 2000명이 위그노였다고
한다.

17세기에 미국으로 간 청교도들의 지도자 로버트 쿠시먼이 캔터베리 팰리스 스트리트 59번지(지금의 '카페 쳄버스')에서 메이플라워호를 임대한 사실도 잘 알려져 있다.

오늘날 캔터베리는 종교적인 의미뿐만 아니라 문화적인 의미도 가진 도시로 변모했다. 1984년에 여왕 엘리자베스 2세와 교황 요한 바오로 2세가 방문한 것을 계기로 켄트 국제예술축제가 시작되었다. 이 축제는 음악, 시각 예술, 영화, 연극, 문학 등 다양한 분야의 작품들을 선보이며, 매년 2주 동안 6만 5000명의 관객들을 매료시킨다. 캔터베리는 이제 세계적인 관광 명소로서, 종교적 순례지보다는 문화적 순례지로 인식된다.

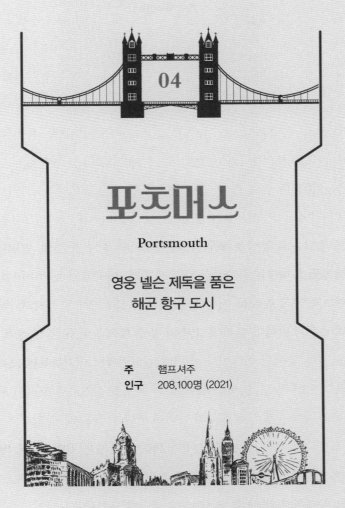

포츠머스

Portsmouth

영웅 넬슨 제독을 품은
해군 항구 도시

주	햄프셔주
인구	208,100명 (2021)

Portsmouth

포츠머스는 영국 남부 해안에 있는 중요한 항구 도시로, 런던에서 남서쪽으로 약 100킬로미터 떨어져 있다. 이곳에는 런던아이와 비슷한 170미터 높이의 전망대, 스피너커 타워 Spinnaker Tower 가 있다. 스피너커는 연이나 낙하산 모양의 돛을 뜻하는데, 전망대가 돛 모양을 닮아 붙여진 이름이다. 스피너커 타워에서 내려다보면 포츠머스의 지형이 잘 드러난다. 포츠머스의 지도를 살펴보면 도시가 위치한 곳의 북쪽은 물길로 육지와 나뉘어 있다는 것을 알 수 있다. 이 곳이 포트시섬이다. 포트시섬을 중심으로 양옆에는 자연적으로 항구가 형성되어 있다. 이러한 지형적 특징 때문에 도시 이름이 포츠(항구들)와 마우스(입)의 합성어인 포츠머스가 되었다.

스피너커 타워

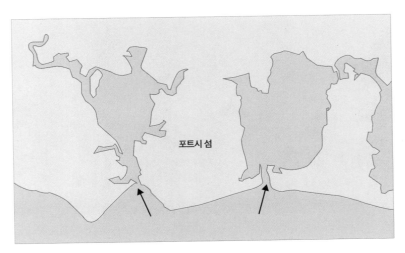

포트시 섬

포트시섬

포츠머스

내륙으로 가려면 꼭 거쳐야 하는 관문

포츠머스의 정체성을 좀 더 가까이서 느껴보려면 타워의 남쪽, 항구 입구에 해당하는 지역인 올드 포츠머스를 봐야 한다. 이곳에는 도시를 대표하는 역사적 흔적들이 다수 보이기 때문이다.

토머스 베켓이 죽은 지 10년쯤 되어 헌정된 세인트 토머스 오브 캔터베리 대성당이 눈에 뜨이긴 하지만 크게 주목해야 할 대성당으로는 부족해 보인다. 오히려 항구를 지키는 요새인 '라운드 타워'와 '스퀘어 타워'에 더 관심이 간다.

포츠머스 항구는 프랑스와의 거리가 가까워 백년전쟁 동안 프

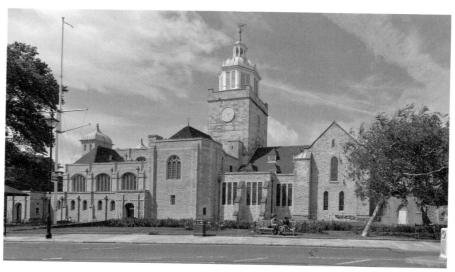

세인트 토머스 오브 캔터베리 대성당

라운드 타워

랑스 해군에게 몇 번이나 공격당했다. 이에 대응하기 위해 헨리 5세는 1418년부터 1426년까지 포츠머스와 마주 보고 있는 고스포트와 포트시섬 사이의 수로 양쪽에 목재로 만든 라운드 타워들을 건설했다.

　백년전쟁이 끝나고 장미전쟁을 겪은 후 새로 시작된 튜더 왕조는 대양 시대를 맞이하여 영국을 해상 강국으로 발전시켰다. 튜더 왕조의 시조인 헨리 7세는 존 캐벗의 북아메리카 탐험을 지원하고 혁신적인 전함을 건조하는 등 해양 활동에 관심을 보였다. 그의 아들인 헨리 8세도 대양 진출에 적극적이었는데, 그중 하나가 포츠머스 항구를 강화하는 것이었다.

헨리 8세는 목조였던 라운드 타워들을 돌탑으로 재건하고 비상
시 적선들이 항구로 공격해 들어오지 못하게 할 '방어 사슬'을 두
요새에 이어 설치했다. 포트시섬 쪽의 라운드 타워에서 바다 쪽으
로 성벽을 타고 조금 내려가면 스퀘어 타워가 있다. 이 지역을 상시
방어하는 해군기지 사령관이 머무르던 곳이다. 스퀘어 타워에 올라
가면 눈앞에 프랑스나 대서양 쪽에서 건너오는 배들이 한눈에 보이
는 수평선이 펼쳐진다. 반면 타워 내부는 원래의 의미와 전혀 달리
몇 개의 홀로 나뉘어 결혼식이나 세례식 등이 행해지는 장소가 되
었다. 1837년을 마지막으로 포츠머스 해군기지 사령관 직책이 사
라지면서 방어 전초지의 역할을 할 필요가 없어졌기 때문이다.

스퀘어 타워

스퀘어 타워를 둘러보면 타워의 동쪽 벽 쪽 틈새에 찰스 1세의 흉상과 함께 "프랑스와 에스파냐를 여행한 뒤 1623년 10월 5일에 이곳에 도착했다"라는 비문이 보인다. 여기서 포츠머스의 정체성을 확실하게 느낄 수가 있다. 대서양에서 들어오는 배들은 주로 이곳을 통해서 내륙으로 들어간다. 이 비문으로 포츠머스가 중요한 항구임을 알 수 있다.

찰스 1세의 흉상

　　포츠머스 포인트는 영국 남부 해안에 있는 포츠머스의 역사적인 지역이다. 이곳은 라운드 타워와 스퀘어 타워가 있는 성벽을 타고 북쪽 방향 항구 쪽으로 들어가는 입구에 있다. 이곳은 옛날 뱃사람들이 휴식과 유흥을 즐기던 곳으로, '인생의 향신료'가 있다고 소문이 났다. 그래서 이곳을 '스파이스 아일랜드(향신료섬)'라고 부르기도 했다. 또한, 이곳을 지나가던 선박들이 선박 기록지에 포츠머스 항구의 약자인 "Po'm.p."라고 적었는데, 이것이 '폼페이Pompey'라는 별명의 기원이라고도 한다(폼페이는 로마의 유명한 장군이자 정치가였으나 카이사르와 전쟁을 벌여 패하고 살해당했다). 이런 역사적 배경보다

포츠머스 포인트

는 그냥 익숙한 이름이라 사용되었고, 축구클럽인 포츠머스 FC의
별명도 폼페이이다.

영웅의 혼이 담긴 HMS 빅토리

올드 포츠머스 내 스퀘어 타워에서 성벽이 있는 해변 길
을 따라 남쪽으로 한 블록쯤 더 내려가면 영국 군인 중 가장 유명한

인물의 동상이 눈에 들어온다. 바로 넬슨 제독이다. 넬슨 제독 하면 나폴레옹전쟁 당시에 영국 해군의 명장으로 트라팔가르 해전에서 승리를 이끌고 전사한 장군이다. 이곳이 1805년 9월 14일 아침, 넬슨 제독이 운명의 트라팔가르 해전을 지휘할 HMS 빅토리를 타러 가기 전 마지막으로 산책했던 곳이다. HMS 빅토리는 현재 스피너커 타워보다 북쪽, 올드 포츠머스를 벗어난 포츠머스 왕립 해군기지에 있다.

넬슨 제독의 동상

HMS 빅토리를 보러 왕립해군기지로 가면 유독 배가 왜 거기에 있는지 자연스레 궁금해진다. 막상 배가 있는 항구에 도착해서 보면, 이곳이 1495년에 헨리 8세의 의뢰로 만들어진 오래된 조선소였고 가장 오래 살아남은 드라이 독이 있기 때문임을 알게 된다. 드라이 독은 마른 땅에 배를 지을 시설을 먼저 세운 후 배를 만들고, 배가 완성되면 시설에 물을 넣어 배를 띄워 진수시키는 곳이다. HMS 빅토리는 1765년에 울위치 조선소에서 건조되어 진수된 일급 전함

으로서 트라팔가르 해전 당시 넬슨 제독이 최후를 맞은 기함으로
유명하다. 해전에서 심각한 손상을 입은 배는 수리 후에도 2급 전
함으로서 오랫동안 임무를 수행했다. 20세기 초 폐선될 운명에 놓
였던 배는 1922년 함대 제독 출신이자 항해 연구협회 회장으로 있
던 찰스 도브턴 스터디 경이《타임스》지에 "승리호인 HMS 빅토리
의 보존 가치는 일시적인 것이 아닙니다. 우리와 조상들은 이 배를
자랑하고 이 배에서 받은 영감을 후손들도 똑같이 느끼도록 해야
합니다"라는 내용의 호소문을 기고하여 수천 파운드의 공공 기금을
확보한 뒤에 포츠머스 조선소 2번 독에 옮겨져 대대적으로 수리되
었다. 그렇게 HMS 빅토리는 언제든 활동할 수 있는 가장 오래된 배
가 되었고, 선박 박물관의 모습으로 매년 많은 방문객을 끌어들이
며 왕립해군기지 내 항구에 놓여 있다. HMS 빅토리는 영국 해군의

HMS 빅토리

메리 로즈호

영광과 전통을 상징하는 선박으로서 후세에도 존경과 감탄을 받고
있다.

　참고로 HMS 빅토리와 인연이 있는 드라이 독을 처음으로 도입
한 조선소에서 처음 만든 배는 메리 로즈호다. 이 배는 영국-프랑스
전쟁(1542~1554년) 중 프랑스의 프랑수아 1세와 충돌한 헨리 8세가
포츠머스와 와이트섬 사이의 솔렌트에서 해전을 치르다가 1545년
에 침몰했다. 오랜 시간 뒤에 인양되어 HMS 빅토리가 전시된 인근
메리로즈 박물관에 인양된 모습 그대로 보존되어 있다. 역사적인
배 둘을 둘러보면 포츠머스는 해군과 참으로 인연이 많다는 생각이
다시금 든다.

물 들어올 때 노 저어 위대한 항구로

    포츠머스 조선소는 산업혁명의 상징으로, 해군 함정의 돛에 필요한 블록을 기계 도입으로 대량 제작했다. 1803년에 설립된 포츠머스 블록 밀스라는 공장은 1808년에 13만 개의 '도르래' 블록을 생산했다. 이는 당시의 최첨단 기술이었다. 포츠머스 조선소는 세계 최대의 산업단지가 되었으며, 8000명 이상의 직원을 고용하고 연간 57만 파운드(현재 약 400만 파운드)의 매출을 올렸다.

    이 시기에 도시의 범위는 올드 포츠머스를 벗어나 포트시섬 전역으로 확대되었고 환경에서도 많은 변화가 있었던 것으로 보인다. 당시 포츠머스가 변화한 기록을 살펴보면, 1811년 4월에는 이

포츠머스 블록 밀스 내부

도르래 블록

도시의 상류층과 중산층 주택에 직접 물을 보내주는 상수관이 건설되었다. 맑은 물을 공급하던 '포트시섬 회사'는 당시 1만 4000가구 중 약 4500가구에 물을 공급하고 엄청난 수입을 올렸다고 한다. 1820년에는 포츠머스 전역에 가스 가로등이 설치되며 도시가 밤에도 그 화려함을 뽐냈다고 한다. 눈에 띄는 기록은, 19세기 중엽에 전염병인 콜레라가 돌며 800명 이상이 사망하자, 이 전염병이 반복되지 않도록 하수도를 건설했다는 부분이다. 상수도와 하수도가 정비되면 위생적으로 도시가 깨끗해지고 당연히 인구수도 급격히 늘어난다. 이 때문인지 영 제국의 절정기인 20세기 초에는 '세계에서 가장 큰 해군 항구'로 알려졌다는 기록이 남아 있다. 그 중심에는 포츠머스 조선소가 제1차 세계대전 중 고용한 노동자가 2만 3000명에 이른다는 기록이 있다.

최전방에서 전쟁의 기록을 써 내려간 도시

포츠머스는 대형 조선소를 갖춘 데다 군사적 요충지였기 때문에 20세기에도 중요한 역할을 했다. 양차 세계대전 때는 영국 본토에서 가장 큰 피해를 보았다. 제1차 세계대전 때는 독일 비행선의 폭격을 받았지만, 운 좋게도 폭탄이 조선소가 아니라 항구에 떨어져서 선박 건조와 수리는 계속할 수 있었다. 그러나 제2차 세계대전 때는 독일의 공습이 더 강력해져서 올드 포츠머스를 중심으로 많은 건물과 사람들이 희생되었다. 1940년부터 1944년 5월까지 67번의 공습으로 6500채 이상의 주택이 파괴되고, 1000명 이상의 사망자와 3000명 이상의 부상자가 발생했다.

포츠머스는 1944년 6월 6일 노르망디 상륙 작전, 즉 D-Day의 주요 출발지였다는 점으로도 역사에 이름을 남겼다. 이 작전에 참여한 병사들을 태운 배들이 포트시섬에서 출항했다. 섬의 남단에는 D-Day를 기념하는 D-Day 스토리 박물관이 있다. D-Day 작전을 준비하고 지휘했던 연합군 사령부는 또한 포츠머스에서 북쪽으로 좀 떨어진 사우스윅 하우스에 있었다. 아이젠하워, 램지, 몽고메리 등 연합군의 주요 지휘관들이 이곳에서 작전을 수립하고 실행했다.

포츠머스의 역사적 사건은 D-Day뿐만이 아니다. 1997년에는 홍콩 반환과도 관련이 있었다. 영국 왕실 요트인 HMY 브리타니아가 포츠머스에서 출발하여 홍콩의 반환식에 참석했다. 많은 사람이

D-Day 스토리 박물관

사우스윅 하우스

HMY 브리타니아

이 요트의 출발은 영 제국의 종말을 상징하는 역사적 순간이라고
평가했다. 홍콩은 영 제국 시대에 건설된 중요한 식민지였기 때문
이다.

　포츠머스는 20세기에 두 번의 세계대전을 겪고도 살아남았다.
하지만 도시의 주요 산업이었던 조선업은 점차 쇠퇴했고, 도시의
발전도 정체되었다. 1951년에는 도시 내 일자리의 46퍼센트가 조
선업과 관련되어 있었지만, 1966년에는 14퍼센트로 줄어들었다.
현재는 조선소가 사라지고 해군기지로 대체되었다. 해군기지는 도
시의 생명줄이 되고 있지만, 과거의 조선업이 활황이던 때와 비교
하면 노동력 수요가 많이 감소했다. 포츠머스는 이제 영국 남부의
평범한 도시 중 하나가 되었으나, 옛 제국의 영광을 상징하는 함선
과 박물관 등의 관광자원이 풍부하여 여전히 많은 사람이 찾는 곳
이다.

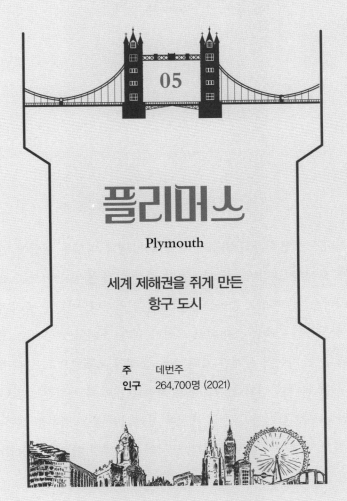

05

플리머스

Plymouth

세계 제해권을 쥐게 만든
항구 도시

주   데번주
인구   264,700명 (2021)

Plymouth

플리머스는 플림강의 하구에서 유래한, 영국 남서부 해안에 있는 항구 도시다. 플리머스를 방문하면 가장 먼저 눈에 들어오는 곳은 플리머스 호^{Hoe}라고 불리는 석회암의 언덕이다. 이곳에 플리머스의 상징적인 건축물 스미턴스 타워가 있다. 스미턴스 타워는 18세기에 존 스미턴이 설계한 에디 스톤 등대의 복제품으로, 플리머스 항구 앞 바다의 위험한 암초를 밝혀주었다. 호에 세워진 스미턴스 타워 내부로 들어가 93개의 계단을 올라가면 불을 밝히는 랜턴 룸이 있고, 이곳에서 수로와 바다, 도시의 풍경까지 한눈에 감상할 수 있다.

플리머스의 상징적인 건축물, 스미턴스 타워

영국에선 영웅, 에스파냐에선 해적인
드레이크의 고향

스미턴스 타워가 서 있는 호 공원의 타워에서 북쪽을 바라보면 가까운 곳에 드레이크^{Francis Drake} 동상이 서 있다. 16세기 귀족의 옷을 입고 지구본 위에 오른손을 얹은 자세를 취하고 있다.

드레이크는 16세기 영국의 유명한 탐험가이자 해적이었다. 플리머스에서 태어난 그는 어린 시절부터 항해를 배웠다. 그의 경력은 크게 세계를 일주한 탐험가, 무역상이자 해적, 해군 장군이자 정

드레이크의 동상

치가로 나눠 볼 수 있다. 먼저 탐험가로서의 그는 엘리자베스 1세의 지원을 받아 세계 일주에 성공한 최초의 영국인이었다. 그의 세계 일주는 1577년부터 1580년까지 이루어졌는데, 주로 에스파냐 독점적 관심 지역인 태평양을 원정 방식으로 일주하는 데 주력했다. '원정 방식 일주'란 남아메리카 최첨단인 마젤란해협을 넘은 뒤에 칠레와 페루 쪽으로 올라가면서 그곳의 에스파냐 식민지들과 에스파냐 갤리언

(범선)을 공격하고 귀금속이나 보물을 탈취하는 방식이다. 이 때문에 그의 세계 일주는 확실하게 에스파냐와의 갈등 시대를 열었다.

드레이크는 원정을 떠나기 전부터 이미 에스파냐에 그처럼 플리머스 출신이자 친척인 존 호킨스와 함께 이름이 알려져 있었다. 존 호킨스는 아프리카에서 흑인들을 잡아서 에스파냐 식민지인 산토도밍고와 베네수엘라에 노예로 팔아 이익을 얻는 삼각무역을 한 최초의 영국 노예무역상이었다. 사실 호킨스가 행하던 노예무역은 '허가받지 않은 외국인이 자국의 식민지에 와서 노예를 파는 것을

허용하지 않는다'라는 에스파냐
정부의 원칙 때문에 문제가 발생
했다. 그런데도 노예무역을 계속
하던 호킨스는 1569년에 멕시코
베라크루스 부근에서 에스파냐 함
대의 공격을 받아 보유하고 있던
6척의 배 중의 4척을 잃고 고국으
로 돌아오게 된다. 돌아온 호킨스
가 심각한 경제적 어려움을 겪을
때 그도 어려움을 고스란히 함께

존 호킨스의 초상화

했었다. 이를 계기로 두 사람 모두 에스파냐 배를 공략하면서 에스
파냐와의 갈등이 격화되어 해적이란 명예롭지 못한 타이틀을 얻었
다. 당시 드레이크는 에스파냐에서 엘 드라크El Draque, 즉 용이 명칭
의 해적으로 불렸다.

　　드레이크는 1580년 9월 26일에 3년간의 세계 일주를 마치고 플
리머스에 도착했다. 그는 자신의 배인 골든 하인드(런던 뱅크사이드에
복제품이 있다)에 에스파냐의 보물과 향신료를 가득 싣고, 선원 59명
과 함께 영국으로 돌아왔다. 그는 여왕에게 화물의 절반을 바쳐 왕
실의 재정 수입을 크게 늘렸다. 이로써 그는 1522년 마젤란 세계 일
주에서 돌아온 빅토리아호와 선장 엘카노에 이어 세계 일주를 완료
한 배 중에서 손상 없이 귀환한 두 번째 배의 선장이 되었다. 이러

골든 하인드

한 공적으로 그는 영웅으로 추앙받아 작위와 플리머스 방어의 책무를 받았고, 1581년에는 플리머스 시장이 되었다.

영국해협을 지키는 최전방 기지, 드레이크섬과 로열 시타델

플리머스 호는 플리머스 사운드의 깊은 부분에 있는 항구다. 플리머스 사운드는 영국 남서부의 코니시 해안에 자리 잡은 자연적인 만으로, 입구가 넓게 벌어진 입 모양을 하고 있다. 플리머스 호는 이 입 모양의 안쪽에 있는 목젖과 같은 곳에 있으며, 여기서 두 갈래의 강인 플림강과 타마르강이 만난다. 이 지역은 전략적으로 중요한 위치여서, 플리머스 사운드와 플리머스 호를 방어하기 위해서는 여러 요새를 건설해야만 했다.

우선 드레이크섬이 있다. 2만 6000제곱미터의 조그만 섬인데 스미턴스 타워 랜턴 룸에 올라서 바다를 바라보며 고개를 오른쪽으로 45도로 돌릴 때 보이는 곳이다. 16세기에 드레이크가 플리머스 시장이 되면서 이 섬을 전략적으로 활용했으며, 그 이후에도 19세

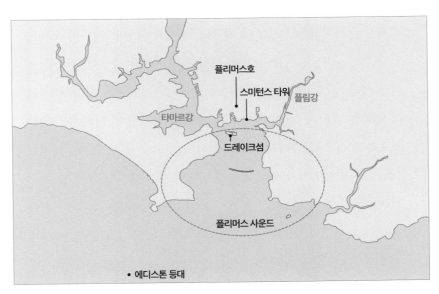

드레이크섬 근방 지도

드레이크섬

기까지 군사적 목적으로 사용되었다. 섬에는 다양한 시대의 포대와 탄약 창고, 지하터널 등이 남아 있어 플리머스를 수호하기 위한 노력을 엿볼 수 있다. 섬의 남동쪽에 있는 말굽 모양의 포대砲臺는 특히 주목할 만하다. 20여 문의 대포가 설치되어 있고, 뒤쪽에는 탄약 창고와 군사를 공급하는 지하터널이 연결되어 플리머스를 지키기 위한 방어벽으로서 이곳이 얼마나 중요했는지 짐작할 수가 있다.

드레이크섬은 플리머스를 방어하기 위한 전략적인 위치에 있었지만, 드레이크가 건설한 방어 요새는 플리머스 호의 로열 시타델이었다. 드레이크는 플림강과 만나는 쪽에 있는 주요 항구인 서턴 항구를 보호한다는 명목으로 추밀원에 로열 시타델의 축조를 요청

로열 시타델 전경

했고, 당시 엘리자베스 여왕의 적극적 지원으로 요새는 1596년에 완성되었다. 이후 이곳은 플리머스 항구뿐만 아니라 영국해협으로 오가는 배들을 감시하고 방어하는 총괄 기지가 되었다. 찰스 2세는 네덜란드와의 전쟁 때 이곳의 중요성을 인식하고 21미터 높이의 성벽을 쌓고 내부 시설을 강화했다. 덕분에 로열 시타델은 1750년대까지 100년 이상 가장 중요한 영국해협의 방어기지가 되었다.

현재도 이곳은 포병 연대가 있는 군사기지로 사용되고 있으며, 일부 구역은 가이드 투어를 통해 관람할 수 있다. 로열 시타델 내부에는 세인트 캐서린 어폰 더 호라는 왕실 예배당이 있는데 드레이크가 에스파냐 대함대인 아마다Spanish Armada(일명, 무적함대)와 싸우기 전에 기도를 드린 곳이다. 이곳은 1371년에 처음 건축되었고, 드레이크가 1588년 에스파냐 무적함대를 무찌르고 돌아올 때 재건축

세인트 캐서린 어폰 더 호 왕실 예배당

되었다. 1927년에 조지 5세가 방문한 후 왕실 예배당으로 인정받았다. 이곳을 방문하는 사람들은 드레이크와 그의 부하들이 신에게 바라던 것이 무엇이었을지 상상해 볼 수 있다.

에스파냐 무적함대와의 첫 격전지

스미턴스 타워에서 바라본 드레이크 동상은 멀리서는 그저 영웅적인 모습으로만 보인다. 하지만 동상에 가까이 다가가면, 동상의 얼굴이 바다를 향해 고개를 들고 있는 것을 알 수 있다. 이는 1588년 에스파냐 아마다와의 전투를 준비하던 드레이크의 당당한 자세를 상징하는 것이다. 동상 옆에는 잔디볼링장이 펼쳐져 있는데, 이곳을 보면 드레이크의 유명한 일화가 떠오른다.

에스파냐 펠리페 2세가 출항을 지시한 아마다 대함대는 1588년 7월 29일 영국해협 입구 부근의 플리머스에 나타났다. 영국함대는 플리머스 사운드에 정박해 있었고, 부사령관 드레이크는 아마다가 다가오는 소식을 들었음에도 잔디볼링을 즐겼다. 이는 그의 전략적인 행동이었다. 그는 잔디볼링을 하면서 해협을 통과하여 동쪽으로 전진하는 아마다의 뒤를 따라가서 공격하려고 서풍을 기다리고 있었다.

서풍이 불기 시작하자 드레이크는 플리머스 사운드에서 영국함대를 출항시켰다. 배들은 해안을 따라 지그재그(태킹) 방식으로 움직이면서 맞바람을 뚫고 아마다의 뒤로 돌아가 7월 31일 에디스톤 근처에서 첫 공격을 시작했다. 그의 계획은 아마다를 영국해협으로 몰아넣고, 바람과 불을 이용한 화공전을 벌이는 것이었다. 이 전투에서 영국함대는 한 척도 잃지 않고 아마다와 거리를 유지하면서 포격을

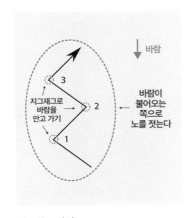

지그재그 방식

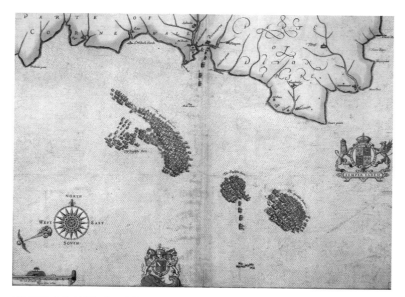

영국해협에서의 영국-에스파냐 전투 지도

계속함으로써 아마다를 영국해협으로 몰아넣는 데 성공했다. 배의
손상은 없었지만 전술적으로 궁지에 몰린 아마다는 제대로 된 전투
를 벌일 수 없었고, 영국 본섬을 돌아 에스파냐로 돌아가야 했다. 그
과정에서 영국의 지속적인 공격과 악천후로 배의 3분의 1을 잃어버
렸다. 드디어 영국이 세계의 바다를 지배한 것이다. 영국은 이 전투
의 승리를 기념하여 1888년 드레이크 동상 옆에 아마다 승전 기념
비를 세웠다.

　아마다 승전 기념비 옆에 플리머스 해군 기념비가 보인다. 이 기
념비는 양차 대전에서 전사한 영국 해군과 연합국 선원들을 추모하

플리머스 해군 기념비

는 곳이다. 약 2만 명의 이름이 새겨져 있는데 그중에는 호주, 남아
프리카공화국, 인도 출신의 선원들도 포함되어 있다. 드레이크 동상
과 아마다 승전 기념비 사이에 있는 이 기념비는 플리머스 호의 역
사와 영광을 상징하는 곳으로, 해상 강국으로서 영국의 위상을 드
러내고 있다.

하지만 앞서 언급한 플리머스 출신인 존 호킨스가 1562년에 아
프리카 기니 사람들을 붙잡아 에스파냐 서인도 제도에 노예로 파는

첫 인물이었던 것과 이후 노예무역이 본격화되었던 역사는 플리머스 호가 숨기고 싶어 하는 어두운 부분이다. 드레이크도 호킨스의 노예무역에 동참했다는 점에서 같은 비판을 피할 수 없다.

민주주의 정신의 기원이 된 102명의 자취

플림강이 스며드는 플리머스의 주 항구인 서턴항으로 들어가는 입구에는 메이플라워 스텝스라는 이름의 돌계단과 기념비가 세워져 있다. 1620년에 종교적인 자유를 찾아 북아메리카로 건너간 필그림 파더스[Pigrim Fathers]라고 불리는 청교도들이 메이플라워 호에 탑승하기 전 영국 땅에서 마지막으로 발을 뗀 곳을 기념한 것이다. 필그림 파더스는 총 102명(남성 74명, 여성 28명)이었으며, 그들이 개척한 신대륙의 장소(플리머스 식민지)는 미국 민주주의 역사의 첫 페이지가 되었다. 필그림 파더스가 북아메리카에 도착하여 처음으로 상륙한 곳에도 기념의 흔적이 남아 있는데 매사추세츠주 플리머스의 필그림 메모리얼 주립공원에 있는 플리머스 록이라는 작은 바위가 그것이다.

메이플라워 스텝스를 보러 가면 문 모양의 기둥과 그 앞 바닥에 새겨진 '메이플라워 1620'란 글귀가 주는 힘을 느낄 수 있다. 102명의 청교도 공동체가 미래를 어떻게 함께 꾸려갈지 고민하고 제도적

플리머스 록

메이플라워 스텝스

인 틀을 마련한 거룩한 행위가 그곳에 있었기 때문이다. 당시 북아
메리카에 정착하려면 영국에 있는 왕실 특허권을 가진 회사를 통해
서만 갈 수 있었다. 왕실 특허권이 있으면 국가의 병력으로 회사 소
유 개척지를 일정 기간 보호해 주고 그 대가로 개척지에서 번 돈의
일부를 국가가 거두어 가는 방식이 적용된다.

　메이플라워호에 탑승한 승객들은 국가의 보호를 받지 못하고
새로운 땅에 정착해야 했다. 그래서 메이플라워호가 매사추세츠주
프로빈스타운 항구에 도착하기 전에, 승객들은 '메이플라워 서약'
이라는 협약서를 작성했다. 이 협약서는 승객들 사이의 갈등을 해

결하기 위해 자치공동체를 만들고 공동체의 법과 질서를 확립하기 위한 것이었다. 이것이 민주주의의 기본 원칙인 투표로 의사결정을 하는 '시민 기구 정치'의 시작이었다. 메이플라워 서약은 미국 독립 선언서로 발전했다. 이러한 역사적 배경을 알면 메이플라워 스텝스에서 더 큰 감동을 느낄 수 있다.

서던항의 서쪽으로 바비컨이라는 역사적인 지역이 있다. 이곳에는 수백 년 전에 지어진 건물들이 아름답게 복원되어 있으며, 해양 수족관이나 잉글랜드 남서부의 유명한 예술가로 알려진 로버트

1620년 메이플라워 서약을 하는 그림, 장 레온 제롬, 1899

렌키에비츠의 작품을 감상할 수 있는 갤러리 등 다양한 관광명소가 있다. 그러나 바비컨은 필그림 파더스가 플리머스를 떠날 준비를 하고 이별의 시간을 보낸 곳이다. 이곳에 방문하면 1620년에 메이 플라워호를 타고 새로운 세계로 떠날 준비를 하는 102명의 모습이 떠오른다. 거리에서 옹기종기 모여 두려움을 감추려고 서로 의견을 나누거나 기도하거나 용기를 북돋우는 모습이다. 이런 모습이 상상되는 바비컨은 영국의 역사와 문화를 살펴볼 수 있는 진정 흥미로운 곳이다.

플리머스 호로 흘러드는 타마르강 입구에는 데번포트가 있다. 이곳은 영 제국 전역의 군인들이 들어오는 주요 항구였고 함대 수리가 주로 이뤄지던 조선소인 로열 윌리엄 야드가 있던 곳이었다. 제2차 세계대전 중에는 독일의 폭격을 받아 큰 피해를 당하기도 했

로열 윌리엄 야드

다. 그 여파는 인근 플리머스로도 이어졌다.

　다행히 전후 플리머스는 도시 재건 사업을 통해 남서부에서 두 번째로 큰 도시로 부흥했다. 플리머스의 경제는 여전히 조선과 해운 산업에 의존하고 있으며, 1990년대부터 브르타뉴(로스코프와 생말로)와 에스파냐(산탄데르)로 가는 국제 페리가 운행되면서 서비스 산업도 활발해졌다. 플리머스는 언뜻 조용한 도시처럼 보이지만, 조금만 더 관심을 두고 보면 영국 제국이 세계 제해권을 확보한 의미 깊은 장소임을 알 수 있다.

브리스틀

Bristol

신세계로의 첫 항해를
맛본 항구 도시

주	브리스틀 단일 자치구
인구	472,400명 (2021)

Bristol

브리스틀은 영국 남서부의 중심도시로, 런던에서 약 170킬로미터 떨어져 있고 에이번강과 프롬강의 합류지점(다리) 주변에 위치한다. 두 강을 잇는 다리와 같은 위치 때문에 11세기에는 고대 영어로 '다리 위의 장소'라는 뜻의 브릭스토Brycgstow라고 불렸으며, 13세기에 브리스틀로 바뀌었다.

브리스틀에서 가장 먼저 방문할 곳은 도심부에 있는 역사적인 항구인 플로팅 하버다. 에이번강은 대서양과 연결되어 있으며, 조수 간만에 따라 강물의 높이가 크게 변한다. 이 강을 따라 에이번마우스라는 강어귀를 통과해 배들이 도심 깊숙이 플로팅 하버에 정박할 수 있었다(강어귀인 에이번마우스에는 조수가 하루에 두 번 14미터까지 오르

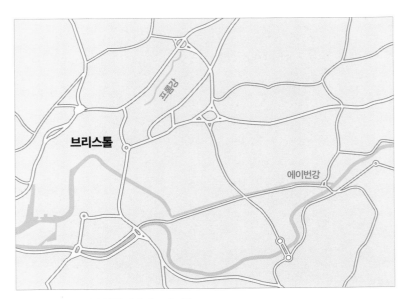

에이번강과 프롬강의 합류 지점인 브리스틀

락내리락하는데 이때 플로팅 하버 근처는 12미터까지 변할 수 있었다). 이러
한 지리적인 이점 덕분에 브리스틀은 탐험가와 상인들의 거점이 되
었으며, 다양한 문화와 산업이 발전했다.

플로팅 하버는 밀물 때에 배들이 이곳까지 진입하여 화물을 쉽
게 운반 및 하역할 수 있지만, 썰물 때에는 강물이 빠져나가면서 들
어온 배들이 진흙에 걸리는 경우가 잦았다. 이 문제를 해결하기 위
해 1809년에 조수의 높낮이를 조절할 수 있는 인공수로인 뉴컷New
Cut이 건설되었고, 상대적으로 플로팅 하버의 중요성은 감소했다.
플로팅 하버는 폐쇄됐으며, 과거 화물을 저장하던 창고들은 갤러리,

플로팅 하버 지도

플로팅 하버

박물관, 전시관, 바 등으로 개조됐다.

브리스틀은 1155년에 왕실 헌장을 받아 자치권과 특권을 얻었고, 1373년에 자체적으로 세금을 징수할 수 있는 자치구가 되었다. 식민지 확장과 무역을 통해 18세기까지 영국 3대 도시 중 하나였다는 역사적 사실로 활기가 넘쳤던 옛 항구의 풍경을 상상해 볼 수 있다.

북아메리카 신대륙에 도달한
존 캐벗의 숨결이 살아 있는 곳

플로팅 하버에서 하구 쪽으로 물길을 따라 두 번째 다리(프린스 스트리트 브리지)를 막 지나면 큰 아트센터가 보이는 앞쪽에 웅크리고 앉아 있는 동상이 눈에 들어온다. 이탈리아 출신의 탐험가인 존 캐벗의 동상이다. 그리고 동상이 바라보는 맞은편 우측에 그가 항해할 때 탔던 매슈호의 복제품이 엠셰드 박물관 앞쪽 강에 전시되어 있다.

존 캐벗의 동상

매슈호의 복제품

　　존 캐벗은 1497년에 헨리 8세의 지시로 대서양을 건너 북아메
리카 대륙에 도착했다. 이탈리아 태생의 항해사이자 모험가인 그는
크리스토퍼 콜럼버스가 1492년에 에스파냐에서 출발해 바하마와
아이티에 도달하면서 열린 대항해시대의 소식을 전해 들었다. 그리
고 자신도 향신료와 실크와 같은 귀중한 무역품을 구하기 위해 동
인도로 가는 새로운 해로를 찾고자 하는 꿈을 품었다. 역사학자들
은 *그*가 꿈을 실현하는 데 필요한 자금과 정치적 지지를 구하기 위
해 브리스틀로 갔다고 추측하고 있다. 당시 새로운 왕조를 세운 헨
리 7세는 그의 계획에 관심을 보였다. 헨리 7세는 왕권을 강화하고
재정을 확보하기 위해 브리스틀을 중심으로 한 독점무역을 장려했

다. 그래서 1496년 3월에 캐벗과 그의 세 아들에게 왕실 특허를 내 주었다. 이 특허에 따르면 캐벗의 탐험에 필요한 일체를 왕실이 제 공하지만, 브리스틀에서 출발하고 돌아와야 했다. 또 탐험에서 얻은 이익의 다수를 왕실이 회수한다는 조건도 있었다.

캐벗은 영국 왕실의 후원을 받아 1497년 매슈호를 타고 브리스 틀에서 출발했다. 그는 17~20명의 선원과 함께 아일랜드를 지나 대서양을 횡단했고 그해 6월 24일, 북아메리카 대륙에 도착했다. 뉴 펀들랜드나 케이프브레턴섬이었을 것으로 추정된다. 콜럼버스보다 먼저 북아메리카 대륙에 발을 디딘 캐벗은 영웅이 되었다. 그는 첫 원정 다음 해인 1498년에 다시 원정을 준비했다. 이번에는 5척의 배를 이끌고 천, 모자 등 사소한 상품을 가지고 가서 신대륙과 무역

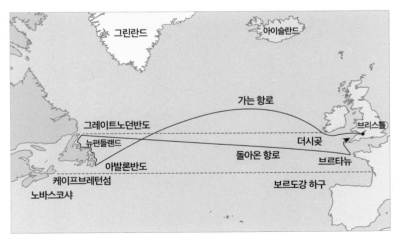

매슈호를 탄 캐벗의 원정

을 하려고 했다. 그의 원정대는 출발한 얼마 뒤에 한 척이 아일랜드에서 낙오되었고 나머지 4척은 계속 항해했다고 전해지나 이후에 이들이 돌아왔다는 기록은 제대로 알려진 바가 없다.

한편 캐벗의 첫 원정 때 왕실의 요청으로 매슈호에 승선했던 브리스틀 출신 상인인 윌리엄 웨스턴은 1499년에 자신의 원정대를 이끌고 뉴펀들랜드로 항해했다. 그는 뉴펀들랜드에서 허드슨해협까지 북쪽으로 탐사하면서 북미 지역을 최초로 조사한 영국인이 되었다. 그의 원정으로 영국은 북미 탐험을 독점했다. 그러나 역사적으로는 캐벗이 당시 유럽인으로서는 최초로 북미에 도착한 선구자

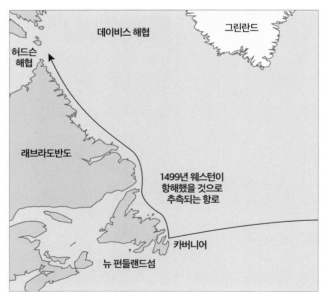

윌리엄 웨스턴의 원정대

로 인정받고 있다.

브리스틀은 신대륙으로 향하는 탐험가들의 출발지이자 도착지였다. 복제품이지만 강에 정박한 매슈호를 바라보는 캐벗 동상은 에이번마우스를 통과해 플로팅 하버에 자신 있게 들어오는 탐험가들과 그들의 모험을 자랑스럽게 기리는 듯 보인다.

노예무역으로 성장한 부의 흔적들

거리 이름을 살펴보다 보면 그 도시의 특색이 드러나는 경우가 있다. 플로팅 하버 근처에 기니 스트리트^{Guinea Street}가 눈에 띈다. 브리스틀 시청에서 제공하는 역사 기록을 살펴보면, 이곳은 서아프리카 해안, 특히 기니 해안을 통해 금, 상아, 노예 등을 관리하던 왕립아프리카회사 소속이며 노예무역을 위해 20번이나 항해했던 유명한 에드먼드 손더슨 선장의 집이 있었던 거리였다. 물길과 만나는 기니 스트리트 모퉁이에는 노예를 팔아 서인도 제도에서 사 오던 설탕을 저장해 둔 창고가 있었다고 한다.

브리스틀을 둘러보면 노예무역으로 부를 축적하여 남긴 역사적 흔적들이 생각보다 많다는 사실을 발견할 수 있다. 대표적인 장소 몇몇만 언급하면 음악당인 콜스턴 홀은 왕립아프리카회사 수석 관리자이자 노예 상인인 에드워드 콜스턴의 이름을 딴 곳이며 그레이

기니 스트리트 지도

트 조지 스트리트 7번지에 있는 조지안 하우스 박물관은 서인도 제도에 설탕 농장을 여럿 소유했던 존 피니가 브리스틀에 정착한 후, 살기 위해 지은 집이었다. 이곳은 18세기의 전형적인 타운하우스인데 시인 윌리엄 워즈워스와 문학 평론가이자 시인인 새뮤얼 테일러 콜리지가 처음 만난 곳으로 알려져 있다. 현재는 노예제도와 설탕 농장을 전시하는 박물관으로 사용된다. 또 아이작 엘턴과 같은 노예 상인들이 주축을 이루고, 브리스틀 재력가들의 금고 역할을 했던 이전 영국 은행Bank of England도 브리스틀에 있었다..

브리스틀은 15세기 말 북미 신대륙 탐험의 중심지로 활약했

콜스턴 홀

조지안 하우스 박물관

으나 탐험의 경제성이 떨어지자 점차 관심이 줄어들었다. 하지만 16세기부터 에스파냐와 경쟁이 붙으면서 브리스틀을 포함한 영국 상인들은 신세계와 영국 초기 미국 식민지 간의 무역을 확장하려 노력했다. 이 과정에서 영국과 에스파냐 상인들 사이에 갈등이 잦아졌고, 결국 국가 간 대립으로 이어져 1588년에는 무적함대와 전투까지 치렀다. 이 전투에서 승리를 거둔 영국은 해상에서 우위를 확보했다. 이에 따라 브리스틀 상인들도 미국 식민지 개발을 본격적으로 시작했다.

1642년부터 1689년까지 잉글랜드 내전과 정치적 혁명 시기였기에 브리스틀 상인들은 무역에 큰 타격을 입었다. 이 시기가 끝나면서 영국은 삼각무역이라는 무역 방식을 개척했다.

삼각무역은 17세기 말부터 19세기 초까지 영국이 아프리카와 카리브해 지역과 주고받은 노예무역을 가리키는 용어이다. 영국의 브리스틀 항구에서 출발한 상선들은 아프리카의 노예 사냥꾼에게 총기, 도구, 식품, 의류 등을 제공해 노예와 교환하거나 직접 노예를 사들였다. 그런 뒤 아메리카 식민지로 가 이 노예들을 팔았다. 아메리카와 카리브해의 식민지에서는 설탕과 담배 재배에 사용할 저렴한 인력이 많이 필요했기 때문이다. 상선은 다시 설탕, 럼주, 염료, 코코아 등의 농산물을 화물로 채워 영국으로 돌아왔다. 이러한 농산물을 설탕 정제소, 담배 공장, 초콜릿 공장 등에서 가공해 수익을 창출했다. 이 과정에서 브리스틀과 인근 지역의 산업은 활성화되었

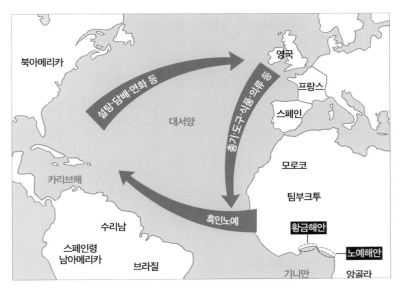

북아메리카

설탕·담배·면화 등

대서양

카리브해

수리남

스페인령
남아메리카

브라질

영국

프랑스

스페인

모로코

팀부크투

총기·도구·식품·의류 등

흑인노예

황금해안

노예해안

기니만

앙골라

삼각무역

으며, 수많은 노동자가 고용되었다. 브리스틀 상인들은 가장 좋은 무역 조건을 확보했고, 해외시장에서도 강력한 경쟁력을 발휘했다.

그렇게 해서 브리스틀은 18세기 노예무역의 중심지가 됐다. 노예무역상의 수는 런던의 147명을 넘어 237명에 달했다. 1755년은 노예무역의 전성기로, 아프리카에서 아메리카로 항해한 노예선은 2000척이 넘었고, 운송된 노예는 50만 명에 이르렀다. 엄청난 규모의 노예무역은 당시 노예 상인들에게 막대한 부를 안겨주었다. 그들의 부와 영향력은 브리스틀의 건축물과 문화에 여러 흔적을 남겼다.

노예무역을 막으려는 인물들의 흔적이 보이는 곳

노예무역이 활발했던 만큼, 브리스틀에서는 노예 금지를 주장하는 이들도 적지 않았다. 노예무역이 번창했던 시기에도 노예 제도에 반대하는 목소리가 끊이지 않았고, 그 중심에 감리교의 창시자 존 웨슬리가 있었다. 존 웨슬리는 1739년 브리스틀에서 감리교의 첫 교회인 뉴룸을 열었다. 브리스틀의 중심가인 브로드미드에 위치한 뉴룸은 현재까지 세계에서 가장 오래된 감리교 예배당으로 남아 있다. 뉴룸을 방문하면 건물 앞에 말을 타고 있는 웨슬리의 동상을 볼 수 있다.

존 웨슬리의 동상

웨슬리는 주로 야외 설교를 통해 노예제도의 폐단을 고발했다. 또 1774년에 『노예제도에 관한 생각』이라는 책을 써서 노예제도에 반대하는 견해를 밝혔다. 조지 폭스가 세운 개신교의 한 종파인 퀘이커교도 웨슬리의 주장에 동의해 1783년부터 노예제도 폐지 운동에 동참했다.

그밖에 노예 금지 운동에

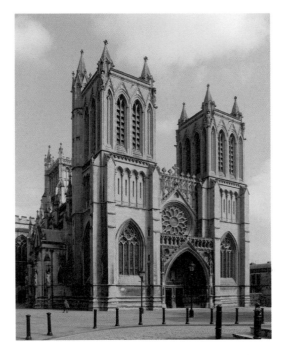

참여한 다른 인물들의 흔적도 브리스틀에 남아 있다. 브리스틀 대성당은 1140년에 성립된 세인트 아우구스티누스 수도원이 1542년에 주교좌로 승격된 후 발전했다. 바로 이곳에서 1787년 노예제 폐지 운동가인 토머스 클라크슨이 공식적으로 노예제도 폐지를 주장하는 발언을 했다.

대성당에서의 발언 이후 본격적으로 폐지 운동을 시작한 클라크슨은 노예무역의 실상을 조사하기 위해 브리스틀에서 다양한 자료를 수집했다. 그 과정에서 그는 브리스틀 상인벤처협회의 노예무

세븐 스타스

역 기록을 입수했고, 노예선에 탔던 선원들의 증언을 듣기 위해 선원들이 자주 가던 세븐 스타스라는 펍을 방문했다. 상인벤처협회 건물은 현재도 브리스틀 클리프턴 다운에 상인회관으로, 세븐 스타스 술집도 토머스 레인에 남아 있다. 토머스 클라크슨은 종교단체와 협력하여 대성당에서 발언했던 그

해인 1787년에 노예무역폐지협회를 설립했다. 이 협회는 의회에서 노예폐지법안을 촉구하고, 이를 지지한 의원인 윌리엄 윌버포스가 주도해 1833년에 노예무역을 금지하는 법안을 발표했다. 노예무역 폐지와 관련하여 윌버포스가 유명하지만, 그와 함께 힘썼던 토머스 클라크슨의 역할도 결코 작지 않았다.

　노예폐지 운동에 공헌한 또 다른 인물로 해나 모어가 있다. 브리스틀에서 태어나 클라크슨과 윌버포스와 친분을 맺은 작가로, 1788년 브리스틀 노예무역의 비인도적인 모습을 폭로한 시집 『노예, 시』를 발표했다. 이 시집은 영국 대중의 공분을 불러일으켰고,

노예무역에 대한 반대 운동이 거세졌
다. 교육과 사회개혁에도 힘썼던 모
어가 살았던 브리즐링턴 키퍼스 커티
지의 집에는 그를 기리는 파란색 명
패가 달려 있다.

해나 모어를 그리는 파란색 명패

2020년 인종차별 반대 운동가들
은 브리스틀 시티센터에 있던 에드
워드 콜스턴의 동상을 끌어내렸다. 콜스턴은 왕립아프리카회사의
수석 관리자이자 노예상인으로, 앞서 말한 콜스턴 홀의 주인이기
도 했다. 동상은 낙서와 함께 방치되
었다가 엠셰드 박물관으로 옮겨졌다.
이 동상은 브리스틀의 부끄러운 노
예무역 역사를 상징하며, 인종차별에
대한 강력한 반발을 보여준다.

브리스틀은 부를 축적하는 과정
에서 부끄러움의 역사가 큰 도시이
다. 그러나 그런 역사 속에서도 벌어
들인 재력을 통해 선순환으로 빛나는
곳이 있다. 1595년에 상인벤처학교
로 시작되고 1909년에 왕실 허가를
받은 브리스틀대학교이다. 이 대학교

에드워드 콜스턴의 동상

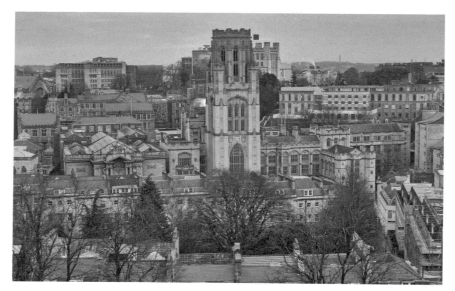

브리스틀대학교 전경

는 세계적인 명문 대학으로 13명의 노벨상 수상자를 포함한 우수한 교수진을 자랑한다.

세계 곳곳에는 브리스틀이라는 이름을 가진 도시가 흩어져 있다. 미국, 페루, 캐나다, 자메이카, 코스타리카 등에서 이 이름을 발견할 수 있다. 이는 영국 남서부의 브리스틀이 역사적으로 해양 탐험과 교역의 중심지로서 활약했음을 증명하며, 브리스틀이 자신들의 문화와 유산을 세계에 전파했음을 알게 해주는 증거다.

07

글로스터

Gloucester

해리 포터 촬영지,
그 이상으로 주목되는 도시

주	글로스터셔주
인구	132,500명 (2021)

Gloucester

글로스터는 영국의 서남부에 있는 도시로, 로마 시대부터 중요한 역사와 문화를 간직한 곳이다. 이 도시는 대서양으로 흘러드는 세번강 유역에 자리 잡고 있으며 웨일스와의 경계에서 27킬로미터 떨어져 있다. 글로스터는 서기 43년에 영국을 침략한 로마의 클라우디우스 황제가 서남쪽 최전선을 통제하려 만든 포스 가도Fosse Way의 인근 요새에서 시작되었다. 이 요새는 서기 97년 네르바 황제의 통치하에 콜로니아 글레붐 네르벤시스Colonia Glevum Nervensis라고 불렸으며 변방 지역의 주요한 식민도시로 성장했다. 글로스터라는 지명은 이 도시의 옛 이름인 글레붐Glevum과 로마 요새를 의미하는 체스터Cester가 결합한 것이다. 로마 시대 이후에도 글로스터는 색슨, 노르만, 튜더 등 다양한 왕조와 문화의 영향을 받으며 발전했다.

성벽 4개 문을 의미하는 거리

네르바 황제의 기마상

로마 문화의 흔적이 가득한 도시

'콜로니아'는 로마의 은퇴 군단병들의 거주지로 로마 제국에서 상급 도시를 뜻했다. 그만큼 이 지역은 발전한 고대 도시였으며 로마의 행정건물, 광장시장을 비롯해 부를 드러내는 모자이크 바닥이 깔린 고급 주택이 즐비했을 것이다. 지금도 박물관이나 미술관에는 로마의 유물과 일부 유적들이 전시된 것을 볼 수 있다. 그러나 도시를 거닐기만 해도 옛 로마 도시를 감싸고 있던 성벽의 4개 문을 의미하는 거리에서 로마의 흔적을 발견할 수 있다. 그리고 거리보다 좀 더 인상적이고 상징성이 있는 것으로 사우스게이트 스트리트 입구에 서 있는 재위 당시 글로스터에 군단 도시로서의 지위를 부여한 것으로 전해진 네르바 황제의 기마상이 있다.

해리 포터 촬영지,
그 이상의 의미를 가진 글로스터 대성당

글로스터 대성당은 글로스터의 상징이다. 대성당 서쪽에 테니스 코트만큼 거대한 스테인드글라스가 유명하다. 옛 로마 성벽을 생각하면 도시의 중앙부에 있는 듯 보인다. 대성당은 해리 포터 시리즈 중, 〈마법사의 돌(2001)〉, 〈비밀의 방(2002)〉, 〈혼혈 왕자

글로스터 대성당의 유명한 스테인드글라스

(2009)〉의 촬영지로 알려져 사람들이 찾아오는 곳이지만 역사적으로 훨씬 무게감이 있는 흔적들을 품은 곳이기도 하다.

글로스터 대성당은 6세기 말에 휘체 소왕국의 오스릭 왕이 세운 세인트 베드로 수도원에서 비롯되었다. 1066년 윌리엄 1세가 잉글랜드를 정복한 후에도 수도원은 계속 운영되었다. 윌리엄 1세는

글로스터 대성당

1085년 크리스마스에 이곳에 머무르며 대성당의 챕터 하우스에서 각료들과 함께 잉글랜드의 토지와 자원을 조사하고 기록하는 '대조사'의 필요성을 논의했다. 이 대조사의 결과물이 바로『둠즈데이 북Domesday Book』이다.

『둠즈데이 북』은 윌리엄 1세가 영국을 정복한 후 작성한 토지 및 재산 명부이다. 그는 이 책을 바탕으로 봉건제도를 확립하고 군주의 권력을 강화했다.

글로스터 대성당이 담고 있는 또 하나의 중요한 장면은 윌리엄 1세의 후손인 존 왕과 그의 아들 헨리와 연결된다. 존 왕은 1215년

남작들의 강력한 개혁과 법적 보장 요구에 굴복해 대헌장에 서명하면서 왕권이 귀족들에 의해 제약되는 굴욕을 겪었다. 이 굴욕을 되돌리려는 시도로 귀족들과 충돌하던 중 1216년 갑자기 병사하고만다. 당시 아홉 살이던 존 왕의 아들 헨리 3세는 글로스터 대성당의 전신인 세인트 베드로 수도원에서 대관식을 치렀다. 당시 존 왕이 전쟁 중 이스트앵글리아 지방의 와시에서 왕관을 잃어버렸기 때문에, 헨리 3세는 어머니 이사벨라의 팔찌를 왕관 대신 사용했다고한다.

대성당은 에드워드 2세의 무덤이 있는 장소이기도 하다. 에드워드 2세는 그의 부친 에드워드 1세와 달리 강력한 지도자가 아니었

에드워드 2세의 무덤

으며, 가스코뉴 출신의귀족 피어스 개버스턴과 동성애 관계를 맺었다는 소문이 있었다. 그는 스코틀랜드 정복을 포기하고 배녹번 전투에서 패배하여 스코틀랜드의 독립을 인정했다. 이에 따라 귀족들의 반감을 사고 왕위를 아들 에드워드 3세에게 넘겨주었다. 에드워드 2세는 아들에게 왕위를 넘겨준 1327년부터 2년 가량을 글로스터 성에 감금되어 있다가 사망했기에 글로스터 대성당에 묻혔다. 그가 글로스터 성에서 약 30킬로미터 떨어진 버클리 성에서 살해되었다는 추측도 있다.

헨리 8세가 종교개혁을 추진하면서 전국의 수도원들이 대거 폐쇄되었다. 글로스터에도 프란체스코회와 도미니크회가 운영하던 수도원이 있었는데, 그레이 프라이어스와 블랙 프라이어스라고 불렸다. 이 두 곳은 현재 유적으로 남아 있거나 수도원과 거리가 먼 여러 행사를 치르는 공간(시의회에 임대되어 결혼식, 콘서트, 전시회 등의 행사용)으로 사용되고 있다. 세인트 베드로 수도원도 당연히 해체 대상이었지만 이곳은 헨리 3세가 즉위한 곳이자 에드워드 2세가 안장된 곳이라는 역사적 가치로 인해 예외적으로 살아남아 대성당으로 승격되었다.

또 다른 명소인 세인트 메리 드 로드 교회는 대성당과 가까운 곳에 있다. 로마목욕탕의 잔해와 기독교 영묘^{Mausoleum}의 흔적이 발견되어 고고학적으로 매우 중요한 곳으로 여러 번의 화재와 수리를 거쳐 현재의 모습을 갖추었다. 사람들이 이곳에 관심을 가지는 이

그레이 프라이어스 수도원

블랙 프라이어스 수도원

글로스터

세인트 메리 드 로드 교회

유는 영국에 2세기 경 기독교를 도입했다고 전설처럼 전해지는 루키우스 왕$^{King\ Lucius}$의 무덤이 여기에 있다고 믿기 때문이다. 루키우스 왕의 실존 여부는 논란이 있지만, 서기 314년에 열린 아를 공의회에 영국에서 온 주교 레스티투투스가 참여했다는 사실이 기록되어 있다. 이것은 유럽에서 기독교가 널리 퍼지기 전에 영국에 이미 독립적인 기독교가 있었다는 증거로, 그 기원을 루키우스 왕과 연결하는 학자들이 있다.

동서남북 거리가 교차하는 곳에서 사방을 둘러보면

도시의 중심부에는 4개의 로마 시대 게이트에서 이어지는 길이 만나는 곳이 있는데, 이곳을 더 크로스The Cross라고 부른다. 이곳에 세인트 마이클 타워가 서 있다. 이 타워는 1465년에 지어졌던 교회의 일부로, 글로스터에서 가장 높은 곳이라 꼭대기에서 거리의 사방을 한눈에 볼 수 있다.

타워에서 노스 게이트 쪽으로 걸으면, 목조로 지어진 뉴 인New Inn이 있다. 베네딕트 수도원을 찾는 방문객들을 위한 숙소였던 안뜰은 중세 시대의 풍경을 그대로 간직하고 있어, 관광객들이 많이 찾는다. 특히 에드워드 6세의 유언에 따라 후계자로 선언된 레이디 제인 그레이가 왕위 계승을 선포한 장소로 유명하다. 그러나 그는 사촌인 메리(헨리 8세의 장녀이며 메리 1세가 됨)의 반대로 9일 만에 런던 탑에서 처형되고 만다.

세인트 마이클 타워에서 웨스트 게이트 쪽으로 걷다 보면 눈에 띄는 곳이 있다. 바로 빅토리아 시대에 지어진 샤이어 홀과 법원이다. 샤이어 홀은 그리스 신전 같은 모습으로 런던의 영국 박물관과 닮았

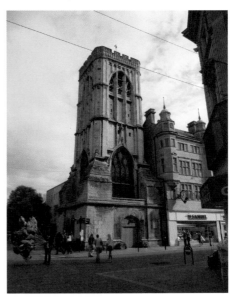

세인트 마이클 타워

뉴인

는데, 같은 건축가가 설계했기 때문이다. 법원은 13세기에 지어진 글로스터에서 가장 오래된 여관인 파운튼 인, 스워드 인과 인접해 있다. 파운튼 인은 제임스 2세를 복위하려던 자코바이트들의 은신처였고, 스워드 인은 제임스 2세를 몰아낸 명예혁명의 주역인 윌리엄 3세가 자코바이트를 피하려고 말을 멈춘 곳이라는 전설이 있다.

세인트 마이클 타워에서 이스트 게이트와 사우스 게이트 어느 쪽으로 향하든, 거리가 상업지역으로 변화한 모습을 볼 수 있다. 타워가 두 거리의 교차점에 자리 잡고 있어서 양쪽으로 쇼핑가가 펼쳐져 있는 것을 확인할 수 있다. 특히 이스트 게이트 쪽은 도시의

샤이어 홀

파운튼 인

스워드 인

글로스터

중심부 역할을 하고, 타워에서 조금 떨어진 곳에는 1890년에 지어진 빅토리아 양식의 길드 홀이 있다. 길드 홀 맞은편에 1856년에 건설된 그리스 복고풍의 쇼핑센터 입구가 보이는데, 이 쇼핑센터는 사우스 게이트 쪽으로도 연결되어 있다.

　타워에서 사우스 게이트 쪽으로 조금 걸어가면 '올드벨'이라는 관광객들에게 인기가 많은 건물을 만난다. 중앙에 있는 종을 치는 인형과 함께 잉글랜드, 스코틀랜드, 웨일스, 북아일랜드의 전통 복장을 하고 종을 들고 있는, 영국을 대표하는 인형들이 있다. 거리를 좀 더 따라 내려가면, 로버트 레이커스라는 인쇄업자가 살았던 집도 볼 수 있다. 이곳은 17세기 중반에 상인의 집으로 지어졌지만, 레이커스가 '교회 주일학교 운동'을 시작하면서 근대 중학교의 시

관광객에게 인기가 많은 올드벨

로버트 레이커스라는 인쇄업자가
살았던 집 팻말

초가 되었다. 레이커스는 자선가이자 성공회 신자였다. 이 집과 마주 보는 곳에는 1140년에 지어진, 세인트 메리 드 크립트 교회가 있다. 교회 옆에는 1539년에 양조업자이자 시장 출신인 존 쿠크가 세운 '크립트 문법 학교'도 보인다. 이곳은 글로스터에서 가장 오래된 학교로, 처음에는 사제와 성직자들에게 라틴어를 가르치던 학교였지만, 나중에는 일반 중학교 과정을 가르쳤다.

세인트 마이클 타워를 중심으로 살펴본 사거리 중에 사우스 게이트 쪽에 교육과 관련한 장소가 많은 것은 도시의 역사와 밀접한 관련이 있다. 사우스 게이트는 대서양에서 들어오는 선박들이 정박하는 항구와 연결되어 있으며, 이곳에서는 양털, 가죽, 철도 등의 무

세인트 메리 드 크립트 교회

역품이 거래되었다. 이러한 무역 활동은 상인들에게 부를 가져다주었고, 그들은 자신들의 지식과 문화 수준을 높이기 위해 교육에 투자했다. 이런 배경으로 사우스 게이트 방면에 많은 학교와 도서관이 건설되었으며, 그중 일부는 지금까지도 남아 있다.

글로스터에서는 매년 '글로스터 데이'라는 퍼레이드가 열린다. 퍼레이드는 글로스터 시장과 치안관이 이끄는 행렬단이 세인트 마이클 타워에서 출발하여 4개의 로마 게이트 거리를 통과하는 행사로 글로스터의 역사와 문화를 살펴보는 데 있어서 중요한 축제다. 이 퍼레이드는 1차 잉글랜드 내전 시기에 찰스 1세의 왕당군에 맞서 싸웠던 의회군의 용감한 저항을 기념하는 것으로, 글로스터 공성전(1643)의 승리일을 기준으로 매년 열렸다. 19세기에는 행사가 사라지기도 했었지만 2009년에 부활해 현재까지 이어지고 있다.

도시 중심부 4개의 로마 게이트 거리를 중심으로 로마 문화와 건축물이 남아 있는 글로스터는 과거의 영광만 남은 것은 아니라 현재도 중요한 의미를 갖는 도시다. 특히 항공우주 분야에서는 선구적인 역할을 해왔다. 1926년에 설립된 글로스터 항공기회사^{GAC}는 세계 최초의 제트 엔진 전투기를 개발한 곳이다. 이러한 항공우주 산업의 발전은 제트 에이지 박물관에서 자세히 살펴볼 수 있다.

08

옥스퍼드

Oxford

어두운 역사를 간직한
대학 도시

주	옥스퍼드셔주
인구	162,100명(2021)

Oxford

옥스퍼드는 템스강의 여러 지류가 만든 개울들이 모이는 곳에 있는 도시이다. 앵글로색슨 시대에는 머시아 왕국과 웨섹스 왕국의 교역과 이동을 위해 황소들이 템스강을 건널 수 있는 적당한 곳이었다. 그래서 황소의 여울oxen's ford라는 이름이 붙었다고 전해진다. 옥스퍼드는 런던, 버밍엄, 브리스틀 같은 영국 남부의 중요한 도시들과 80~90킬로미터 정도의 거리에 있으며, 정치, 산업, 상업의 중심지로 발전했다. 현재는 영어권 세계에서 가장 오랜 역사를 가진 대학교가 있는 도시로 잘 알려져 있다.

타운 대 가운, 주민과 학생의 충돌

옥스퍼드의 상징적인 건물 중 하나는 카팩스 타워이다. 이 타워는 도시 중심부를 통과하는 주요 사거리의 교차점 인근에 놓여 있으며 12세기에 세인트 마틴 교회의 첨탑으로 지어졌으나, 교회는 사라지고 탑만 남았다. 타워의 높이는 23미터로, 옥스퍼드 시내에서 가장 높은 건물이다. 이 타워에서 도시를 둘러볼 생각으로 지도를 펼쳐보면, 도시 내 사방으로 퍼져 있는 다양한 역사와 문화가 담긴 반자치 구성(단과) 대학이 44개나 있다. 이 때문에 옥스퍼드를 대

카팩스 타워

학 도시라고 한다. 도시의 특징인 단과대학 방문을 주목표로 한다면 모두를 방문하기에는 시간이 부족하므로, 주요한 몇 곳을 중심으로 살펴보는 것이 좋다.

1096년부터 강의가 시작된 것으로 추정되지만, 정식으로 인정받은 것은 1167년 헨리 2세가 영국 학생들의 파리 대학 진학을 막고 이들을 옥스퍼드로 유치한 이후였다. 이때부터 덕망과 학식이 있는 성직자들을 초빙하면서 대학교는 빠르게 성장했다.

대학교의 급속한 팽창으로 많은 학생이 도시 내에 유입되면서 이들이 지역 주민들과의 갈등이 생겨났다. 주민과 학생 사이의 갈등은 1209년에 두 학생이 한 여성을 살해한 사건을 계기로 표면화되기 시작했다. 당시 주민들은 법적인 절차 없이 이 학생들을 임의로 처형했고, 이에 학교 측은 불만을 품었다. 이 사건 때문에 일부 학생들과 교수들은 옥스퍼드를 떠나 케임브리지에 새로운 대학교를 설립했다. 이후에도 옥스퍼드 주민들과 학생들 사이에는 끊임없는 충돌이 발생했고, 결국 충격적인 사건이 터졌다.

앞서 언급한 카팩스 타워가 있는 사거리 동남쪽 모퉁이에 산탄데르 은행 지점 건물이 있다. 이 자리는 원래 1250년에 개업한 스윈들스톡 태번The Swindlestock Tavern이라는 선술집이 있던 곳이다. 이 선술집에서 1355년 2월 10일 성 스콜라스티카의 날에 주민과 학생 간의 최악의 충돌이 발생했다. 사건은 몇몇 학생들이 선술집의 포도주의 품질에 불만을 표시하고 술집 주인과 언쟁을 벌인 것으로 시작됐다. 이 때문에 난투극이 일어나고, 3일 동안 폭력 사태가 이어졌다. 당시 무장 갱단들이 마을 사람들을 지원하기 위해 들어와 학생들을 무자비하게 학살했다. 학생들 역시 저항했으나, 결과적으로 학생 63명과 주민 30여 명이 사망했다. 이 충돌을 역사적으로 타운 대 가운Town versus Gown 폭동 사건으로 부른다.

종교개혁기의 아픔이 서려 있는 곳

옥스퍼드의 중심부에 있는 콘마켓 스트리트는 '더 콘'The Corn이라 불리기도 하는데 보행자 도로이자 유명한 쇼핑거리이다. 이 거리를 따라 북쪽으로 걸으면 다양한 상점과 카페, 레스토랑을 만날 수 있다. 옛날에는 옥수수 상점이 있었고 거리 이름도 이곳에서 따왔다. 이 거리 끝쪽 노스 게이트의 세인트 마이클 교회는 옥스퍼드에서 가장 오래된 교회로, 11세기에 지어진 탑이 있다. 이 인근 거리에는 옥스퍼드의 또 다른 역사가 남아 있다.

헨리 8세가 가톨릭교회와 결별하고 종교개혁을 추진했고, 그의 아들인 에드워드 6세는 성공회를 정착시키는 데 이바지했다. 그러나 에드워드 6세는 왕위에 오른 지 얼마 되지 않아 사망하고, 헨리 8세의 장녀이자 가톨릭 신자인 메리 1세가 왕위를 계승했다. 메리 1세는 아버지와 다르게 영국의 종교를 가톨릭으로 되돌리기 위해

노스 게이트의 세인트 마이클 교회

성공회의 주요 인사들을 박해하고 처형했으며, 이 과정에서 300여 명이 생명을 잃었다. 1555년, 성공회 주교인 휴 레티머, 니컬러스 리들리, 그리고 캔터베리 대주교인 토머스 크랜머는 옥스퍼드의 보카르도 감옥에 갇혀 있었다. 레티머와 리들리가 먼저 인근 거리에서 화형대에 올라갔고, 그들의 죽음을 지켜본 크랜머는 다섯 달 뒤

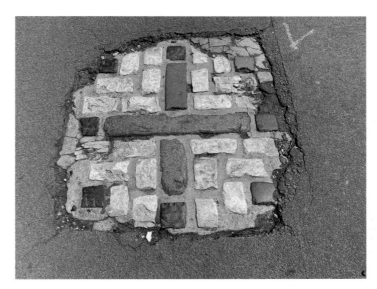

순교자의 십자가

에 역시 화형당했다. 이들이 순교한 장소는 세인트 마이클 교회에서 좀 더 북쪽으로 가다 보면 브로드 스트리트에 순교자의 십자가Martyrs' Cross라는 표식으로 남아 있다.

　메리 1세는 성공회 신자들을 가혹하게 박해했지만, 그의 통치는 5년 만에 끝이 났다. 그의 여동생 엘리자베스 1세는 성공회를 복원하고 영국의 국교로 선포했다. 이에 따라 성공회 순교자들은 영국민들의 존경을 받고 기억에 남았다. 그들을 기리기 위해 1843년에 건립된 순교자 기념탑이 순교자의 십자가에서 북쪽으로 조금 더 올라가면 자리 잡고 있다.

순교자 기념탑

옥스퍼드에서 꼭 들러야 할 칼리지들

    옥스퍼드대학교는 도심에 흩어져 있는 여러 캠퍼스로 구성되어 있는데, 그중 가장 오래되고 역사적인 베일리얼 칼리지는 순교자 기념탑 근처에 있다. 이 칼리지는 1263년에 영국 중부 더럼 지방의 귀족이었던 베일리얼John I de Balliol이 주교와의 갈등을 해결하기 위해 기부한 자금으로 설립됐다고 전해진다. 베일리얼 칼리지는 뛰어난 졸업생들로 유명하다. 이 칼리지에서는 4명의 영국 총리와 12명의 노벨상 수상자가 배출되었으며, 최근 인물로는 77대 보리스 존슨 총리가 이 칼리지 출신이다.

베일리얼 칼리지는 문학과 철학 분야에서 강점이 있다. 특히 경제학의 아버지로 불리는 애덤 스미스(1723~1790)는 이 대학에서 석사 과정을 수료했다. 애덤 스미스는 『국부론』에서 자유시장경제의 원리를 '보이지 않는 손'이라는 비유로 설명한 유명한 학자이다. 그는 스코틀랜드 출신으로 글래스고대학교를 졸업했으나, 옥스퍼드

베일리얼 칼리지

대학교에서도 공부했다. 그러나 그는 옥스퍼드대학교의 교육 수준이 스코틀랜드보다 낮다고 생각했고, 장학금 기간이 만료되기 전에 학교를 떠났다. 그 후 스코틀랜드로 돌아가 에든버러대학교와 글래스고대학교에서 교수로 재직했다. 애덤 스미스는 옥스퍼드대학교에서의 학업에 만족하지 못했지만, 보들리언 도서관에서 다양한 서적을 읽고 연구하는 데 많은 시간을 보냈다고 한다.

보들리언 도서관을 찾아가려고 베일리얼 칼리지에서 동쪽으로 걸어가면 인근에 트리니티 칼리지가 먼저 보인다. 이곳은 1555년에 건립되었으며, 3명의 총리를 배출한 명문이다. 베일리얼과 트리니티 칼리지는 오랜 역사 속에서 경쟁적인 관계를 유지해 왔다. 그들의 갈등은 다양한 일화로 전해진다. 트리니티 칼리지라면 해리포터에 나오는 연회장으로 알려진 식당이 있는 곳으로 유명하다. 식당에 들러보면 매우 화려하고 웅장한 공간임을 알 수 있다.

보들리언 도서관은 옥스퍼드대학교의 중심이자 세계적인 학술의 보고다. 트리니티 칼리지와 인접한 로터리에서 남쪽으로 내려가면 그 모습을 볼 수 있다. 이 도서관은 1602년에 외교관이자 학자인 토머스 보들리가 설립했으며, 그의 이름을 따서 명명되었다. 보들리언은 종교개혁의 성과물을 수집하고 보존하고자 하는 열정을 가지고 있었다. 그 덕분에 처음에 2000권이었던 장서가 수많은 기부자의 도움으로 늘어나게 되었다. 1605년에는 철학자이자 정치가인 프랜시스 베이컨이 이 도서관을 '배움의 방주'라고 칭찬하기도

트리니티 칼리지

해리 포터의 연회장으로 알려진 식당

했다.

현재는 1200만 권 이상의 인쇄물을 소장하고 있으며, 옥스퍼드 대학교 중심부에 자리를 잡은 이 도서관은 영국에서 런던의 영국 도서관 다음으로 큰 도서관이다. 옥스퍼드대학교의 모든 입학생은 도서관의 자료를 이용하기 전에 '훼손하지 않겠다'라고 공식적으로 서약해야 한다. 이것은 오랫동안 이어져 오는 전통이다. 도서관의 정문에는 옥스퍼드대학교의 여러 단과대학의 문장이 새겨져 있어, 이곳이 옥스퍼드대학교의 심장과도 같은 곳임을 알 수 있다.

보들리언 도서관에서 남쪽으로 조금 내려가면 하이 스트리트

보들리언 도서관

를 만날 수 있다. 이 거리를 건너면 옥스퍼드대학교의 오래된 칼리지 중 한 곳인 유니버시티 칼리지가 자리하고 있다. 이 칼리지는 1249년에 설립되었다고 전해지지만, 앨프레드 대왕의 시대인 872년에 거슬러 올라간다는 주장도 있다. 칼리지의 문장이 앨프레드 대왕 것과 비슷하고, 왕실 군주들이 자주 방문하며, 1872년에 천년 기념행사를 열었다는 사실이 그 근거다. 노동당 총리인 클레멘트 애틀리와 해럴드 윌슨, 미국 대통령인 빌 클린턴, 작가인 C.S. 루이스, 우주학자인 스티븐 호킹 등 많은 유명 인사들이 이곳을 졸업하거나 이곳에서 공부했다. 이 칼리지에는 화요일과 목요일, 일요일

유니버시티 대학

저녁에 전체 구성원들이 함께 식사하는 홀이 있다. 옥스퍼드의 칼리지 중에서 이곳 대학장이 주관하는 식사 기도^{Grace}가 가장 길다는 소문이 있다.

유니버시티 칼리지에서 나와 옥스퍼드대학교 내 모든 시험을 관리하는 건물인 시험 본부$^{Examination\ Schools}$ 옆 머튼 스트리트를 따라가면 역시 오랜 역사를 자랑하는 머튼 칼리지가 나온다.

머튼 칼리지는 1260년대에 헨리 3세와 그의 아들인 에드워드 1세 때 재무관을 지낸 월터 드 머튼이 설립했는데, 최초로 칼리지의 자치권을 인정받은 것으로 유명하다. 이곳에는 몹 쿼드$^{Mob\ Quad}$라고 불리는 사각형 뜰이 있는데 이 뜰은 옥스퍼드의 다른 대학들에도 영향을 미친 건축 양식을 보여준다. 머튼 칼리지의 몹 쿼드는 펠

머튼 칼리지

몹 쿼드

로우 쿼드라고 부르는데 이곳은 오래된 돌벽과 푸른 잔디밭으로 아름답게 꾸며져 있으며, 매년 서머타임 시작과 종료에 맞춰 학생들이 뒤로 한 시간씩 걷는 재미있는 행사가 열린다. 이는 서머타임의 변화에 적응하기 위한 행사로 머튼 칼리지의 독특한 전통이다. 관광객들은 이곳을 방문해 옥스퍼드대학교의 오랜 역사와 문화를 체험할 수 있다.

　오랜 역사를 자랑하는 단과 대학들을 구경하다 보면 옥스퍼드가 깊은 전통을 간직한 대학 도시임을 느낄 수 있다. 마지막으로 방문한 머튼 칼리지에서 나와 크게 눈에 들어오는 건물이 바로 헨리 8세가 1546년에 건립한 크라이스트 처치 칼리지다. 이곳은 대학 예배당이자 옥스퍼드 교구의 대성당인 채플이 있고, 13명의 총리를

크라이스트 처치 칼리지

그레이트 다이닝 홀

배출했으며, 해리 포터 영화의 촬영지로도 유명하다. 하지만 역사적으로 가장 중요한 사건은 잉글랜드 내전 때 찰스 1세가 이곳에서 의회를 열었던 것이다. 그레이트 다이닝 홀에 들어가면 찰스 1세가 왕당파 의원들과 함께 있었던 장면을 상상해 볼 수 있다.

영국 왕실의 정치적 투쟁의 현장

카팩스 타워에서 서쪽 퀸 스트리트를 따라 올라가면 일부가 폐허가 된 옥스퍼드 성이 보인다. 이 성은 두 차례나 왕실 정치 투쟁이 벌어진 현장이다.

첫 싸움은 1140년경 무정부 시대에 옥스퍼드 성에서 벌어졌다. 헨리 1세는 죽기 전에 딸 마틸다를 후계자로 지명했지만, 조카인 스티븐이 왕위를 차지하려고 했다. 당시 성주인 로버트 도일리는 스티븐으로부터 이 성을 물려받았지만, 마틸다를 지지했고 마틸다와 지지자들은 이곳을 거점으로 삼아 저항했다. 몇 개월에 걸친 포위 공격으로 성주는 전사하고 성은 함락됐지만 마틸다는 비밀리에 탈출했다. 이후 옥스퍼드 성은 군사적 중요성이 줄어 행정적 역할을 하게 되었다. 다음번 싸움은 1642년 잉글랜드 내전 때에 일어났다. 찰스 1세가 이끄는 왕당파 사령부가 성을 본거지로 삼아 한동안 활용했지만 결국엔 의회군에게 빼앗겼다.

옥스퍼드 성

그 후 이 성은 감옥으로 사용되었고 점점 황폐해졌다. 현재는 문화 관광지로 변신하여 공연장, 숙박 시설, 성 투어 등을 제공한다. 그러나 이곳은 여전히 암울하고 치열한 분쟁의 흔적을 지니고 있다.

2부

구조적이고 지역 중심적인
잉글랜드 중북부 지역

앵글로족 도시들

이스트앵글리아 왕국

이스트앵글리아 왕국은 6세기부터 10세기까지 잉글랜드 동부에 있던 앵글 족의 왕국이다. 이 왕국은 노퍽주, 서퍽주, 케임브리지셔주, 에식스주, 링 컨셔주 일부를 포함하고 있었다. 7세기 초, 이스트앵글리아 왕국의 래드왈 드Rædwald 왕이 침례를 받으며 기독교인이 되었고 이때부터 왕국은 발전 적인 모습을 보였다. 그러나 8세기가 끝날 무렵 이웃한 머시아 왕국의 세력 이 커지면서 이스트앵글리아 왕국은 위축되었다. 9세기에는 덴마크에서 건 너온 바이킹(데인족)에 의해 정복되었고 결과적으로 그들의 통치, 즉 데인 로Danelaw가 미치는 지역 일부가 되었다.

여기서는 이스트앵글리아 왕국의 범위에 있는 주요한 도시, 케임브리지에서 출발하여, 일리, 노리치, 콜체스터까지 살펴보려 한다.

09

케임브리지

Cambridge

수많은 노벨상 수상으로
빛나는 대학 도시

주	케임브리지셔주
인구	145,700명(2021)

Cambridge

케임브리지는 런던에서 북동쪽으로 약 78킬로미터 떨어진 도시로, 케임브리지셔주의 남부에 위치해 있다. 이 도시는 펜랜드 디스트릭트라 불리는 습지 지역과 잇닿아 있어, 도시 주변에는 농경지와 초원이 많이 보인다. 캠강이 도시를 가로지르며 상업적이고 역사적인 건물들을 만나고, 그 사이에 푸른 초원이 어우러져 케임브리지의 아름다운 풍경을 만들어낸다. 캠강의 서쪽에는 고대 로마인들이 지은 요새가 있고, 동쪽에는 오랫동안 형성하고 발전해 온 원주족인 켈트인들의 주요 거주지가 있다. 강을 오가며 도시가 확장되면서 다리들도 건설되었다. 캠강은 옛날에 그란타강이라 불렸는데, 이 지역은 '그란타강의 다리'라는 뜻으로 그란타브리그Granta Brygg라고 불렸다. 케임브리지라는 현재의 도시명은 이 이름에서 유래됐다.

옥스퍼드에서 피난 온 학자들과 킹스 칼리지

케임브리지는 옥스퍼드와 마찬가지로 31개의 반자치 구성 대학이 도시 전역에 분산된 대학 도시다. 케임브리지대학교가 옥스퍼드와 비슷한 구조를 가진 것은 1209년에 옥스퍼드에서 옮겨 온 학자들에 의해 설립되었기 때문이다. 이 대학교의 역사를 살펴보면, 앞서 언급한 바처럼 옥스퍼드에서 한 여성이 살해되어 마을 주민들이 살해자로 지목된 두 명의 학생을 직접 처형한 사건에서 시작되었다. 옥스퍼드대학교는 사제 교육을 중요시하고 있어 교회법에 따라 재판을 받아야 했지만, 이 사건은 그런 절차가 무시되었다. 게다가 캔터베리 대주교와 존 왕이 대립하고 있어 희생자에 대한 이의 신청을 할 경우, 공정한 재판을 기대하기 어려웠다. 오히려 주민들의 폭력이 더 심해질 수 있다는 위험이 컸다. 일부 학생들과 학자들이 옥스퍼드를 떠나 더 안전하고 학문적인 환경을 찾았고, 이렇게 선택된 케임브리지는 1231년에 헨리 3세의 승인을 받아 현재의 대학 도시로 성장했다. 이렇듯 옥스퍼드대학교와 케임브리지대학교는 역사적으로 비슷한 학문적 전통과 문화를 가지고 있어 둘을 합쳐서 옥스브리지Oxbridge라는 별칭으로 부르기도 한다.

캠강은 도시 중심부를 동서로 나눈다. 먼저 동쪽을 시계 방향으로 훑고 강을 넘어 서쪽을 이어 보는 계획을 세운다면, 그 출발지는 2008년 설치되어 유명해진 코퍼스 크리스티 칼리지 소유의 테일러 도서관 외벽에 설치된 코퍼스 시계가 있는 곳일 것이다. 이 시계는 메뚜기와 비슷한 모양의 크로노파지라는 조각상이 초마다 입을 움직여 시간을 먹는 듯한 모습을 보이고, 가끔 만족한 듯 눈을 껌뻑거리기도 한다. 이 시계는 방문객들에게 '누군가가 내 시간을 먹는다'라는 생각이 번쩍 들게 하며 새삼 시간의 소중함을 느끼게 한다.

코퍼스 시계를 보고 서서 왼쪽으로 고개를 돌리면, 킹스 퍼레이드라는 거리가 보이는데 이곳이 도시 관광의 중심이다. 이 거리를 따라가면 웅장한 건물들이 눈에 들어오는데 킹스 칼리지이다. 헨리 6세는 1440년에 일종의 유료 사립고등학교였던 이튼 칼리지를 윈저 성 근처에 세웠다. 킹스 칼리지는 이튼 칼리지의 자매 기관으로 1441년에 케임브리지에 설립 인가를 받은 대학이다. 두 학교가 협력해 운영하기 시작한 것은 1444년인데 이때부터 이튼 칼리지 졸업생들은 자동으로 킹스 칼리지로 가 학업을 이어갔다.

이튼 칼리지에 이어 킹스 칼리지에서 공부한 유명인을 찾는다면 단연코 영국의 로버

코퍼스 시계

트 월폴(1676~1745)일 것이다. 권리장전으로 입헌군주제가 선포된 후, 왕이 아닌 총리가 통치하는 현재의 정치 체제하에서 최초로 총리를 역임한 이가 바로 월폴이다. 그는 세계 역사에서 '총리의 아버지'라고 불리며 20여년 간 재임했다. 영국의 민주주의가 킹스 칼리지에서 시작되었다고 생각하니 이곳 칼리지의 느낌이 또 다르게 피부에 와닿는다.

한편 왕자들의 난이라고도 불리는 장미전쟁(1455~1485)은 킹스 칼리지의 발전에 큰 타격을 주었으나, 전쟁이 종식되고 튜더 왕조가 세워진 후에 킹스 칼리지는 다시 번영하기 시작했다. 헨리 6세 시절부터 건설이 시작된 킹스 칼리지 채플은 헨리 8세 시절인 1544년에 이르러서야 마침내 완공되었다. 이 채플은 영국의 후기

킹스 칼리지

수직 고딕 양식 건축물 중에서 가장 뛰어나다고 꼽히며, 부채꼴 형태의 문양들로 구성된 웅장한 팬 볼트[fan vault] 천장과 화려한 스테인드글라스 창문들, 성가대와 채플을 구분하는 루드 스크린이라는 르네상스 양식의 나무 조각 작품 등이 감동을 자아낸다. 또한 이 채플은 탁월한 음향 효과와 킹스 칼리지 학생들로만 이루어진 세계적인 명성을 자랑하는 킹스 보이시스라는 채플 합창단도 유명하다. 특히 수요일 저녁에 열리는 이븐송[Evensong]이라는 찬양 예배에 참석하면 채플 합창단의 아름다운 성가를 들을 수 있다.

팬 볼트 천장과 화려한 스테인드글라스 창문들

연구하려다가 종교개혁까지 한 사람들

킹스 퍼레이드와 트럼펑턴 스트리트가 맞물리는 지점이 자 코퍼스 시계 맞은편에 서 있는 건물에 파란 명패가 보인다. 이곳에는 16세기 초에 루터교의 신조를 받아들인 학자들과 목사들이 비밀리에 모여 개신교의 교리와 실천을 논의하고 전파했던 화이트 호스 태번White Horse Tavern이 있던 것으로 기록되어 있다. 당시 이곳에 모인 사람들은 '화이트 호스 그룹' 혹은 '케임브리지 개혁가들'이라고 불렸으며, 헨리 8세의 이혼과 국교 분리, 에드워드 6세의 종교개혁, 메리 1세의 대반격 등 영국 종교사의 중요한 사건들에 직·간접적으로 영향을 미쳤다. 화이트 호스 선술집은 19세기 초에 킹스 칼리지가 확장하면서 철거되었고, 현재는 킹스 칼리지의 일부 건물이 들어서 있다. 파란 명패는 이 건물의 역사적 의미를 상징하며, 방문객들로 하여금 옛 개신교 개혁가들의 모습을 상상하게 한다.

킹스 칼리지 맞은편에 있는 그레이트 세인트 메리 교회는 대학교회로서 케임브리지 대학의 역사와 전통을 담고 있다. 15세기에 처음 지어진 이 교회는 19세기에 현재의 모습

화이트 호스 태번 명패

으로 개축됐다. 이 교회의 가장 유명한 볼거리는 서쪽 문 위에 있는 대학 시계와 1698년에 설치된 웅장한 대학 오르간이다. 대학 시계는 런던의 빅벤과 같은 종소리를 울리며 대학 오르간은 매주 일요일에 열리는 음악회에서 들을 수 있다. 이 교회는 대학교의 중심이기도 하다. 대학 교직원들과 학생들은 이곳에서 그리 멀지 않은 인근에 거주해야 하며, 가을에 시작하는 새학기 개강 예배도 이 교회에서 열린다. 그레이트 세인트 메리 교회는 케임브리지대학교의 정신적인 상징이자 문화적인 자랑거리인 것이다.

교회에 들어서면, 영국 종교개혁의 역사를 살펴볼 수 있다. 그중에서도 가장 유명한 인물은 에라스뮈스(1466~1536)라고 할 수 있

에라스뮈스 초상화

다. 에라스뮈스는 네덜란드 출신의 철학자이자 인문학자, 가톨릭 신학자였다. 종교개혁의 선구자로 여겨지기도 하지만, 마틴 루터와 달리 급진적인 개혁을 주장하지 않았다. 그는 이 교회에서 자주 설교했는데, 그 이유는 퀸스 칼리지에서 19년 동안 교수로 재직했기 때문이다. 퀸스 칼리지는 킹스 칼리지와 가까운 곳에 있다. 에라스뮈

그레이트 세인트 메리 교회

스의 대표작인 『우신예찬』은 그가 이 교회에서 영감을 받아 쓴 것
으로 알려져 있다.

　이 교회와 관련해 가장 눈에 띄는 인물은 마르틴 부처^{Martin Bucer}
이다. 그는 헨리 8세의 종교개혁에 참여하고, 성공회를 실질적으로
완성한 토머스 크랜머 주교가 성공회 기도서를 쓰는 데 도움을 주
었다. 부처는 도미니크 수도원에서 나와 루터의 종교개혁에 활동적
으로 참여했으나, 독일 제국의 루터 지지 도시들과 황제 지지 세력
간의 충돌인 슈말칼덴전쟁 이후 1549년에 영국으로 추방되었다.
부처는 영국에서 크랜머를 지원했다. 메리 1세가 가톨릭을 복원하기 위해 종교박해를 벌일 때 그도 케임브리지 마켓 광장에서 불살라져 순교했다. 개혁파들은 그가 타버린 장소에 남아 있던 재와 흙을 몰래 가져와 그레이트 세인트 메리 교회에 매장했다. 부처의 무덤은 현재 교회 남쪽 성소의 황동 바닥 판 아래에 있다.

사실 케임브리지는 가톨릭의 교리를 연구하고 개선하려는 학자들이 모인 곳이었다. 그러나 그들의 노력은 오히려 가톨릭의 결함을 드러내고 종교개혁의 원동력이 되었다. 이런 역사적인 사실을 알고 보면 화이트 호스 태번 명패나 그레이트 세인트 메리 교회의 존재가 더욱 의미심장하게 느껴진다. 이것은 종교와 학문의 관계에 대해 깊이 생각하게 하는 아이러니다.

그레이트 세인트 메리 교회 동북쪽으로 몇 블록 거리에 시드니 서식스 칼리지가 있다. 이 칼리지는 서식스 백작 부인 프랜시스 시드니의 이름을 따 1596년에 설립된 곳이다. 그는 공인된 개신교 대학 설립의 의지를 담은 유언장과 함께 소장했던 값비싼 그릇들과 5000파운드를 남겼는데 이 자금을 기반으로 칼리지가 세워졌다.

이 대학에 눈길이 가는 이유는 바로 영국 왕 찰스 1세를 처형하고 잠시나마 자유 공화정을 세웠던 청교도 혁명의 주인공인 올리버 크롬웰(1599~1658)이 공부했던 곳이기 때문이다. 크롬웰의 가문은 할아버지 시절 부유한 집안이었으나 아버지 대에 이르러 쇠락했다. 이 때문에 크롬웰은 칼리지에서 공부하는 데 어려움을 겪었고, 결국 아버지가 돌아가시자 중퇴했다. 하지만 그의 흔적은 이 칼리지에 여전히 존재하는데, 바로 그의 머리 일부가 이 대학의 예배당 지하에 묻혀 있기 때문이다.

축구의 '처음'과 구성 대학의 '처음'

시드니 서식스 칼리지에서 남쪽으로 몇 블록 가면 파커스 피스라는 10만 제곱미터의 넓은 잔디밭이 펼쳐진다. 이곳은 축구의 역사와 밀접한 관련이 있는 곳으로, 축구 애호가들에게 성지로 여겨진다.

시드니 서식스 칼리지

1863년 10월 26일, 영국의 명문 학교들이 축구의 통합 규칙을 만들기 위해 런던의 프리메이슨 태번에 모였다. 이들은 케임브리지대학교에서 만들어진 케임브리지 규칙을 바탕으로 축구협회 규칙을 제정했다. 이 규칙은 1863년 11월 20일 파커스 피스에서 열린 시합에서 처음 적용되었다. 축구 역사에 한 획을 그은 시합이었다. 파커스 피스에는 이 시합을 기념하는 비석이 세워져 있으며, "여기 파커스 피스에서 … 이 '케임브리지 규칙'이 1863년 축구협회 규칙에 결정적인 영향을 미쳤다"라고 쓰여 있다. 현재 케임브리지의 축구 팀은 EFL^{English Football League} 리그 원에 속한 케임브리지 유나이티드 FC라는 프로축구 클럽이 활동하고 있으며, 이 클럽은 도시의 축구 전통을 계승하고 있다.

축구 기념비

케임브리지대학교의 반자치 구성 대학은 세계적으로 유명하다. 그중 가장 오래된 곳은 피터하우스이다. 이곳은 파커스 피스에서 캠강을 건너기 위해 서쪽으로 향해 가다가 만날 수 있는 아름다운 건물이다. 피터하우스는 칼리지라는 단어가 붙지 않는 것

피터하우스

이 특징이며, 학문적 우수성과 예술적 창의성을 겸비한 인재들을
배출해 왔다.

　피터하우스는 1284년에 휴 드 밸셤 주교가 세인트 존 병원에 체
류하던 옥스퍼드 머튼 칼리지 출신의 학자들을 이사시킨 곳이다.
당시 이 학자들은 병원의 규칙에 따르지 않고 자신들의 습관을 고
수하다가 병원 관계자들과 갈등을 빚었다. 피터하우스는 이렇게 학
문과 실생활의 조화를 찾기 어려웠던 학자들의 피난처로 시작되었
다. 이후에도 케임브리지대학교에는 다른 반자치 구성 대학이 생겨

났지만, 피터하우스는 그들의 선구자로서 역사와 전통을 자랑한다. 특히 피터하우스의 학생들은 여전히 학생 정복과 가운을 입고 홀에서 공식 만찬을 하며 학문적인 정신을 고취하고 있다.

세계적 석학들이 빛나는 케임브리지대학교

캠강 위에는 동서를 연결하는 몇몇 다리가 있다. 그중에서도 수학의 다리가 특히 유명하다. 피터하우스에서 캠강을 따라 북쪽으로 올라가면 수학의 다리를 볼 수 있는데, 이 다리는 1749년에

수학의 다리

목재로 만들어진 인도교이다. 이 다리의 특징은 지지 구조인 트러스가 수학적으로 정교하게 설계되어, 못이나 볼트 없이도 견고하게 서 있다는 점이다. 이 다리는 자연과학 분야의 발전이 캠강 서쪽 지역을 주도할 것이라는 상징적 의미를 담고 있다.

수학의 다리에서 캠강을 따라 북쪽으로 이동하면 여러 아름다운 대학 건물들이 나타난다. 그중에서도 트리니티 칼리지는 자연과학을 비롯한 다양한 분야에서 탁월한 연구 성과를 자랑하는 중요한 단과대학이다. 트리니티 칼리지는 1546년에 헨리 8세가 세운 곳으로, 자연 철학자 아이작 뉴턴을 비롯하여 많은 유명한 인사들이 졸업하거나 교수로 재직했다. 뉴턴은 수학자이자 물리학자, 천문학자,

트리니티 칼리지

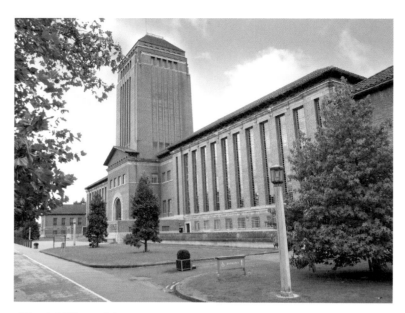

케임브리지대학교 도서관

연금술사, 신학자, 작가 등 다양한 분야에서 활동했으며, 과학혁명
과 계몽주의에 크게 이바지했다. 그는 트리니티 칼리지의 루카시안
수학 교수로서 명예를 누렸다. 루카시안 수학 교수는 세계적으로
권위 있는 수학 교수직 중 하나로, 1663년 영국 케임브리지대학교
에서 헨리 루카스가 설립한 자리이다. 케임브리지대학교는 뉴턴의
후예답게 자연과학 분야에서 세계적인 명성을 얻었다. 케임브리지
대학교는 지금까지 121개의 노벨상을 받았는데, 그중 34개가 트리
니티 칼리지의 자연과학 분야에서 받은 것이다. 또한 트리니티 칼

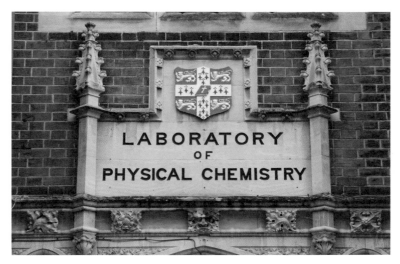

캐번디시 연구소

리지는 근대 철학 분야에서도 강점을 보였다. 프랜시스 베이컨, 루트비히 비트겐슈타인, 버트런드 러셀, G. E. 무어 등의 철학자들이 이 대학에서 배우거나 가르쳤다.

트리니티가 지닌 학문적 역사의 무게가 참으로 크다는 사실은 그 칼리지를 둘러보면 누구나 느낄 수 있다. 특히 이 칼리지는 세계적인 연구 성과를 내는 케임브리지대학교 도서관과 인접해 있어, 도서관이 보유한 900만 점에 달하는 방대한 자료들을 쉽게 이용할 수 있다는 것이 큰 이점이다. 케임브리지대학교 도서관은 법정 기탁도서관의 지위를 가지고 있어, 영국에서 발행되는 모든 출판물의 사본을 수집하고 보관한다.

도시를 가로지르는 캠강 서쪽 지역에서 펼쳐지는 자연 철학의 향기는 대학교의 물리학과 소속인 캐번디시 연구소로 이어진다. 영국의 화학자이자 물리학자인 헨리 캐번디시 이름을 딴, 이곳에서 주요 연구 분야인 전자, 중성자 및 DNA 구조 등의 발견을 포함하여 많은 연구가 진행된다. 2019년까지 30여 명의 노벨상 수상자가 나온 만큼 명성 높은 곳이다. 트리니티를 보면 이곳도 방문하고 싶어질 것이다.

10

일리

Ely

청교도 혁명의 주역이
남은 도시

주　　케임브리지셔주
인구　　19,201명 (2021)

Ely

케임브리지셔의 펜스라는 자연 습지 지역에 있는 일리는 영국에서 인구수에 있어 가장 작은 도시이지만 유서 깊은 대성당을 품은 중세형 도시 중 하나이다. 케임브리지에서 북동쪽으로 23킬로미터, 런던에서는 북쪽으로 103킬로미터 떨어져 있다. 일리는 늪지로 물에 잠겨 있는 펜스 지역 중 높이 솟아 있는 땅에 있어서 일리섬이라고도 불린다. 일리라는 이름에 관해서는 여러 가지 설명이 있는데, 7세기에 살았던 수도사 베다가 쓴 엘지^{Elge}라는 단어에서 유래했다고 하는 설이 가장 유명하다. 하지만 이름과 관련해 가장 타당한 설명은 따로 있다. 17세기에는 운하와 인공 하천을 건설하면서 일리를 둘러싼 습지의 물이 빠져 평평하고 비옥한 농지로 변했다. 이 과정은 새로이 지역 뱀장어 어업을 활성화하는 데 도움이 되었고, 이

주빌리 가든의 뱀장어 조각상

는 이 지역의 이름에 기여했다는 설이다. 이를 상징하는 뱀장어 조
각상이 주빌리 가든에 서 있다.

도시의 상징이 된 '일리 대성당'

일리는 농경지로 둘러싸인 도시로, 남쪽에서 들어오면 언
덕 위에 '펜의 배'라는 별명이 붙은 대성당이 눈에 띈다. 대성당은

일리 대성당

7세기에 이스트앵글리아 안나 왕의 딸인 성 에셀드레다$^{St. Etheldreda}$
가 세운 일리 수도원의 자리에 지어졌다. 일리 수도원은 수도사와
수녀가 함께 살았던 특별한 곳이었으나, 9세기에 데인족의 침략으
로 파괴되었다. 10세기에는 베네딕트 수도원으로 재건되었고, 노르
만 정복 이후에는 영국에서 부유하고 유명한 수도원 중 하나가 되
었다.『둠즈데이 북』에도 이 수도원의 부와 명성이 기록되어 있다.

현재의 건물은 1066년에 노르만인들이 영국에 들어오면서 베네
딕트 수도원이 대성당으로 승격된 것이 기원이다. 1083년부터 시
작된 대성당의 확장 공사는 1109년에 헨리 1세가 대성당으로 지정

성 에셀드레다의 시신이 안치된 곳

할 때까지 계속되었다. 이 과정에서 로마네스크 양식과 고딕 양식이 혼합되어 건축학적으로 독특하고 아름다운 건물이 탄생했다. 특히 본당의 합창단과 연결된 팔각형 천장은 '중세 세계의 불가사의 하나'로 불리며 대성당의 상징이다.

대성당은 성 에셀드레다의 시신과 관련된 전설 때문에 유명하기도 하다. 1106년에 성당 건축 중에 그녀의 무덤을 열었더니

빅토리아 여왕이 선물한 러시아 대포

450년이 넘게 지났음에도 불구하고 시신이 썩지 않은 채로 보존되어 있었다는 것이다. 그녀의 시신은 대성당 제단 바닥에 표시된 곳에 다시 안치되었다. 이런 신비한 사실로 인해 이 작은 시골 마을에 매년 25만 명이 넘는 관광객이 찾아온다. 일리 대성당은 이곳의 문화와 역사를 대표하는 상징물이라고 할 수 있다.

일리 대성당을 둘러보다 남쪽에서 올라가는 '더 갤러리'라는 길을 따라가면 대성당과 맞물린 서쪽 정원에 러시아 대포 한 문을 발견할 수 있다. 이 대포는 크림전쟁에서 영국이 러시아로부터 빼앗은 것으로, 일리 지역의 지원자로 충당된 소총연대의 공로를 기리기 위해 빅토리아 여왕이 선물한 것이다. 이 대포는 대성당과 직접적인 관련성은 없지만, 일리의 역사와 문화를 상징하는 대성당 근처에 설치되어 일리의 자부심과 정체성을 나타낸다.

잉글랜드 내전의 주역, 크롬웰의 삶이 녹아 있는 곳

대포를 본 뒤 서쪽 길을 따라가다 보면 올리버 크롬웰의 옛집이 나온다. 이 집은 그가 1636년부터 1646년까지 살았던 곳으로, 역사적 가치가 높다. 이곳을 방문하면 크롬웰의 생애가 전시되어 있는데 궁금한 부분은 그가 이곳 출신인가 하는 것이다. 전시 내

크롬웰의 옛집

용을 보면 그의 출신지와 또 일리와의 인연을 잘 이해할 수 있다.

크롬웰의 가문은 헌팅던셔에서 부유한 두 가문 중 하나였다. 그러나 그들은 귀족이 아니라 중산층에 속했다. 1617년 크롬웰의 아버지가 사망하자, 크롬웰은 케임브리지의 시드니 서식스 칼리지를 그만두고 가족을 돌보았다. 재산이 줄어들자, 크롬웰은 외삼촌이 소유한 일리의 땅을 임대하게 되었다. 이 땅에는 세금 징수권도 포함되어 있어, 크롬웰은 재산을 늘릴 수 있었다. 일리로 이사한 크롬웰과 가족은 헌팅던셔에서의 명성을 회복했다. 이곳이 바로 크롬웰의 옛집이다.

크롬웰은 1628년과 1629년 사이에 헌팅던셔의 의원으로 선출되었으나, 찰스 1세가 1629년부터 의회를 소집하지 않아 그의 의원 활동은 크게 의미가 없었다. 1640년에 의회가 재개되면서 비로소 그는 활발하게 활동하기 시작했다. 이때부터 1642년까지 왕과 의회 사이의 갈등이 커졌고, 일부 의원들이 칼을 들고 의회에 출석하면서 왕과 대적하는 상황이 벌어졌다. 이것이 잉글랜드 내전의 발단이다. 이 역사적 상황을 크롬웰은 일리의 집을 가진 상태에서 겪었다. 또 1642년부터 1646년까지 의회군의 부사령관으로 활약한 크롬웰은 잉글랜드 내전(청교도 혁명, 잉글랜드 혁명)에서 승리를 이끌었다. 이때도 그는 여전히 일리에서 가족과 살면서도 전쟁하는 동안 필요한 경우 다른 지역으로 이동해 군사 작전을 수행했다. 그만큼 일리의 옛집은 무게감 있는 역사를 품고 있다.

일리에서 크롬웰의 집에 관한 역사 중 하나는 이 집의 부엌이 특히 주목받는다는 것이다. 이 부엌은 1215년에 지어진 것으로 알려져 있으며, 그 당시의 건축 기술과 생활방식을 이해하는 데 중요한 역할을 한다. 동시에 크롬웰 시대의 일상적인 삶도 엿볼 수 있는 중요한 공간이다.

어두운 기억과 희망이 교차하는 광장시장

다시 대성당이 있는 동쪽으로 걸으면 하이 스트리트라는 큰 도로를 만난다. 이 거리를 따라 조금 더 걷다 보면, 큰 시장이 있는 광장에 도착한다. 이곳은 13세기부터 농산물을 판매하던 유서 깊은 장소로, 현재는 농산물뿐만 아니라 다양한 공산품, 잡화, 음식을 팔고 있다. 이 광장은 시장의 분위기와 대성당과 주변 건물들의 분위기가 어우러져서, 현대적이기보다는 중세 시대 같은 느낌을 준다.

광장시장은 오늘날 많은 사람이 즐겨 찾는 곳이지만, 과거에는 비극적인 사건이 일어난 곳이기도 하다. 1816년 5월 22일, 일리에서 북쪽으로 8킬로미터 떨어져 있는 리틀포트에서 술에 취한 일부

주민들이 부자들을 공격하고 돈을 갈취하면서 폭동이 시작되었다. 이는 나폴레옹전쟁 이후 실업과 물가 상승이 야기한 사회적 불만의 산물이었다. 폭동은 일리로 확산됐지만, 리버풀 총리가 보낸 왕립 기병대와 일리 민병대의 공조로 진압되었다. 이 과정에서 기병대원 한 명이 다치고 폭도 한 명이 사망했다. 중앙정부는 폭동 진압이 끝남과 동시에 특별재판위원회를 파견해 반란 민중을 엄중하게 처벌했다.

일리와 리틀포트에서 체포된 83명은 1816년 6월 17일부터 1주일 동안 광장시장에 설치된 임시법원에서 재판을 받았다. 그중 24명이 유죄를 선고받았고, 5명은 교수형에 처해졌다. 이런 역사 때문에

일리 광장시장

광장시장은 화려한 모습임에도 어두운 그림자가 스민 듯 보인다.

일리는 조용하고 조그만 도시이지만 중세 때부터 이어져 오던 전통을 굳건히 지켜낸 대성당, 의회민주주의 성립의 한 획을 그은 청교도 혁명의 주역이 생활한 곳, 또 빈부의 차이로 인한 폭동 등 굵직한 역사를 품고 있다.

노리치

Norwich

중세의 향기와 매력을
머금은 도시

주	노퍽주
인구	144,000명 (2021)

노리치는 런던에서 북동쪽으로 약 160킬로미터 떨어진 곳에 있는 중세 도시다. 웬섬강을 따라 펼쳐진 반목조 주택, 자갈길 골목, 노리치 성 등의 중세 건축물들이 독특한 매력을 발산한다. 웬섬강은 야레강의 지류로, 맑은 물과 다양한 생물들이 서식하는 생물과학 특별 보호 구역이다. 노리치는 이스트앵글리아 지역에서 가장 큰 도시로서, 문화와 역사가 공존하는 곳이다.

로마를 떨게 만든 켈트족 여왕 부디카와
로마의 흔적이 남아 있는 곳

로마제국은 이스트앵글리아 지역을 정복한 뒤, 이세니[Iceni]

라는 켈트계 부족이 거주하던 곳에 군사 요새를 세웠다. 이 요새는 노리치 남쪽에 있으며, '이세니의 시장'이라는 의미인 '벤타 이세노룸'이라고 불렸다. 로마 정복 후에 이세니 부족의 여왕 부디카는 로마의 압제에 저항하기 위해 다른 켈트족 부족들과 동맹을 맺었다. 서기 61년경 부디카는 로마에 대항하는 반란을 일으켰지만 패배했고 로마는 이 지역을 5세기 초까지 계속 통치했다. 오늘날 부디카 여왕은 켈트족의 자유와 정의를 위해 희생한 영웅으로 추앙받고 있으며, 그가 전차를 탄 모습이 새겨진 동상은 런던의 웨스트민스터

여왕 부디카의 동상

다리 근처에 서 있다.

노리치 남쪽 외곽 지역인 카이스터 세인트 에드먼드에는 부디카가 이끈 이세니 부족의 저항과 로마의 침략의 흔적이 있다. 이곳은 1928년에 비행기 조종사가 우연히 로마 요새의 폐허를 발견하고 고고학자들이 발굴을 시작한 곳으로 현재 노픽주의 보호를 받고 있다. 현장에는 제방과 돌로 된 로마 시대의 길이 잘 보존되어 있는데, 이 길은 해안 도시인 던위치Dunwich까지 51킬로미터를 연결하는 중요한 교통로였다. 이 인근에는 부디카의 이름을 딴 '부디카의 길'도 있다. 노리치에서 서픽주의 디스Diss까지 27킬로미터를 잇는 길로, 부디카가 이끈 저항군이 주로 사용했던 길이다. 흙으로 된 부디카 길은 로마의 돌길과 대조되어, 침략자와 피침략자의 감정과 역

포장되지 않은 부디카의 길

사가 교차하는 묘한 기분을 주는 곳이다.

　로마인들이 쓰던 벤타 이세노룸이란 지명은 로마군이 철수한 뒤 450년경부터 사용되지 않았다. 그러나 로마 때 해안에서 내륙으로 쉽게 들어오게 해주던 로마의 길과 요새지의 특성은 새로 이 땅에 등장한 게르만족인 앵글로색슨족에게도 매력의 장소였다. 그러나 게르만족은 막상 요새로 들어온 뒤 이 지역보다 북쪽에 흐르는 강을 끼고 정착지를 세우는 것이 좋다고 판단한 듯하다. 노리치란 도시명의 어원을 여기서 알 수 있다. 5세기에서 7세기경에 이 지역에 정착한 앵글로색슨족이 이곳을 노스윅^{Northwic}이라 불렀는데 윅^{wic}은 농장이라는 뜻으로, 지역상 카이스터 세인트 에드먼드의 북쪽 지역 농장이라는 의미다.

중세 분위기가 느껴지는 드래곤 홀과 노리치 대성당

　　카이스터 세인트 에드먼드에서 출발한 부디카의 길은 야레강을 지나며, 이후 웬섬강으로 방향을 틀어 노리치 중심부로 향한다. 웬섬강 변을 따라 도심으로 이동하면 노리치의 명소 중 하나인 드래곤 홀을 만날 수 있다. 노리치의 중세 건축물 중 가장 잘 보존된 드래곤 홀은 북유럽과의 교역에 사용된 유일한 개인 소유의 무역 센터이다. 이 건물의 주인은 로버트 토퍼스는 직물, 철, 와인,

드래곤 홀

향신료 등 다양한 상품을 수입하고 판매하는 사업가였다. 또한 노리치의 시민 대표로서 시장과 의원을 역임했는데 그의 영향력 덕분에 이 건물은 역사적인 변화와 파괴를 견뎌내고 현재까지 남아있다.

　드래곤 홀에서 북쪽으로 올라가면 영국에서 오래된 교회 중 하나인 노리치 대성당이 나온다. 1096년에 건축이 시작된 대성당은 영국에서 가장 긴 회랑과 본당 천장에 장식된 수백 개의 보스Boss가 유명하다. 보스는 나무나 돌, 금속 등으로 만든 장식적인 돌출부로, 종교적이거나 상징적인 의미를 담고 있다. 노리치 대성당의 보스는 꽃이나 단풍, 잎사귀와 가지로 장식한 형태의 얼굴, 곡예사, 신화 속

노리치 대성당의 보스들

동물, 사냥 장면 등 다양한 주제를 다루고 있으며, 본당에는 창조부터 세계 역사, 예수의 삶까지 그려져 있다. 종교개혁기와 튜더 왕조 시대에 보스는 많은 성당 건물에서 파괴되었지만, 노리치 대성당은 그 시기를 견디고 중세의 예술적 유산을 간직하고 있다.

대성당에서 눈에 띄는 것은 영국에서 가장 오래된 기계식 천문시계이다. 13세기에 이미 무게추로 작동하는 시계가 있었다고 기록되어 있는데 17세기에 화재로 파괴되었다. 17세기에 파괴된 시계를 대체하기 위해 만들어진 시계의 자크마르(시계 꼭대기 장식)가 현재도 대성당에 남아 있다.

노리치 대성당의 자크마르

농민 반란의 희생이 남아 있는 도시

노리치는 중세 이스트앵글리아에서 가장 큰 도시로 이 도시의 역사와 문화를 증언하는 중세 성이 있었는데, 현재는 박물관으로 쓰인다. 대성당에서 나와 박물관으로 가는 길에 마주치는 다양한 건축물을 감상하다 보면 노리치가 얼마나 매력적이고 아름다운지 느낄 수 있다.

노리치 대성당의 서쪽 문인 어핑엄 게이트를 통과해 한 블록쯤 가면 엘름 힐이라는 역사적인 장소가 있다. 엘름은 느릅나무를 뜻하는데, 이곳에 있는 성 베드로 헝게이트 교회의 관리인이 심은 느릅나무가 번식하여 이런 이름이 붙었다. 15세기와 16세기에는 이

어핑엄 게이트

곳이 강과 연결되어 있어 원료 수입과 제품 수출에 적합한 상업 도
로로 활용되었다. 특히 직조, 염색, 금세공 등 다양한 분야의 숙련된
장인들이 플랑드르 지방에서 이주하여 노리치에 정착하면서 엘름
힐은 번화한 거리가 되었다. 하지만 현재는 조용하고 고즈넉한 건
물, 폭이 좁은 울퉁불퉁한 자갈길이 남아 있을 뿐이어서 중세의 정
취를 느낄 수가 있다. 대성당에서도 중세의 분위기를 많이 느꼈지
만, 엘름 힐에서도 그 분위기가 이어져 '노리치는 중세 도시'라는 이
미지가 더욱 강해진다.

엘름 힐

엘름 힐의 자갈길을 따라 박물관으로 향하다 보면 1967년 영국 최초의 보행자 전용 도로로 지정된 런던 스트리트가 나온다. 이곳은 노리치의 상업 중심지로, 다양한 상점과 카페, 레스토랑이 즐비하다. 런던 스트리트를 지나면 곧 현재 박물관이자 옛 노리치 성이 보인다.

이 성은 노르망디 공국의 윌리엄이 잉글랜드를 정복한 후에 지었다. 윌리엄이 들어오기 전에 영국에서는 성을 건설하지 않았다. 그러나 프랑스에 있던 노르망디 공국은 중세 봉건제도를 따랐기 때문에 왕과 제후들의 관계를 상징하는 왕궁과 성을 짓는 것이 흔한 일이었다. 그래서 윌리엄은 영국을 정복한 후에 브리튼섬 곳곳에 성을 지었다. 노리치 성은 윌리엄이 소유한 성 중 하나로, 런던에서 멀리 떨어진 왕궁이었다. 영국의 재산을 조사한 『둠즈데이 북』에 따르면, 당시 노리치 성을 건설하기 위해 주변의 집들이 100여 채나 파괴되었다고 한다.

노리치 성은 처음에는 왕궁으로 사용되었지만, 이후 1220~1887년에는 노퍽주의 공공감옥으로 쓰였다. 그 이후는 오늘날 방문객을 끌어들이는 박물관으로 변모했다. 박물관은 로마 시대부터 현대까지의 노리치의 문화, 예술, 산업, 사회 등을 전시하고 있다. 또한, 감옥으로 사용되었던 시절의 장면을 재현한 전시도 있다. 이

노리치 성

성의 가장 유명한 사건은 1549년에 일어난 로버트 켓의 반란이다.

로버트 켓이 반란을 일으킨 시기는 1492년에 콜럼버스가 대서양을 건너 1521년에 마젤란 항해가 성공적으로 끝난 뒤 대항해시대가 본격화되던 때였다. 당시 영국은 모직물을 유럽과 신대륙에 팔며 부의 궤도에 올라선 참이었다. 영국 지주들은 모직물의 원료인 양털을 얻기 위해 많은 양을 기르며, 이를 위해 자신들의 영지에 울타리를 치기 시작했다. 이렇게 울타리를 침으로써 소규모 토지를 대규모 농장에 합병하는 법적인 절차를 인클로저라고 부르는데, 이에 따라 점점 지주들의 땅은 넓어졌고 상대적으로 농민들은 경작하던 땅을 잃고 가난한 삶을 살게 되었다.

엔클로저

이런 사회적 배경하에 1549년 노리치에서 남서쪽으로 약 7킬로미터 떨어진 작은 시장 마을 와이먼덤^{Wymondham}의 농민들이 부유한 지주들이 세운, 양들을 키울 울타리를 허물던 과정에서 요먼(부유한 농민)인 로버트 켓의 울타리도 허물려고 한 사건이 있었다. 당시 켓은 농민들의 사정을 듣고 스스로 울타리를 허물 뿐 아니라 그들의 지도자가 되었다. 이렇게 켓이 이끌게 된 농민군은 노리치 대성당 북동쪽, 노리치 경계 밖에 있는 마우스홀드 히스라는 언덕에 기지를 세우고 노리치 정부군과 충돌했다. 그러나 결국 반군의 많은 희생과 처형을 낳고 반란은 실패하고 말았다. 로버트 켓도 정부군에 사로잡혀 노리치 성에서 처형되었다.

이런 켓의 희생이 노리치 시민들에게 영감을 주었고, 그를 기리

마우스홀드 히스

400주년 기념 패

는 400주년 기념패가 성 입구에 설치되었다. 명패엔 "이 패는 노예의 삶에서 자유를 찾으려는 평민들을 이끌고 노력했던 용감한 지도자인 로버트 켓에게 노리치 시민들이 감사를 표하며 그 기념으로 세운 것이다"라고 적혀 있다.

네덜란드계 소수민족이 자리잡은 곳

지금은 박물관으로 활용하는 노리치 성내 미술관에는 플랑드르 예술가의 작품이 잘 소장되어 있다. 노리치의 뿌리가 담긴 박물관에 플랑드르의 흔적이 유독 두드러진 데는 역사적 이유가 있다.

플랑드르는 15세기에 유럽에서 가장 번영한 지역으로, 직조 산업이 발달했다. 플랑드르의 직조공들은 영국에서 수입한 고품질의 양모를 사용하여 고급 천을 만들었다. 16세기 말, 에스파냐의 식민지였던 플랑드르 지방의 개신교도들은 독립운동을 벌였다. 그 과정 중에 에스파냐의 압제와 박해로 인해 많은 개신교도가 영국으로 망명하게 되었다. 그들 중 가장 많은 수가 1579년부터 1588년까지 노리치에 정착했다.

당시 엘리자베스 여왕은 성공회를 국교로 공식화했지만, 종교세를 부과하는 조건으로 지방의 종교적 자율권을 인정했다. 노리치는 이런 정책의 혜택을 받아 개신교의 영향이 큰 도시로서의 모습을 유지했는데, 플랑드르에서 온 개신교인이 도시민의 3분의 1에 달하면서 더욱 개신교 분위기가 강해졌다. 노리치에 정착한 플랑드르인은 양모로 옷을 만드는 숙련된 직조공들이었으며, 잉글랜드의 고품질 양모와 이들의 기술이 결합해 노리치는 번영하게 된다. 이런 분위기 속에 부유한 지주들이 목양업으로 전환하면서 앞서 언급한 농민 반란의 배경도 만들어진 것이다.

당시 플랑드르 출신들이 모

노리치 박물관

이던 곳은 스트레인저스 홀이라는 중세 저택이었는데, 현재는 역사박물관으로 운영되고 있다. 이곳에서는 다양한 시대와 문화의 삶을 엿볼 수 있다. 흥미로운 것은 플랑드르인은 카나리아를 애완동물로 키웠는데, 이 새가 노리치의 마스코트이자 1902년에 창단된 축구클럽인 노리치 시티 FC의 상징이 되었다는 점이다. 노리치 시티 FC는 〈On the Ball, City〉라는 가장 오래된 축구 응원가로 유명하다.

콜체스터

Colchester

로마 제국의 흔적이
가장 많이 남은 도시

주 에식스주
인구 192,700명 (2021)

Colchester

콜체스터는 영국 잉글랜드의 에식스주에 있는 도시로, 콜른강이 도시 중심을 흐르고 있다. 영국에서 가장 오래된 이 도시는 로마제국이 브리튼섬을 점령한 후 첫 번째 군사 및 행정 중심지였다. 그 당시 카물로두눔이라고 불렸던 이 도시는 로마 문화의 많은 유산을 남겼다. 콜체스터를 방문하는 사람들은 로마 성벽, 성당, 박물관 등에서 그 흔적을 감상할 수 있다.

도시의 중심부와 어우러진 브리타니아의 흔적들

콜체스터는 영국의 역사적인 도시로, 로마 시대에 건설

된 성벽이 현재까지 남아 있다. 콜체스터는 서기 61년에 부디카 여왕의 반란으로 파괴된 후 재건되어 부디카 여왕을 존경하고 기리는 도시이기도 하다. 런던의 웨스트민스터 궁전 앞에 있는 동상이 가장 유명하지만, 콜체스터에도 부디카 여왕을 기념하는 동상이 있다. 콜체스터 북쪽 기차역 앞의 도로에서 볼 수 있는

부디카 여왕의 조각상

이 조각상은 1902년에 세워졌다.

로마인들은 65년부터 80년 사이에 이 도시를 보호하고 발전시키기 위해 6미터 높이의 성벽을 2800미터 길이로 쌓았다. 이 성벽은 현재까지도 콜체스터의 중심부와 주변에 잘 남아 있으며, 로마 시대의 흔적을 엿볼 수 있는 소중한 유물이다. 로마 성벽 길이라는 안내판을 따라가면 성벽 길을 걸으며 도시의 문화유산을 즐길 수 있다.

성벽에는 일정한 간격으로 문이 있었다. 도시로 들어가는 정문을 로마 황제 클라우디우스의 브리타니아 정복을 축하하는 개선문으로 업그레이드한 것이 서쪽 성문인 발케른 게이트다. 이 문은 로

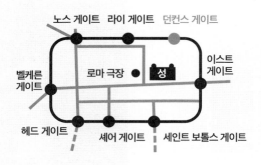

노스 게이트 라이 게이트 던컨스 게이트

벨케른
게이트

로마 극장 ●

성

이스트
게이트

헤드 게이트

셰어 게이트 세인트 보톨스 게이트

로마 성벽 길 안내판

마 시대의 흔적을 잘 보여주는 유적 중 하나로 지금도 그 모습을 보
존하고 있다. 특히 성을 지키던 로마 병사들의 경비실 유적도 이 발
케른 게이트 옆에서 흔적을 찾아볼 수 있다.

발케른 게이트를 통과하여 성 내부로 들어가면 하이 스트리트
가 보인다. 도시 중심부로 이어지는 주요한 길이다. 하이 스트리트
를 따라 걸어가다가 메이든버러 스트리트와 만나는 곳에서 북쪽으
로 방향을 바꾸면 로마 극장의 흔적을 발견할 수 있다. 로마 극장은
반원형 강당과 무대 일부만 남아 있지만, 로마 시대에는 5000명의
관객을 수용할 수 있는 문화 공간이었다. 브리타니아에는 다섯 군
데의 로마 극장이 있었으나, 콜체스터의 로마 극장은 가장 오래되
고 크기도 가장 컸다고 알려져 있다.

로마 극장의 동쪽에는 콜체스터의 핵심이랄 수 있는 콜체스터

발케른 게이트

성이 있는데 노르만 정복 이후 1076년경 축조된 성이다. 그 성 바로 앞에도 로마의 흔적이 남아 있어 눈길이 간다. 영국에서 중요한 역사적 문화적 가치를 지닌 로마 유적 중 하나인 클라우디우스 신전이 그곳이다. 클라우디우스 신전은 영국을 정복한 로마 황제 클라우디우스의 이름을 딴 곳으로, 서기 43년에 건설되었다. 신전 안에는 황제와 그 가족을 숭배하는 데 사용된 여러 조각상과 제단, 그리고 다른 종교적 유물들이 있었다. 이곳은 로마인들의 권력과 신앙의 중심지였지만 부디카의 반란 때 대부분 파괴되었고, 오늘날 남아 있는 것은 몇 개의 기둥과 벽뿐이다. 그래도 이 신전은 로마 문

로마 극장

클라우디우스 신전

화가 영국 역사에 끼친 영향을 보여주는 중요한 유적이다. 신전의 잔해를 둘러본 후 성벽 바깥으로 나가면 북동쪽에 있는 던컨스 게이트라는 다른 로마 성문도 볼 수 있다. 이러한 역사적 유산을 살펴보다 보면 영국에 있는 것을 잊고 이탈리아의 고대 문화를 체험하는 듯한 느낌을 받을 수 있다.

중세의 여러 사연을 품고 있는 콜체스터 성

콜체스터 성은 노르만인의 영토 통제와 권위를 상징하는 건축물로, 콜체스터의 도시 정체성을 형성하는 상징물이기도 하다. 보통 성은 흙으로 쌓은 언덕인 모트mott 위에 목조 누각을 세워 왕이나 제후 또는 기사가 거주하는 곳과 이들의 삶을 지원해 주는 일반 병사, 요리사, 대장장이 마부 등이 거주하는 영역으로 방어벽으로 둘러싸인 밀폐된 안뜰인 베일리bailey로 구성된다. 콜체스터 성으로 알려진 남아 있는 건물은 모트 위의 목조 누각을 돌탑처럼 바꾼 부분인데 이를 킵Keep이라 부른다. 콜체스터의 킵은 영국에 현존하는 가장 큰 노르만 시대 건물이다. 특히 이 성은 돌이 부족한 지역에서 클라우디우스 사원에 쓰였던 돌을 활용해 세운 것이 특징이다.

콜체스터 성은 수 세기 동안 왕실 거주지, 도시의 감옥 및 군사

모트와 베일리

콜체스터의 킵

요새로 사용되었으며, 잉글랜드 내전과 농민 반란과 같은 많은 전쟁과 공성전을 겪었다. 현재 성은 박물관으로 개방되어 로마 시대부터 현재까지 콜체스터의 다양한 역사를 보여준다. 또한 킵의 꼭대기에서 콜체스터 마을의 아름다운 경치를 감상할 수 있어 많은

◀ 매슈 홉킨스 초상화

▶ 희생을 기리는 작은 오벨리스크

관광객이 방문하는 인기 명소다.

　킵 내부에 전시된 역사를 둘러보면 콜체스터 성의 어두운 사연이 유독 눈에 들어온다. 1644~1647년에, 이스트앵글리아 지역의 주민들은 매슈 홉킨스라는 남자의 공포에 떨었다. 그는 자신을 마녀 사냥꾼 장군이라고 칭하고, 조수와 함께 마을을 돌아다니며 마녀로 의심되는 사람들을 찾아내기 위해 여러 가지 방법을 사용했다. 그중 하나는 악마의 표식을 찾기 위해 피부를 찌르는 것이었다. 또 다른 하나는 억지로 자백받기 위해 수갑 같은 도구를 사용해 고문하거나 물고문 등을 한 것이다. 홉킨스는 단 4년 만에 230명이 넘는 사람들을 마녀로 고발하고, 대부분은 콜체스터 성에 있는 도시 감옥에 감금해 죽음으로 이어지는 재판을 받게 했다. 또 다른 비극적인 역사도 있다. 1648년 잉글랜드 내전 시기에, 왕당파의 지도자였던 찰스 루카스 경과 조지 라일 경은 성 밖에서 처형당했다. 그들의 피가 흘렀던 자리에는 오늘날까지도 풀이 자라지 않는다는 전설이 있다. 그 자리를 기념하기 위해 작은 오벨리스크가 세워져 있다.

콜체스터 성은 종교적인 자유와 용기를 상징하는 곳이기도 하다. 1656년에는 성의 감옥에서 제임스 파넬이라는 젊은 퀘이커교도가 죽음을 맞이했다. 그는 16세 때 퀘이커교의 선구자 조지 폭스를 만나서 신자가 되었고, 18세 때 콜체스터에서 퀘이커교의 가르침을 전파하다가 체포되었다. 그는 감옥에서 학대받고 영양실조로 약해져 사망했는데, 이후 '소년 순교자'로 추모된다.

또 콜체스터는 메리 1세의 통치 기간에 신교를 탄압하는 정책에 저항한 도시였다. 메리 1세는 국가의 종교를 가톨릭으로 되돌리려 했으나, 콜체스터의 주민들은 신교를 고수했다. 이 때문에 최소 19명의 주민이 성에서 화형당했고, 그들은 세인트 피터스 교회에 있는 서판에 순교자로 기록되었다.

세인트 피터스 교회

네덜란드계 이방인과 양모 산업, 그리고 폭동

합스부르크가의 에스파냐 쪽 가계의 지배를 받던 네덜란드(플랑드르 지역)가 에스파냐로부터 독립을 시도하던 혼란한 1550~1600년 사이에 많은 직공과 옷감 제작자가 고향을 떠나 콜체스터와 노리치 등으로 이주했다. 특히 1560년대 플랑드르 난민들은 양모로 짠 베이즈 앤 세이즈Bays and Says라는 경량 천을 생산해 콜체스터 지역 직물 무역을 되살렸다. 콜체스터는 유명해진 직물의 품질 관리를 위해 네덜란드 양모천 관청을 설립하기도 했었다.

1565~1586년 사이에 플랑드르에서 도망친 난민 1200명가량이 더치 쿼터에 살았다. 콜체스터 시내 중심가에 있는 이곳은 역사적인 지역이 됐고 지금도 그들의 문화와 전통을 반영한 건축물들이 남아 있다. 더치 쿼터의 집들은 빨간색과 녹색의 문과 목공예품, 흰색의 창틀, 녹색의 벽으로 장식되어 있는데, 이는 플랑드르의 전형적인 스타일을 따른 것이다. 약 60채의 집이 보존되어 16세기의 분위기를 잘 간직하고 있다. 더치 쿼터는 역사와 문화에 관심이 있는

더치 쿼터

관광객들에게 인기 있는 명소이다.

17세기 콜체스터에는 스토 밸리 폭동이 일어났다. 노리치나 콜체스터 등이 속한 이스트앵글리아 지역은 폭동이 일어나던 1642년에 영국 직물 산업과 양모 무역의 급격한 쇠퇴로 높은 실업률을 보였다. 또 국왕인 찰스 1세가 가톨릭을 믿는 왕비를 맞이한 데다 가톨릭과 밀접한 외교를 펼치는 모습 등으로 영국을 이전 메리 1세 때처럼 가톨릭으로 되돌리려는 교황의 음모가 임박했다는 소문이 파다한 때였다.

이런 분위기 속에 그해 8월, 콜체스터 신교도 군중이 가톨릭 신자로 의심되는 존 루카스의 집을 공격했다. 이 사건은 영국 역사에 기록된 폭동의 초기 사례 중 하나다. 이때부터 시작된 가톨릭 공격과 시위가 지역 전체로 빠르게 퍼졌다. 하지만 그해 늦가을에 잉글랜드 내전이 터지면서 폭동은 내전에 묻혀 그 의미를 잃었다.

콜체스터는 영국에서 가장 오래된 도시로 알려졌지만, 산업적인 면모도 갖춘 도시이기도 하다. 콜체스터는 17세기까지 양모와 직조 산업으로 번영하였으며, 산업혁명 이후에는 디젤 엔진 제조업으로 부상하였다. 팍스만Paxman은 1865년 콜체스터 출신의 제임스와 프레더릭 팍스만이 공동으로 콜체스터 성에서 남동쪽으로 약 2킬로미터 떨어진 호킨스 로드 부근에 창립한 유명 디젤 엔진 브랜드이다. 이 회사는 해리 리카르도가 개발한 코멧Comet 간접 분사 실린더 헤드를 채택한 팍스만 리카르도 엔진을 생산하였다. 이 회사는

현존하는 존 루카스 집안 소유 건물

전성기에 약 9만 제곱미터의 부지에 2000명 이상의 직원을 고용한 영국의 주요 산업 기업 중 하나였다. 이런 분위기 속에 콜체스터의 산업력은 지금도 높은 수준을 유지하고 있으며 영국에서 가장 빠르게 성장하는 도시 중 하나이기도 하다.

머시아 왕국

머시아 왕국은 6세기에 브리튼섬의 중앙부, 미들랜드 지역에서 성립했다. 이 왕국은 사방에 적이 될 수 있는 다른 왕국들과 국경을 접하고 있어서 안정적으로 발전하기 어려웠다. 또한 내륙에 자리 잡다 보니 바다를 낀 다른 왕국들보다 무역 활동이 적을 수밖에 없어서 상대적으로 번영하기 어려웠다.

머시아 왕국은 상당한 영토 확장을 이룬 7세기의 펜다Penda 왕과 8세기의 오파Offa 왕 때 강화되었다. 오파 왕은 웨일스와의 경계에 제방을 건설했으며 이를 이용하여 유럽과의 무역을 활성화했다. 그의 통치 아래, 머시아 왕국은 문화적 · 경제적으로 발전을 했다. 그러나 9세기에 바이킹의 침략과 내부 분쟁으로 약화되면서 결국 웨섹스 왕국에 병합되었다.

머시아 왕국에서는 이 지역에 있던 주요 도시 다섯 곳, 버밍엄을 출발점으로 해서 노팅엄, 레스터, 코번트리, 우스터를 소개하려 한다.

버밍엄

Birmingham

증기기관의 역사를 품은
계몽주의 도시

주 미들랜즈주
인구 1,144,900명 (2021)

13

Birmingham

버밍엄은 영국에서 런던 다음으로 큰 도시이다. 런던에서 북서쪽으로 약 160킬로미터 거리에 있고, 이 도시의 이름은 앵글로색슨족 중 하나인 베오르밍가스^{Beormingas}가 거주했던 곳을 의미하는 고대 영어인 베오르밍가햄에서 유래했다. 대양과 연결된 큰 강은 없지만, 테임강의 지류인 레이강과 콜강이 흐른다. 18세기에는 이 지류가 석탄이나 철과 같은 무거운 화물을 수송하는 운하로 개조되어 도시를 가득 메웠다. 운하의 존재와 기능으로 볼 때, 버밍엄이 산업혁명의 핵심 도시로 발전했다는 사실을 알 수 있다.

산업혁명 핵심 도시로 성장하는 뿌리가 된
중심가 쇼핑센터

노르만이 정복한 후에 노르만 귀족인 버밍엄 가문이 버밍엄을 지배했다. 숲보다는 관목이 많은 고원이었기에 주변 지역보다 생활이 어려웠다. 버밍엄 가문의 영주인 피터 드 버밍엄은 시장을 열어서 지역민들의 생활 수준을 높이고 다른 상인들을 끌어들이려고 했다. 1166년에 헨리 2세로부터 헌장을 받아 불링 지역에서 매 시장을 열 수 있었다. 시장 덕분에 토지가 개간되고 인구가 정착하면서 버밍엄은 번성하기 시작했다. 1086년에는 50명밖에 없던 인구가 1300년에는 1500명으로 늘어났다. 버밍엄은 상인들이 많은 도시로 성장했고, 1327년 당시 속해 있던 워릭셔주에서 세 번째로 큰 도시가 되었고 16세기까지도 그 명성을 유지했다. 당시 버밍엄은 '천 개의 무역 도시'라고 불리기도 했다.

이렇듯 버밍엄 성장의 기원이자 뿌리가 된 시장터가 현재의 '불링 앤 그랜드 센트럴'이다. 버밍엄의 중심부에 있는 대형 쇼핑센터로 다양한 상점과 레스토랑이 갖춰져 있다. 여

피터 드 버밍엄 그림

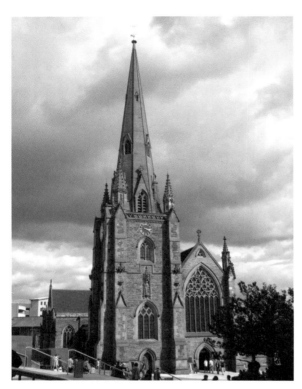

불링의 세인트 마틴 교회

기에는 중세 전통 시장 이름을 딴 불링 쇼핑센터가 1964년에 처음 개장한 후 2003년에 대규모 재개발을 거쳐 다시 열렸으며, 그랜드 센트럴은 2015년에 새로 개장한 쇼핑몰이다. 두 곳은 보행자 전용 다리인 링크 스트리트로 연결되어 있다. 또한 중앙역인 뉴 스트리트역과도 인접해 있어 접근성이 좋다. 쇼핑센터 바로 앞에는 영국에 네 곳만 있는 고급백화점 셀프리지스가 있어 고객들에게 특별한 쇼핑 경험을 제공한다.

복잡하고 활기찬 쇼핑센터를 거닐다 보면 중앙에, 눈에 띄는 건물이 하나 있다. 바로 불링의 세인트 마틴 교회다. 이 교회는 13세기 중반에 조그만 교회로 시작했다가 15세기, 16세기에 여러 차례 고치고 확장됐다. 그리고 19세기에 다시 화려하게 재건축되었다. 이때 부유한 지역 상인들의 기부가 큰 역할을 했다고 한다. 시장의 번영과 도시의 성장을 이끈 그들은 그 결과로 이 교회를 남겼다. 쇼핑센터와 교회가 어우러진 이곳은 과거와 현재가 만나는 흥미로운 장소이다.

산업 도시로의 발전을 촉진한 철 제품 제조

버밍엄은 여러 세기 동안 가죽과 양모 등의 상품을 시장에서 거래하며 경제 성장을 이뤘다. 그러나 버밍엄이 산업혁명의 중심지로 떠오르기 시작한 것은 16세기 중반이었다. 시인이자 골동품 수집가인 존 릴런드가 1538년에 버밍엄을 방문했을 때, 그는 칼이나 못과 같은 금속 제품을 만드는 다수의 대장장이를 목격했다. 릴런드는 이들의 활동 상황을 다른 지역에 소개했다. 그러자 버밍엄은 어느 순간 사우스 웨일스에서 체셔에 이르는 202개의 대장간 및 용광로 네트워크의 핵심 지역이 되었다. 이 네트워크를 통해 버밍엄의 많은 금속공이 총과 놋쇠 같은 다양한 완제품을 제조하고, 다른 지역 시장에 공급할 수 있었다. 특히 많은 숙련 노동자들이 버밍엄으로 유입되었다. 1700년 무렵 버밍엄의 인구는 2만여 명 정도로 1300년의 1500명에 비하면 15배 정도 증가하면서 잉글랜드와 웨일스에서 지속적으로 성장하는 도시가 되었다. 또한 번영하는 철 제조업을 지원하기 위해 버밍엄의 상인들은 금융, 원자재, 산업 제품의 공급과 거래를 체계적으로 조직했다. 이에 따라 버밍엄은 철 제품 거래의 중심지로도 인정받았다.

영국 3대 은행 중 하나인 로이드 은행Lloyds Bank의 최초 설립 장소가 버밍엄 중심가인 뉴 스트리트였다. 이 사실은 버밍엄이 철 제조 및 거래의 중심지로서 경제사에 중요한 역할을 했음을 보여준다. 이 은행의 창립자 중 한 명은 17세기 철광 제조업자로서 부를 쌓은 샘슨 로이드였다(다른 한 명은 장난감 제조업자인 존 테일러였다). 샘슨 로이드가 사들인 농장은 로이드 집안의 전설적인 시작점으로 여겨지며, 현재도 버밍엄 동남쪽의 스파크브룩 지역에 있는 팜 공원 내에 조지안 양식의 팜 저택으로 남아 있다.

로이드 은행 명패

버밍엄은 공산품의 제조와 제조된 상품의 시장으로 전환되는 과정

팜 저택

에서 여러 역사적 사건에 영향을 받았다. 에드워드 6세의 통치 기
간 중인 16세기 종교개혁기에는 도시에 성공회가 설립되었다. 에드
워드 6세는 1547년부터 1553년까지 영국의 왕이었는데, 이 시기에
버밍엄은 가톨릭의 권력이 약해졌고 부자 상인들이 도시의 사회와
경제를 개혁했다. 특히 신교는 가톨릭과 달리 개인의 부의 축적을
인정해 주었기 때문에, 버밍엄의 상인들은 신교를 지지했다. 그 결
과 1630년대에는 버밍엄이 청교도주의의 중심지가 되었다. 이러한
배경 때문에 잉글랜드 내전이 일어난 1643년에 상인들은 의회파에
동조하다가 왕당파의 공격을 받아서 수백 명이 집을 잃고 16명의

의 시민이 목숨을 잃었다.

　왕정복고기인 1660년대에 잉글랜드가 국교로 복귀했다는 사실은 잘 알려져 있다. 그러나 버밍엄은 이 시기에도 개신교도들(비국교도)Nonconformist의 중심지로 남아 있었다. 버밍엄의 상인들은 전통적인 봉건제도와 권위주의에 반대하며, 혁신적인 상업 활동으로 서로 협력하고 경쟁했다. 이렇게 버밍엄은 다른 도시와 차별되는 상업 도시로 발전했다.

　1643년 잉글랜드 내전 때 버밍엄이 겪은 고통을 역사적으로 체감하고 싶다면, 버밍엄 시내에서 북쪽으로 약간 떨어진 애스턴 홀

애스턴 홀

에 가보는 것이 좋다. 이 건물은 1618~1635년에 건설된 것으로, 왕실의 궁전과 비슷한 형태의 '부유한 사람들의 시골 저택'을 의미하는 프로디지 하우스Prodigy house의 대표적인 예이다. 애스턴 홀은 1643년에 내전으로 심하게 파괴되었으나, 지금은 복구되어 박물관으로 개방됐다. 애스턴 홀은 애스턴 공원 내에 있고, 공원을 산책하다 보면 프리미어리그에서 활동하는 유명한 애스턴 빌라 FC의 축구장도 볼 수 있다. 애스턴 홀은 버밍엄의 역사와 스포츠 문화를 동시에 즐길 수 있어 여행객들에게 훌륭한 경험을 선사할 것이다.

산업혁명의 핵심 도시로 도약하게 한
운하와 증기기관

버밍엄 운하는 영국 산업혁명과 버밍엄의 발전을 상징하는 중요한 가치를 지니고 있다. 운하는 1769년에 버밍엄에서 북쪽으로 14킬로미터 떨어진 석탄 채굴, 철강 생산 및 제조 산업으로 유명한 지역인 웬즈베리와 연결되면서 산업혁명의 발판이 되었다. 19세기 말까지 운하로 850만 톤의 화물이 수송되었다고 한다. 버밍엄 운하는 도시 중심부에서부터 네 방향으로 펼쳐져 있으며, 그중 그랜드 유니언 운하, 우스터 및 버밍엄 운하, 스투어브리지 운하, 스트랫퍼드 어폰 에이번 등이 유명하다. 버밍엄은 베네치아 대운하가

버밍엄 운하

4킬로미터인 것과 비교하면 상대가 되지 않을 만큼 긴, 56킬로미터 나 이어지는 버밍엄과 블랙 컨트리 운하를 갖고 있다. 이런 운하도 결국엔 철도와 도로의 발전에 따라 그 역할이 점차 줄어들었고 현재는 산책이나 자전거 타기, 보트 타기 등의 여가 활동을 즐기는 사람들이 많이 찾는 곳이 되었다.

주얼리 쿼터Jewellery Quarter는 도심에서 서북쪽으로 약 1.5킬로미터 떨어진 곳에 있는 유럽 최대의 보석류 비즈니스 지역이다. 영국에서 생산되는 보석의 40퍼센트를 담당하고 있으며, 다양한 종류의 보석과 장신구를 구매할 수 있다. 주얼리 쿼터는 보석류만이 아니라, 셀룰로이드라는 인공 플라스틱의 발명 장소로도 유명하다. 1855년

주얼리 쿼터

에 알렉산더 파크스가 이곳에서 셀룰로이드를 최초로 만들었고, 이 소재는 사진 필름, 탁구공, 악기, 빗, 사무기기, 만년필 등에 널리 활용되었다.

주얼리 쿼터를 지나 계속 북쪽으로 올라가다 보면 소호 하우스 박물관을 만난다. 박물관은 버밍엄 루나 학회의 창립자 매슈 볼튼의 집이었다. 루나 학회는 18세기 말부터 19세기 초에 영국의 과학, 예술, 정치, 사회 등 다양한 분야에서 혁신을 주도했다. 이들은 '버밍엄 계몽주의'라고도 불리며, 초기 과학혁명과 산업혁명 사이의 문화적 연결고리 역할을 했다. 박물관이 된 볼튼의 집에서는 개인

소호 하우스 박물관

소장품과 작품들을 감상할 수 있으며, 산업가, 발명가, 철학자의 삶
을 엿볼 수 있다.

버밍엄 계몽주의의 주요 인물 중에서도 제임스 와트와 볼튼은
1775년에 증기기관을 혁신적으로 개선해 특별한 역할을 했다. 스
코틀랜드 출신인 제임스 와트는 글래스고대학교에서 악기 제작자
로 일하면서 증기기관의 효율성을 높이는 방법을 고안했다. 그러나
자신의 발명을 구현하기 위한 자본과 시설, 그리고 특허권을 확보
하는 데 어려움을 겪었다. 그래서 그는 버밍엄의 소호에 있는 볼튼
의 금속 공장과 제휴를 맺었다. 볼튼은 제임스 와트와 함께 소호 제

조소에서 윌리엄 머독이라는 엔지니어와 협력하여 증기기관을 완성하고, 볼튼 앤 와트Boulton & Watt라는 회사를 설립하여 특허를 취득했다. 이 증기기관은 방직과 같은 당시의 주요 산업 분야에서 인력이나 동물, 물 등 기존 동력원보다 저렴하고 강력한 에너지를 공급했다. 또한 증기기관은 생산량을 증가시키는 데만 사용되지 않고, 기차, 증기선, 자동차 등의 교통수단에도 활용되어 산업혁명의 가속화에 이바지했다. 이렇게 증기기관 발명의 핵심 인물이었던 세 사람(볼튼, 와트, 머독)은 버밍엄 시내의 센테너리 스퀘어에 동상으로 기념되어 있다.

증기기관의 역사를 좀 더 살펴보고 싶다면, 커즌 스트리트역을 놓칠 수 없다. 이곳은 1838년에 영국에서 두 번째로 오래된 기차역

센테너리 스퀘어에 있는 볼튼, 와트, 머독의 동상

커즌 스트리트역

으로 건설되었으며, 런던과 버밍엄을 잇는 첫 번째 철도의 종점이 었다. 이후에는 맨체스터와 리버풀과 같은 산업 도시와도 연결되어, 버밍엄은 교통과 무역의 중심지로 번성했다. 현재는 실제 역사로는 쓰이지 않지만 남아 있는 옛 건물을 통해 100년 전 증기기관이 울 리고 사람들이 들락날락하던 모습을 상상해 볼 수 있다.

19세기에 버밍엄은 놀라운 인구 증가를 보였다. 1801년에는 약 7만 4000명의 주민이 살았지만, 1901년에는 63만 명이 넘는 사람 들이 이 도시에 거주했다. 이러한 변화로 버밍엄은 영국에서 런던 다음으로 인구가 많은 도시가 되었으며 경제학자 아서 영은 버밍엄을 '세계 최초의 제조업 도시'라고 칭송했다. 이렇듯 핵심 산업 도시로서 성장한 버밍엄은 다양하면서도 흥미로운 점이 많다.

많은 사람을 만족시키는 곳은 도심 중심부에 있는 버밍엄 공공도서관일 것이다. 도서관은 1865년에 설립된 이후 2013년에 새롭게 재건축되어 개관했으며, 현재 유럽에서 가장 큰 공공문화공간 중 하나로 알려져 있다. 버밍엄 공공도서관에서는 산업혁명의 다양한 측면을 다루는 기록과 자료를 볼 수 있다. 이를테면 철강, 섬유, 운송, 통신, 의학 등의 분야에서의 발전과 혁신을 알아볼 수 있다. 또한 산업혁명이 버밍엄의 사회, 정치, 경제, 환경에 어떤 영향을 미

버밍엄 공공도서관

첬는지도 살펴볼 수 있다. 버밍엄 공공도서관은 단순히 책을 읽거나 빌리는 곳이 아니라, 이 도시의 산업 역사와 문화를 체험하고 배울 수 있는 곳이다. 버밍엄 사람들은 이 도서관을 자기들 도시의 상징과 자랑거리로 여긴다.

정치계에 큰 영향을 준 체임벌린 가문의 주 무대

버밍엄은 1889년 영국 왕실로부터 도시 지위를 부여받았다. 이곳 버밍엄 시장을 역임한 체임벌린 가문의 세 인물이 정치계에 큰 영향을 주었기 때문이다. 조지프 체임벌린은 산업 제국주의를 주창한 하원의원이며, 그 장남인 오스틴 체임벌린은 외무장관으로 로카르노 조약을 통해 프랑스와 독일의 갈등을 완화해 노벨 평화상을 받았다. 조지프의 차남인 네빌 체임벌린은 영국 총리까지 올랐으나 나치 독일이 체코슬로바키아의 주데텐란트를 병합하는 것을 허용한 유화 정책으로 역사에 오점을 남겼다.

이들의 흔적을 찾으려면 몇몇 장소를 방문해야 한다. 그중 하나는 버밍엄대학교로, 1900년에 조지프 체임벌린의 노력으로 빅토리아 여왕의 승인을 받아 왕실 헌장을 얻고 설립되었다. 조지프 체임벌린은 대학교의 창립자로 인정받을 만하며, 첫 번째 총장이기도 했다. 대학교는 그 증거로 조지프 체임벌린을 기리는 기념 시계탑

('올드 조'나 '빅 조'라고도 불림)으로 그의 공헌을 기억하고 있다. 또한 체임벌린 가문의 기록들은 대학 내 캐드버리 리서치 도서관에서 열람할 수 있다. 다른 장소로는 체임벌린 스퀘어라는 공공 광장이 있다. 이곳에는 체임벌린 기념비와 분수가 있어 버밍엄 시장으로 활동한 그의 업적을 기린다. 또한 주얼리 쿼터에는 체임벌린 시계가 중앙에 자리 잡고 있다.

산업혁명의 역사와 전통을 자랑하던 버밍엄은 현재 세계적인 상업과 교통, 소매, 문화, 회의의 중심지로서 활발한 활동을 벌이고 있다. 버밍엄에는 버밍엄대학교를 비롯한 5개의 대학교가 있다. 버밍엄의 주요 문화 기관으로는 버밍엄 심포니 오케스트라, 버밍엄

◀ 체임벌린을 기리는 기념 시계탑

▶ 체임벌린 기념비

캐드버리 월드

로열 발레단, 버밍엄 레퍼토리 극장 등이 있으며, 이들은 모두 국제적인 명성을 자랑한다. 또한 축구 애호가들에게는 애스턴 빌라 FC와 버밍엄 시티 FC라는 유명한 축구클럽이 있어서 많은 관심을 받고 있다. 애스턴 빌라는 프리미어리그에서, 버밍엄 시티는 챔피언십에서 각각 경기를 치르고 있다.

이 도시의 매력에서 빼놓을 수 없는 곳이 하나 있다. 세계적인 초콜릿 브랜드인 캐드버리의 역사와 초콜릿 제조 과정을 배우고 체험할 수 있는 장소인 '캐드버리 월드에서 달콤한 초콜릿과 애프터눈 티를 즐기는 것'이다. 그래서인지 버밍엄은 달콤한 상상의 미소를 짓게 해주는 도시임이 분명하다.

14

노팅엄

Nottingham

로빈 후드 전설을 품은,
레이스의 도시

주　　노팅엄셔주
인구　323,700명 (2021)

Nottingham

노팅엄은 영국의 중심부에 있는 도시로, 런던에서는 약 170킬로미터, 버밍엄에서는 약 70킬로미터 떨어진 곳에 있다. 노팅엄 도심은 트렌트강의 북쪽에 있고, 사암으로 이루어진 능선 위에 자리 잡고 있다. 부드러운 사암은 고대부터 동굴을 파기 쉬웠기 때문에, 도시에는 고대부터 만들어진 동굴이 존재한다. 동굴은 다양한 용도로 사용됐으며, 현재는 동굴 도시City of Caves라는 관광 명소로 지정되었다. 드루리 힐의 동굴은 중세 시대의 거리 이름을 따서 부르는데, 잉글랜드의 역사 보호 기념물이다. 노팅엄이라는 이름은 앵글로색슨족의 지도자 '스노트의 농가'를 의미하는 스노팅햄에서 유래했다.

잉글랜드의 보호 기념물인 드루리 힐의 동굴

로빈 후드가 활약했던 전설의 성

동굴이 많이 있던 드루리 힐의 빈민가 지역이 2013년에 재탄생된 브로드마시 쇼핑센터부터 살펴보자. 이 안에 남아 있는 동굴을 구경하고 나와 서쪽으로 조금 이동하다 보면 성이 보인다. 성에 가까이 가면 먼저 보이는 것이 성문인 '게이트 하우스'이다. 건물

게이트 하우스

벽을 보면 아랫부분은 13세기경 중세 시대에 만들어진 것이고 윗부분은 19세기 빅토리아 시대에 개축한 것이라 위아래가 달라 보인다. 내부의 건물은 잉글랜드 내전 이후인 17세기에 다시 지어진 건물이어서 중세의 느낌을 제대로 느낄 수 있는 곳은 이 성문뿐이다.

성문 안으로 들어가면 캐슬 록이라는 언덕 위에 있는 건물이 보인다. 윌리엄이 잉글랜드를 정복하고 1068년에 지은 모트 위의 목조 누각이 있었던 터다. 헨리 2세 때에는 목조 누각을 석조의 킵으로 바꾸어 성으로의 면모를 드러냈다. 하지만 잉글랜드 내전 중에 철거되고, 1670년에 뉴캐슬 공작이 거처로 새롭게 지었다. 현재 보는 건물은 뉴캐슬 공작의 거처를 1870년에 개조한 것으로 박물관과 미술관으로 운영되고 있다.

철거되기 전의 옛 성은 전설적 인물인 로빈 후드 이야기와 연관이 있다. 잉글랜드 민담의 주인공 로빈 후드는 법을 어기면서도 정의를 실천하는 인물로 유명하다. 로빈 후드는 귀족 혹은 중산층의 농부였는데, 노팅엄의 치안관에게 땅을 빼앗겼다. 이후 치안관의 폭정에 저항하고, 자신의 땅을 되찾으려고 했다. 또 리처드 1세가 십자군원정을 간 사이에 왕의 동생 존이 왕권을 남용하고 치안관과 함께 노팅엄의 백성을 괴롭혔는데, 로빈 후드는 이들에게 맞서고 가난한 사람들을 도왔다. 이야기는 리처드 왕이 십자군전쟁에서 돌아와서 존과 치안관에게 대항할 때 로빈 후드도 리처드 왕과 함께했으며 그들이 처벌되면서 로빈 후드의 가족과 이웃이 있는 노팅엄이 다시 평화를 되찾았다는 결말로 끝난다.

많은 사람이 이런 민담이 나오게 된 배경에는 역사적 실화가 바탕에 있다는 사실을 알고 있다. 리처드 1세가 십자군전쟁에서 귀환한 후, 반역자 존과 그의 부하들을 처단하기 위해 노팅엄 성을 공격했던 1194년 3월의 전투는 기록으

로빈 후드 동상

로 남아 있다. 왕은 십자군원정에서 예루살렘 성을 공격할 때 사용했던 공성 기계를 이용해 수일 만에 성을 점령했고, 존과 그의 부하들은 항복했다. 로빈 후드가 가공의 인물이긴 하지만, 이 전투에 참여했다고 가정한다면 권선징악으로 완성된 민담은 자연스러워 보인다. 노팅엄이 로빈 후드의 도시라고 불리는 이유가 여기에 있다.

왕실의 굵직한 역사와 내전의 한가운데 있던 성

철거되기 전의 옛 노팅엄 성의 역사 연대표를 보면, 에드워드 3세의 가문과도 밀접한 관련이 있다. 에드워드 3세가 성년이 된 1330년, 정권을 잡고 있던 그의 섭정이자 어머니인 이사벨라 왕비와 그 애인인 로저 모티머 백작은 노팅엄 성에 머물고 있었다. 섭정으로서 정권을 잡은 것은 에드워드 3세의 아버지인 에드워드 2세가 글로스터셔에 있는 버클리 성에서 사망한 1327년부터였다.

섭정하는 어머니와 모티머가 선왕을 살해했다는 소문이 세간에 퍼진 것이 문제였다. 에드워드 3세는 부친의 살해자로 지목된 두 사람을 처단하고 독립적으로 정권을 잡으려 했다. 에드워드 3세는 그를 충성스럽게 지지하고 따르던 친구인 몬터규 남작과 일부 귀족들의 협력으로 노팅엄 성에서 거사를 단행했다. 당시 몬터규 남작이 성을 경비하는 병사들로부터 비밀통로가 있다는 정보를 얻고 이를 통해 성에 갇혀 있다시피 한 왕을 만나, 함께 모티머를 체포했다. 물론 이사벨라도 퇴위시켰다. 노팅엄 성은 이러한 일련의 사건의 증인이 된 역사적 장소다.

또 1642년에는 잉글랜드 내전의 중심지가 되기도 했다. 찰스 1세는 이 성을 왕당파의 요새로 이용하려고 했지만, 성은 의회파가 점거했다. 이후 의회파는 왕당파의 반격을 막기 위해 성을 파괴했다. 1649년에 찰스 1세가 처형되면서 이 성의 역사는 일단락됐으나 1660년 찰스 2세가 복위하면서 뉴캐슬 공작 소유로 넘겨 새로운 성을 지었다. 지금은 박물관으로 개조되어 개방됐고, 중세의 유물과 건축물을 감상할 수 있다.

박물관이 된 노팅엄 성

세계적으로 유명한 레이스 산업의 중심지

레이스 마켓^{Lace Market}은 브로드마시 쇼핑센터에서 동쪽으로 가면 금방 만날 수 있는 역사적인 지역이다. 현재 레이스 마켓은 다양한 바, 레스토랑, 상점들이 모여 즐겁게 관광할 수 있는 곳이다.

노팅엄의 레이스 산업은 1589년에 노팅엄셔 출신의 윌리엄 리라는 성직자이자 발명가가 스타킹 프레임 편직기를 개발한 것을 계기로 발전했다. 이 편직기는 수 세기 동안 레이스 제작의 주요 도구로 사용됐다. 그러다 보니 과거에는 레이스를 보관하고 전시하며 판매하는 공간이었던 마켓이 레이스 산업의 중심지로 변모했다. 더군다나 인접한 호클리 지역에서는 1786년에 아크라이트가 방적기를 발명하고 첫 번째 면화 공장을 개설했다. 이에 따라 많은 공장 노동자들이 이곳으로 모였으며, 레이스 산업도 함께 성장했다. 노팅엄의 레이스 산업 성장 중심에는 제작의 혁신가들도 한몫했다. 존 히스코트는 직조기를 개량해 레이스 장갑을 만들 수 있게 했고, 존 리버는 리버스 기계를 개발해 다양한 패턴과 그물 무늬, 윤곽선을 가진 레이스를 만들 수 있게 했다. 1840년대에 노팅엄의 레이스 산업은 명실공히 세계적인 명성을 얻었다.

그러나 19세기 후반 방직 산업이 쇠퇴하면서 이곳도 점점 위기에 빠졌고 결국 쇠락했다. 하지만 스토니 스트리트의 애덤스 앤 페이지 빌딩과 베이커 게이트 웨어하우스 같은 빅토리아 시대의 건축물들은 그 시절의 영광을 지금도 상기시킨다.

　노팅엄은 레이스 산업으로 유명하지만, 산업혁명 시대에도 다양한 공장들을 가진 도시였다. 브로드마시 지역에는 브리티시 아메리칸 토바코British American Tobacco의 일부인 존 플레이어 앤 선John Player & Sons이라는 담배 회사가 있었다. 또한 롤리 바이시클 컴퍼니Raleigh Bicycle Company라는 자전거 회사도 있었다. 이 회사는 1885년에 리처드 우드헤드와 프랑스인 폴 외젠이 롤리 스트리트에 작은 자전거 공장을 만든 것이 시작이었다. 이 두 회사는 각각 담배와 자전거 분야에서 성공을 거두었고, 현재까지도 운영되고 있다.

　노팅엄은 역사뿐만 아니라 여러 분야에서 매력을 지닌 곳이다.

베이커 게이트 웨어하우스

애덤스 앤 페이지 빌딩

스포츠, 문화, 교육 등 다양한 분야에서 성과를 내는 도시로 2015년에 '영국 스포츠의 본거지'로 선정되기도 했다. 도시 안과 주변에는 국립 아이스 센터, 트렌트강을 따라 자리 잡은 홀름 피에르퐁 국립 수상 스포츠 센터 및 트렌트 브리지 국제 크리켓 경기장과 같은 스포츠 시설이 있다. 또한 1862년에 창단된 노츠 카운티 FC와 1865년에 창단된 노팅엄 포레스트 FC라는 유서 깊은 축구클럽이 있으며, 후자는 UEFA 유러피언컵에서 두 번의 우승을 거두었다(1979년, 1980년). 문화적으로도 바이런, 데이비드 허버트 로런스, 앨런 실리토 등의 문학 유산을 자랑하며 유네스코 문학 도시로 인정받았다. 그 밖에 3개의 대학(노팅엄대학교, 노팅엄트렌트대학교, 법대 노팅엄 캠퍼스)을 보유하고 있어 교육적으로도 발전하고 있다.

레스터

Leicester

의회의 아버지와
장미전쟁의 흔적이 남은 도시

주 레스터셔주
인구 368,600명 (2021)

Leicester

레스터는 로마 시대에 중요한 군사 요새로 사용됐던 도시로, 노팅엄 남동쪽의 소어강 변에 있다. 런던에서 약 140킬로미터, 버밍엄에서는 약 53킬로미터 거리에 있는 이 도시의 이름은 켈트계 브리튼족이 부르던 소어강의 고대 이름인 리고르^{Ligor}와 로마의 요새를 가리키는 체(세)스터^{Ceaster}가 합쳐진 것으로 여겨진다. 현재 로마의 흔적을 찾아볼 수 있는 곳은 도시 중심부에 있는 유대인 벽 박물관과 그 옆의 로마 목욕탕 유적지다. 유대인 벽^{Jewry Wall}이라는 이름은 실제로는 로마의 벽이지만, 중세 초기에 시의원을 의미하는 주랏^{jurats}과 발음이 비슷해서 붙여졌다.

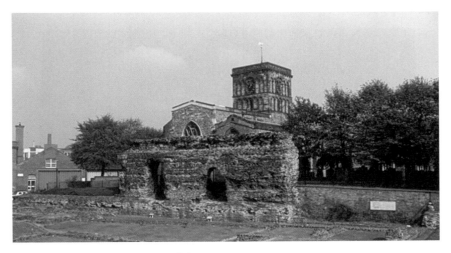

유대인 벽 박물관 로마 목욕탕 유적지

두 얼굴을 가진 의회의 아버지

레스터는 13세기 영국 역사에
서 중요한 역할을 한 6대 레스터 백작인
시몽 드 몽포르(1208~1265)의 유산을 자
랑스럽게 여긴다. 시몽 드 몽포르 동상은
도시 중심가의 하이마켓 쇼핑센터 앞 오
거리에 있는 기념 시계탑에 조각된 여러
동상 중 하나다. 시계탑에서 남서쪽으로
도심지를 지나 내려가면 그의 이름을 따

시몽 드 몽포르 동상

드몽포르대학교

드 몽포르 홀

서 만든 공립 대학교인 드몽포르대학교가 있다. 시계탑에서 남동쪽으로 내려가면 레스터에서 가장 큰 음악 공연장인 드 몽포르 홀도 볼 수 있다. 이곳은 비틀스가 세 번이나 공연했던 곳이며 레스터대학교는 1958년부터 이곳에서 졸업식을 열고 있다. 레스터가 몽포르의 이름을 존중하는 이유는 그가 왕의 압제에 저항하고 여러 계층의 시민들이 참여할 수 있는 의회를 시작해 민주주의 발전에 이바지했기 때문이다.

윈체스터에서 언급했듯이, 중세 영국의 유대인들은 대부업자로서 귀족과 평민의 금융 수요를 충족시켰다. 그러나 그들은 높은 이자율로 채무자들의 적대감을 살 수밖에 없었다. 몽포르와 레스터 유대인과의 관계도 이러한 상황을 반영한다. 몽포르는 헨리 3세의 여동생 엘리너와 1238년에 결혼했고, 왕실과의 관계 속에 지위가 올라가면서 이듬해인 1239년에 헨리 3세는 시몽 드 몽포르의 외고조부가 갖고 있던 레스터 백작 칭호를 그에게 부여했다. 처음에 그는 링컨 주교이자 학자였던 그로스테스트의 조언을 받아 영지 내의 유대인들을 동부 지역으로 이주시켜 살게 했다. 유대인들은 그로스테스트가 사망한 1253년까지 그곳에서 살았다. 그러나 몽포르는 같은 해에 레스터의 유대인들에게 새로운 칙령을 내려 추방을 강행했다. 이후 그는 헨리 3세의 정치에 반대한 귀족들을 이끈 반란군의 지도자로서 전쟁을 치르기 위한 자금을 확보하고자 유대인이 소유한 재산을 취하는 반유대주의적 행위를 여러 지역에서 벌였다. 이는 역사적으로 의회의 아버지로 불리며 미래 민주주의를 위해 싸운 몽포르의 모습과 대조되는 것으로, 그의 정치적 전략이 대중의 일부를 희생시켰다는 점에서 비판받을 여지가 있다.

장미전쟁의 두 대립 왕실 가문의
묘한 만남이 있는 곳

레스터는 장미전쟁에서 대립한 랭커스터가와 요크가라는 두 집안과 밀접한 관련이 있다. 랭커스터 가문의 시조는 1276년에 잉글랜드 북서부의 랭커스터 영지의 영주권을 얻은 헨리 3세의 차남이자 이미 작위를 갖고 있던 레스터 백작인 에드먼드 크라우치백이다. 그는 랭커스터와 레스터의 백작 호칭을 모두 사용했다.

레스터에는 랭커스터·레스터 백작의 역사적 유산이 살아 있다. 이들은 14세기부터 15세기에 걸쳐 영국에 영향력을 행사했다. 그중 3대 백작인 헨리는 1331년에 뉴어크라고 불리는 성의 남쪽 지역에 가난하고 병든 사람들을 위한 트리니티 구빈원을 세웠다. 그의 아들인 4대 백작은 랭커스터 공작 겸 레스터 백작으로 승격됐으며, 아버지의 유산을 계승해 뉴어크 성모 영보 대축일 교회를 인근에 축조했다. 구빈원은 1614년에 병원으로 바뀌었으며 현재까지 그 역할을 하고 있다. (참고로 랭커스터 공작이라는 단독 호칭은 에드워드

트리니티 구빈원

드몽포드대학교 박물관에 남은 교회 유적

3세의 둘째 아들인 곤트의 존에게로 이어졌고, 이때부터 레스터 백작은 랭커스터와의 관계가 끊어졌다.) 한편 교회 건물은 랭커스터가와 반목하던 요크가 왕조의 에드워드 4세 때에 파괴됐다. 현재 남아 있는 부분은 드몽포르대학교 안 박물관에서 볼 수 있다. 이 교회가 역사적으로 유명한 이유는 프랑스 왕이 공작에게 선물한 그리스도의 성유물(가시 면류관에서 떨어진 가시)이 보관되어 있어서 한때 잉글랜드의 주요 순례지였기 때문이다. 또한 백년전쟁 후반, 프랑스로부터 잉글랜드의 승리를 이끈 헨리 5세의 부인인 캐서린이 이곳에 안장되어 있기 때문이기도 하다.

이 교회는 장미전쟁과도 관계가 있다. 장미전쟁은 15세기 영국에서 발생한 랭커스터 가문과 요크 가문 사이의 왕위 다툼이었다. 이 전쟁은 1455년 헨리 6세가 정신병을 앓고 있던 동안 요크 공 에드워드 4세가 왕권을 탈취한 것이 계기가 됐다. 이후 30년간 계속된 전쟁은 1485년 헨리 7세가 리처드 3세를 죽이고 왕위에 오르면서 종식됐다. 헨리 7세는 랭커스터 가문의 후손이었으며, 요크 가문의 에드워드 4세의 딸인 엘리자베스와 결혼해 두 가문의 분열을 봉합했다. 장미전쟁의 마지막 전투는 보즈워스 전투로 알려져 있다. 이 전투에서 리처드 3세는 헨리 7세의 군대에 패하고 전사했다. 전사한 리처드의 시신은 말에 매달려 운반됐고, 뉴어크의 성모 영보 대축일 교회에 전시됐다. 그리고 인근 그레이 프라이어스 수도원에 장례식 없이 매장됐다.

리처드 3세의 유해

　그레이 프라이어스 수도원은 1535년에 해산됐고, 왕의 시체는 소어강에 버려졌단 소문이 있었으나, 대부분 연구자는 수도원 터 내 정원에 장사가 치러졌다고 주장했다. 2012년에는 정원과 그레이 프라이어스 수도원의 위치가 고고학적으로 확인됐고, 2012년 그해에 척추측만증이 있고 머리 부상을 입은 남성의 뼈들이 발견됐다. (리처드 3세는 후세 작품들 속에서 척추 장애가 있는 것으로 그려진다.) 레스터대학교는 DNA 검사와 과학적 분석을 통해 이 뼈들을 왕의 유해로 인정했다. 리처드 3세의 유해는 2015년에 누구나 볼 수 있도록 레스터 대성당 내부에 안장됐다. 대성당 밖에는 그의 동상도 세워졌다. 혹여 대성당에서 만족하지 못한 방문객들을 위해 리처드 3세 방문센터가 있다. 그가 발견된 곳이 그대로 남아 있으며 그의 삶과 죽음을 전시로 볼 수 있다.

레스터는 장미전쟁 시대에 랭커스터 가문과 요크 가문이 치열하게 대립했던 역사적인 장소다. 그만큼 두 가문의 상징물과 유적들이 조화롭게 공존하는 도시이기도 하다.

장미전쟁의 최후 승자인 튜더 가문과 얽힌 흔적들

레스터 시내에서 북쪽으로 걸어가면 수도원 공원이 보이는데, 그곳에는 수도원의 유적이 남아 있다. 이 수도원은 현재는 폐허가 됐지만, 튜더 왕조의 중요한 역사를 담고 있다. 튜더 왕조에서 가장 유명한 왕은 헨리 8세와 엘리자베스 1세이다. 그중 헨리 8세는 영국의 종교개혁을 주도한 인물로, 종교개혁의 계기가 된 이혼 사건은 세계적으로 유명하다.

헨리 8세의 아버지는 장미전쟁을 종식한 헨리 7세로, 그는 왕실의 안정을 위해 남자 후계자가 필요하다고 강조했다. 이를 잘 알고 있던 헨리 8세는 딸밖에 없는 첫 번째 왕비 캐서린과 이혼하려고 했다. 그러나 캐서린의 이종조카가 신성로마제국 황제인 카를 5세였다. 카를 5세는 캐서린을 돕기 위해 교황과 긴밀한 관계를 맺어서 왕의 이혼을 막으려 했다.

이혼이 정치적으로 필요한 과정이기에 왕은 일단 교황을 한 번

수도원 터가 있는 공원

더 설득하기로 사자를 파견한다. 그 인물이 울지 추기경인데 그는
자신의 임무를 달성하지 못하고 오히려 교황에게 설득당한 채 돌아
왔다. 이 때문에 울지 추기경은 왕에게 밉보여 요크셔로 추방당했
다가 사형을 명받고 다시 런던으로 압송되었다. 압송되어 오던 중
병이 깊어진 울지 추기경은 잠시 쉬기 위해 레스터 수도원에 들렀
고, 결국 자연사해 그곳에 묻혔다. 그가 죽은 뒤 헨리 8세의 종교개
혁이 본격화됐기에 이 수도원은 영국사의 큰 전환기의 역사를 품은
장소라 할 수 있다.

헨리 8세와 얽힌 또 다른 역사적 흔적은 뉴어크에서 소어강을 건너 서쪽 지역에 있는 위그스턴 병원이다. 이 병원은 1513년, 영국의 유명한 양모 상인이자 자선가였던 윌리엄 위그스턴이 노인과 가난한 사람들을 위해 설립한 구빈원이다. 병원의 운영비는 위그스턴이 소유했던 저택과 토지의 수익으로 충당됐으며, 랭커스터 공국이 1572년에 발행한 특허서에 병원의 이름을 '위그스턴 병원'으로 영구히 정하고, 랭커스터 공작이 병원의 원장을 임명하도록 규정했다.

튜더 왕가는 랭커스터 가문의 후손이었기에 병원 이름이나 운영 방식에 제한을 걸지 않고 병원을 계속 운영했다. 이 병원은 노인들을 위한 양로원으로 변모하면서 레스터 웨스트엔드의 힝클리 로

리젠트 대학

드에 있는 지역에 위그스턴 병원이란 이름으로 여전히 남아 있다.

한편 위그스턴의 형제인 토머스는 자기 재산 일부를 기부해 위그스턴 문법학교를 설립했다. 이 학교는 현재 리젠트 대학이라는 이름의 예비대학으로 운영되고 있다. 위그스턴 문법학교에서 가장 유명한 것은 1884년에 이 학교의 졸업생들이 결성한 축구팀 레스터 시티 FC이다. 레스터 시티 FC는 2015-2016년 시즌에 프리미어 리그에서 우승하면서 이 리그가 시작된 이래 우승한 여섯 번째 클럽에 오르는 영광을 차지했다.

튜더 왕가의 유명한 또 한 명의 왕인 엘리자베스 1세와 관련된 역사적 흔적도 레스터에 있다. 대성당의 북서쪽으로 이어진 곳에 보이는 길드 홀(지금은 박물관)이 그곳이다. 1390년쯤 세워져 주로 종교적인 관계자나 상류층들의 만남의 장소였다. 엘리자베스 여왕의 시기에 셰익스피어가 여기에 드나들면서 〈리어왕〉을 구상했다고 알려져 있다. 전해 오는 이야기일 뿐 증거가 없지만 누구나 흥미를 갖고 솔깃하기에는 충분한 장소가 됐다.

하지만 어쩌면 이 장소는 셰익스피어보다 잉글랜드 내전 시기 올리버 크롬웰과 관련해 더 주목받는 곳일지 모른다. 레스터는 찰스 1세를 따르는 왕당파에 저항한 의회파가 우세한 지역이라 길드 홀도 왕당파에게 최후까지 저항하다가 큰 피해를 보았다고 알려졌다. 이후 찰스 1세가 이끄는 군이 패하자, 길드 홀은 다시 의회파의 중심지로 회복됐는데 기록에는 올리버 크롬웰이 방문했던 흔적이

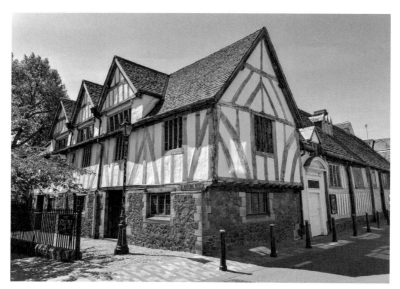

레스터 길드 홀

다수 남아 있다고 한다. 그에게 포도주나 맥주와 같은 품목의 접대 비용 기록이 남아 있기 때문이다.

사람이 모이면서 형성되는 다문화 사회

레스터 역시 산업혁명과 밀접한 관련을 갖고 발전했다. 주변 도시들처럼 양말과 니트웨어 등의 섬유 산업이 발전했고 신발류도 주요 산업의 일부였다. 특히 운하 건설과 나중에는 철도 건설이 레스터로 오가는 상품 운송에 중요한 역할을 했다. 또 여러 공장과 제분소 등이 들어서 기계와 노동자들의 유입이 많아져 인구도 크게 늘었다. 당연히 노동인구의 사회적 삶의 격차도 커졌다.

18~19세기부터 이어져 온 전통적 제조업으로 번영했던 레스터는 20세기에 두 차례 세계대전의 영향으로 산업 구조를 개혁해야만 했다. 이런 변화 과정에서 이민자들이 산업 일꾼으로 모여들었다. 1970년대에 인도와 우간다에서 온 이민자들이 늘어나면서 사회적 갈등의 원인이 됐다. 당시 레스터시는 이민을 제한하려 했지만 반대 여론이 높아져 정책을 바꾸었다. 이후 이민자의 유입이 쉬워졌고 인종평등위원회CRE는 2011년까지 레스터의 절반 이상의 인구가 소수민족일 것이라 예상했다. 그러나 2021년의 통계에 따르면 백인(백인 영국인)은 53퍼센트 이상, 아시안(인도계, 파키스탄계, 방글라데시계 등)은 30퍼센트 이상, 흑인은 5퍼센트 미만으로 나타나고 있어서 예측과는 조금 차이가 있다.

레스터가 왕실 두 가문의 대립과 화해를 겪은 도시라는 사실을 놓고 보면, 다문화 사회의 조화를 이루기 위한 가능성과 잠재력 역시 충분하다고 생각된다. 그런 의미에서 레스터는 주목하고 응원하고 싶은 도시다.

코번트리

Coventry

고다이바의 전설을 품은,
자동차의 도시

주	웨스트미들랜즈주
인구	359,262명

Coventry

코번트리는 영국 웨스트미들랜즈주에 있는 도시로, 런던에서 북서쪽으로 약 153킬로미터 떨어져 있다. 로마 시대의 군사 요새 유적이 있기는 하지만, 코번트리는 주로 앵글로색슨족이 셔번강을 따라 정착한 곳으로 알려져 있다. 코번트리라는 이름은 색슨족이 정착지의 경계에 코파^{cofa}라는 나무로 말뚝을 박았다는 전설에서 유래했다고 한다. 중세 시대에는 '코번트리 블루'라고 불리는 청색 천으로 유명했으며, 19세기에는 자전거와 자동차 산업의 중심지였다. 또한 100년 가까운 역사를 자랑하는 벨기에 초콜릿 브랜드 고디바가 이름을 따온 고다이바^{Godiva}의 전설이 시작된 곳이기도 하다.

고다이바 전설을 품은 옛 대성당 유적지

코번트리 시내로 들어가면 지상에서 풍향계의 바닥까지 8미터 높이의 첨탑을 자랑하는 세인트 미카엘 대성당이 눈에 띈다. 그러나 성당의 본체는 지붕 없이 폐허로 남아 있다. 이곳은 14세기에서 15세기 사이에 붉은 사암으로 건축된 교구 교회였다가 1918년에 주교좌가 설치된 대성당으로 승격된 곳이다. 이 대성당은 1940년 독일 공습으로 인해 심각하게 파괴되어 첨탑, 외벽, 초대 주교의 청동 조각상과 무덤만이 남게 됐다. 전후 코번트리 시의회

옛 세인트 미카엘 대성당의 유적

는 폐허가 된 옛 대성당을 보존하고 그 옆에 새로운 대성당 건물을 건설했다. 전쟁의 비극을 잊지 않고 기억하자는 의미였다.

세인트 미카엘 대성당 바로 인근에 '블루 코트' 학교의 옛 부지에서 또 다른 옛 대성당의 유적이 발견되어 관람할 수 있다. 이곳은 헨리 8세 때 수도원 파괴령으로 소멸한 '세인트 메리 수도원 및 대성당'의 자리다. 이 유적은 현재의 세인트 미카엘 대성당 이전에 있었던 코번트리 종교의 중심지가 중세 시대의 이 대성당이었음을 알려주고 있다.

세인트 메리 수도원 대성당의 유적

비록 '세인트 메리 수도원 대성당'의 유적은 일부만 남았지만, 그곳의 역사는 생생하게 전해진다. 고다이바 전설도 이 수도원과 밀접한 관련이 있다.

데인(덴마크)군을 이끌고 잉글랜드를 침공한 크누트 대왕은 코번트리에 있는 색슨족 수녀원을 파괴했다. 그 후 색슨 왕조의 마지막 왕인 참회왕 에드워드가 통치하던 1043년에 머시아의 레오프릭 백작과 그의 부인 고다이바가 파괴된 수녀원 자리에 성모 마리아에게 바치는 베네딕트 수도회를 세웠다. 레오프릭은 자기 영지의 절반을 수도회에 기부하기도 했다. 이들의 선행은 시간이 지나면서 사람들의 입소문을 타고 전해지다가 13세기에 고다이바 전설로 알려졌다.

전설에 따르면, 레오프릭은 돈에 인색한 군주로 묘사된다. 그러나 고다이바는 자비로운 인물이었다. 어느 날 고다이바는 남편에게 영주민들의 세금을 줄여달라고 요청했다. 레오프릭은 고다이바가 알몸으로 말을 타고 코번트리 주요 거리를 지나간다면 세금을 낮춰주겠다고 했다. 요청을 거절하려고 불가능한 제안을 한 것이다. 하지만 고다이바는 영주민들을 위해 용감하게도 남편의 제안을 받아들여 실행했다. 이런 희생적인 행동으로 세금을 낮추게 됐고 주민들의 칭송을 받게 된 것이 전설의 주된 내용이다.

현재 세인트 메리 수도원에서 발견된 유적 중 일부 지역에는 '수도회 정원'이라는 이름의 산책로로 꾸며져 있다. 이곳을 따라 걷다 보면 고다이바의 순수하고 아름다운 의지와 희생이 생각날 것이다.

사실 고다이바의 의지는 맛으로도 느낄 수 있다. 벨기에의 초콜릿 회사 고디바^{Godiva}의 창립자 요제프 드랍스의 가족이 고다이바가 전하는 가치와 정신을 본받아 이 이름을 브랜드 이름으로 삼았기 때문이다.

'코번트리 블루' 천으로 부를 축적한
중세 무역도시

코번트리는 중세 시대에 상업이 번창한 도시였다. 1150년에서 1200년 사이, 헨리 2세가 이 도시에 준 특권이 큰 역할을 했다. 코번트리로 들어오는 모든 상인은 평화롭게 거래를 할 수 있도록 보호받았고, 정착을 희망하는 이주민들은 집을 짓는 동안 임대료를 면제받을 수 있었다. 특권 덕분에 코번트리로 많은 사람이 유입됐고, 양모, 비누, 바늘, 금속 및 가죽 제품과 같은 지역 농산물의 교환도 활발히 이루어졌다.

영국의 중심부에 위치한 코번트리는 역사적으로 양모 직물 산업이 발달했다. 마을 주변의 풍부한 방목지 덕분에 양 사육과 양모 생산에 적합한 직물 무역이 성행했는데 유독 '코번트리 블루'라 불리는 염색 천이 유명했다. 이 천은 워드^{Woad}라는 겨자과 식물이 만들어내는 청색 염료를 사용하는데 코번트리 제품은 쉽게 퇴색되지 않아 유럽 전역에서 인기가 높았고 '진정한 푸른색$^{True Blue}$'이라는 애칭도 얻게 됐다. 영국은 전통적으로 결혼식 하객들이 신부에게 파란색 리본으로 묶인 로즈메리 가지를 선물하는데, 가지를 묶는 '코번트리 블루' 리본은 올리버 크롬웰 집안이 통

코번트리 블루 색상

치하던 기간(1649~1660년)을 제외하고는 널리 사용됐다.

'코번트리 블루' 천의 인기에 상응해 왕실에서도 수출 허가(1273), 국내 이동 상품통행료 면제(1334) 등의 지원이 뒤따라 급성장한 중세도시가 됐다. 14세기에는 도시민이 1만 명에 이르렀는데 노리치, 브리스틀, 런던에 이어 네 번째로 큰 도시의 규모였다. 이런 도시의 번성을 잘 알려주는 흔적이자 정부 지원의 가장 큰 부분은 도시의 상업적, 전략적 중요성으로 1355년에 성벽을 쌓도록 허락한 사실이다. 코번트리 성벽의 문 12개 중에 남아 있는 스완스웰 게이트와 쿡 스트리트 게이트는 현재까지 남아 있어 직접 보고 느낄 수가 있다. 코번트리 대성당에서 북쪽으로 몇 블록을 이동하면 스완스웰이 먼저 나타나고, 다음으로 쿡이 보인다. 경제적 발전은 정치적 지원이 뒷받침될 때 그 효과가 배가된다는 점을 보여주는 곳이다.

스완스웰 게이트

쿡 스트리트 게이트

코번트리에는 체일스모어 영주집이라는 건물이 있다. 대성당에서 남서쪽으로 조금만 걸어가면 있는 이 건물은 13세기에 지어졌으며, 에드워드 2세의 부인이었던 이사벨라 왕비의 것이었다. 왕비의 손자인 흑태자 에드워드는 이곳을 별장으로 사용하며 사냥을 즐겼다. 지금은 2차 세계대전 때 파괴된 부분을 복원해 결혼식장으로 사용되고 있다.

코번트리는 흑태자의 조카인 헨리 4세가 흑태자의 아들인 리처드 2세를 끌어내리고 왕위에 오른 곳이다. 헨리 4세는 반정으로 왕위에 올랐기 때문에 통치 기간 동안 여러 차례 반란군과 대치했다. 이때 헨리는 반란군들을 물리치는 데 필요한 자금을 확보하기 위해

체일스모어 영주집

부유한 도시인 코번트리에서 의회를 열고 그들의 지원을 받았다. 헨리 4세의 후손인 헨리 5세와 헨리 6세도 백년전쟁 기간 중 프랑스와의 전쟁에 필요한 자금을 코번트리에서 빌렸다.

장미전쟁이 시작되면서 헨리 6세와 요크가의 에드워드(후에 에드워드 4세)가 충돌했고, 헨리 6세가 전쟁터에 있는 동안 그의 부인 마거릿은 정치적 상황과 군사적 압박으로 인해 1459년에 런던을 떠나 다른 지역으로 거처를 옮겨 다녔는데 1460년대 초에 왕비는 잠시 전략적인 중요성 때문에 코번트리로 거처를 옮기고 머물렀다. 그곳이 코번트리 성이었으나 현재 성은 없어졌다. 대성당 서쪽 인근의 고다이바 동상이 있는 브로드게이트 광장이 성이 있던 자리로 알려져 있다. 헨리 6세가 머문 코번트리 성에서는 2년간 여러 차례 의회가 열렸으며, 잠깐이지만 정부의 중심지 역할을 했다. 하지만 에드워드가 헨리를 몰아내고 왕위에 올라서면서 코번트리의 정치적 중요성은 사라졌다.

이 지역은 17세기 잉글랜드 내전 시기에 의회파의 중심지였기에 상인들이 찰스 1세의 왕당파에 저항했다. 이 때문에 잉글랜드 내전 이후 왕정을 복고한 찰스 2세와 제임스 2세 아래에서 왕실의 핍박을 견뎌내야 했다. 그러나 신교도이자 네덜란드 출신인 윌리엄 3세가 명예혁명으로 왕위에 올라서면서 그들의 고난은 끝이 났다. 이런 여정을 보면, 코번트리는 상인의 정신이 뼛속 깊이 깃든 곳으로 충분히 보인다.

브로드게이트 광장의 고다이바 동상

자전거로 시작해
오토바이, 자동차, 항공 엔진으로

상업 도시의 저력을 가지고 있던 코번트리는 산업혁명이 일어나면서 새로운 기회를 잡았다. 이미 직물 산업 규모가 컸던 기반에 비단과 리본 직조 기술을 전수한 위그노 난민들 덕분에 의류 무역에서 성장했다. 1840년대에는 코번트리 도심에서 북쪽으로 뻗어나간 폴실 지역에 제이 앤 제이 캐시 같은 실크 직조 회사가 설립됐다. 그러나 이 산업은 1860년대에 외국에서 들어온 수입품들 때문에 위기에 처했다.

코번트리의 상인들은 생각을 과감히 바꾸는 저력이 있었다. 1861년 제임스 스탈리가 창립한 재봉틀 제조회사인 코번트리 머시니스츠 컴퍼니^{Coventry Machinists Company}에서 프랑스에서 디자인한 세 바퀴 자전거에 흥미를 가졌다. 그 결과 그의 조카인 존이 최초의 현대식 자전거인 세이프티 바이시클^{Safety Bicycle}을 개발했다. 현재 쇼핑몰들이 밀집한 중심지의 서쪽인 로버 지역에서 1885년 제작한 이 자전거는 앞뒤 바퀴 크기가 같고 체인 구동 장치라는 현대적인

최초의 현대식 자전거, 세이프티 바이시클

특징을 갖춘 최초의 자전거였다. 기사에 의하면 1886년대까지 코번트리는 248개의 자전거 공장과 4만여 명의 종사자를 보유해 세계에서 가장 큰 자전거 산업 도시로 성장했다.

자전거 산업은 오토바이와 자동차의 생산으로 이어졌다. 1928년에는 자전거 회사 출신의 앨프리드 그라인들레이가 498cc의 그라인들레이 피어리스Grindlay Peerless라는 오토바이를 만들었다. 이 오토바이는 1시간에 160킬로미터를 달리는 놀라운 성능을 보였다. 1897년에는 다임러 모터사가 영국 최초의 자동차를 코번트리에서 제작했다. 1939년에는 자동차가 자전거 산업을 뛰어넘어 도시의 주요 산업으로 자리매김했다. 이때 코번트리에는 3만 8000명의 자동차 관련 노동자가 있었다. 코번트리는 재규어Jaguar, 로버Rover, 루츠Rootes와 같은 유명 자동차 제조업체들이 소재한 영국 자동차 산업의 중심지였다.

그라인들레이 피어리스 오토바이

다임러 모터사가 만든 영국 최초의 자동차

코번트리는 자동차 산업의 중심지로 1970년대 중반까지 번창했으나 이후에는 주요 공장들의 폐쇄와 지역 공급망의 붕괴로 심각한 경제 위기에 빠졌다. 높은 실업률은 도시의 고통을 대변했다.

한편 사이클 및 모터 제조 산업은 다양한 자회사 거래를 가능하게 했으며, 그중에서도 1916년에 코번트리에서 항공기와 항공기 엔진 및 관련 장비의 제조를 시작한 것이 가장 눈에 띈다. 제2차 세계대전이 발발하자 자동차 회사들은 항공기 생산으로 전환했고, 코번트리의 모든 산업 기술과 자원은 다양한 전쟁 용품으로 활용됐다. 항공기 산업은 다른 모든 지역 산업을 압도할 만큼 기적적인 성장을 이루었다.

이런 코번트리의 산업 역사의 현장을 찾아보자면 두 곳이 있다. 한 곳은 도심지 북쪽에 있는 교통 박물관이다. 이곳에는 240대 이상의 자동차와 상업용 차량, 100대의 오토바이, 200대의 자전거가 전시되어 관련 역사를 한눈에 볼 수 있다. 특히 볼 만한 것은 두 차례 속도 기록을 깬 제트카와 조지 5세의 리무진이다.

다른 한 곳은 도심 중심부에서 남쪽으로 좀 떨어져 있는 미들랜드 항공 박물관이다. 박물관에는 터보 엔진을 발명한 프랭크 휘틀의 제트 헤리티지 센터가 있으며, 대형 격납고에 많은 전시품이 있다.

코번트리는 과거에도 여러 번의 어려움을 극복했던 것처럼 현재도 제조업에서 다른 산업으로 전환 중이다. 비즈니스 서비스, 금융, 연구, 디자인 및 개발, 창조 산업 등이 새로운 성장 동력이 되고

교통 박물관

미들랜드 항공 박물관

있다. 이러한 산업 전환을 지원하는 두 개의 대학도 있어 코번트리
는 미래가 밝다. 도심에 있는 코번트리대학교는 고용 가능성과 경
력 중심 교육을 제공하며, 자동차 공학, 건강, 디자인 및 제조 등의

분야에서 연구 성과를 내고 있다. 남쪽 외곽에 있는 워릭대학교는 1965년에 설립된 연구 중심 대학으로, 수학, 경제학, 공학, 사회 과학 및 생명 과학 등의 분야에서 세계적인 명성을 얻고 있다.

우스터

Worcester

소스로 유명한,
대성당의 도시

주   우스터셔주
인구   103,900명 (2021)

Worcester

우스터는 영국의 중부에 있는 도시로, 런던에서는 북서쪽으로 약 180킬로미터, 버밍엄에서는 남서쪽으로 약 50킬로미터 떨어져 있다. 도시의 중심에 있는 우스터 대성당은 세번강 변에 자리 잡고 있으며, 도시 역사의 상징이다. 우스터 주변은 숲이 많아 고대 로마인들이 숯을 생산해 도자기나 철 제품을 만드는 데 사용했다. 이에 따라 우스터 지역은 요새화됐으며, 이곳의 옛 이름인 워고나와 요새를 의미하는 체(세)스터가 결합해 워고나의 요새^{Weogorna-ceaster}라고 불렸다. 이후 이 이름은 우스터로 바뀌었으며, 로마 때 명칭의 영향을 받았음을 보여준다.

우스터 대성당

도시의 많은 것을 책임지는 대성당

      우스터 대성당은 영국 역사와 문화의 산물이다. 7세기에 수도원으로 건립된 이후 911년에 대성당으로 승격되었으며, 11세기부터 16세기까지 여러 차례 개축과 확장을 거쳐 현재의 모습을 갖추었다. 그 때문에 노르만, 고딕, 튜더 등 다양한 건축 양식이 조화를 이루고 있다. 대표적으로 대성당의 본당 아래에는 노르만 양식의 기둥들로 장식된 지하실이 있으며, 대성당의 성직자들이 회의

노르만 양식의 기둥으로 장식된 우스터 대성당의 지하실

와 학습을 위해 모이는 챕터 하우스도 12세기 노르만 양식으로 지어진 뒤 14세기에 보강되었다.

우스터 대성당은 브롬스그로브라는 도시를 소유했었다. 이곳은 버밍엄 남서부에 있는 소규모 도시로, 과거에는 소금, 천, 철강 등의 제조 및 유통을 위한 주요 시장으로 대성당의 경제력을 높이는 데 이바지했다. 대성당은 지역 상류층, 귀족들과 밀접한 관계를 맺고 정치적 연합을 통해 도시와 자치주에서 중요한 소임을 수행했다. 대성당의 임무는 기독교 교육을 통해 지역의 문화와 역사를 지켜나가고, 교회법에 따라 주민들의 화합과 질서를 유지하는 것이었다. 또한 자선 활동의 일환으로 병원(구빈원)을 운영하기도 했다. 이러한

챕터 하우스

모든 활동을 계획하고 진행하는 곳이 챕터 하우스였다.

종교개혁기에 수도원이 해체됐지만 기독교 교육의 중요성만큼은 강조되어서인지, 헨리 8세가 1541년에 대성당 앞 녹색 공간인 '칼리지 그린'의 남쪽에 킹스 스쿨이라는 사립 주간학교를 세워 우스터는 풍부한 교육 유산을 간직한 중심지로 계속 알려졌다. 킹스 스쿨을 방문해 대성당 방향을 보면 서쪽에는 원래 수도원 식당이

사립학교 킹스 스쿨

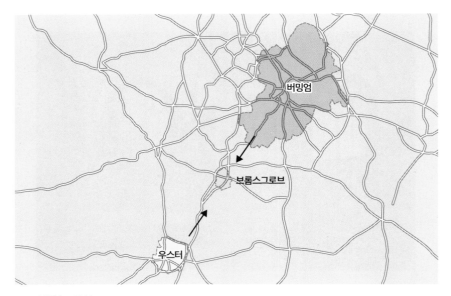

<u>브롬스그로브</u>

있던 곳으로 현재는 공연장이 된 칼리지 홀이 보이고, 동쪽에는 에
드거 타워라는 요새화된 문이 눈에 들어온다.

　대성당의 유명한 도서관은 8세기 후반에 머시아 왕국의 오파 왕
이 자신의 성경을 대성당에 기증하며 시작되었다. 이 도서관은 대
성당의 여러 곳을 옮겨 다녔다. 지금은 대성당 남쪽 본당 통로에
46개의 가파른 나선형 계단을 올라가면 나오는 특별 공간에 있다.
도서관은 중세 희귀본을 많이 소장하고 있어 유명한데, 옥스퍼드대
학교의 우스터 칼리지에서는 이 자료들을 활용해 다양한 연구를 수
행하고 있다.

에드거 타워

　도서관에는 종교개혁 시기에 파괴되지 않고 남아 있는 『가톨릭 미사에서 부르는 간단한 찬송가』와 1225년에 쓰인 「대헌장」의 사본, 그리고 『캔터베리 이야기』의 초기 인쇄본과 같은 15세기 이전의 필사본이 298권이나 되고, 「위풍당당 행진곡」으로 유명한 19세기 작곡가 에드워드 엘가의 작품을 비롯해 15세기 이후부터 현재까지의 책은 6600권, 아카이브 문서 1만 9000점이 소장되어 있다. 이들은 모두 귀중한 문화유산으로 학술적으로도 중요한 가치를 지닌다.

　대성당 내부를 둘러보면 영국 역사의 주역들을 볼 수 있다. 이곳에는 리처드 1세의 동생이자 민주주의 헌법의 초석이 된 대헌장에 서명한 존 왕의 무덤이 있다. 또한 영국 종교개혁의 주역인 튜더 왕

대헌장에 서명한 존 왕의 무덤

가의 헨리 8세의 형이며 젊은 나이에 세상을 떠난 아서 왕자의 무덤도 있다. 그리고 1차 세계대전 후 총리를 세 차례 역임하면서 영국의 전간기 경제 관리에 크게 이바지한 스탠리 볼드윈 부부의 무덤도 볼 수 있다.

이리 치이고 저리 치인 우스터의 사정

우스터는 글로스터와 옥스퍼드, 웨일스와 가까운 전략적 군사적 지역이란 이유로 중세 초부터 영국사의 여러 갈등에 연루된 도시였다. 17세기에는 잉글랜드 내전의 처음와 마지막 전투가 모두 우스터에서 벌어졌다. 첫 전투인 포윅 다리 전투에서는 왕당파가 의회파에게 패배했고, 마지막 전투인 1651년 우스터 전투에서는 후에 찰스 2세가 된 왕세자가 크롬웰의 군대에 패배했다. 당시 찰스 왕세자는 떡갈나무에 숨어 탈출할 수 있었지만, 그의 군대는 많은 희생을 치렀다. 우스터 전투는 잉글랜드 내전의 종결 전투로 여겨지며, 시드버리 게이트에 그 기념비가 있다.

역사적으로 중요한 우스터의 자랑거리들이 몇 있는데 그중 하나가 《베로스 우스터 저널》이라는 신문이다. 이 신문은 1690년에 우스터 포스트 맨^{Worcester Post-Man}이라는 이름으로 창간되어 세계에

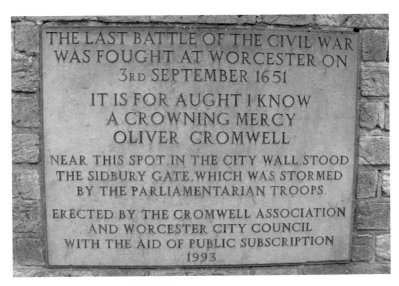

시드버리 게이트의 우스터 전투 기념비

서 가장 오래된 신문 중 하나로 알려져 있다. 영국에서 처음으로 인쇄소가 설립된 곳 중 하나가 우스터였기에 이곳에서 신문이 창간될 수 있었다. 이 신문은 현재도 우스터에 본사를 두고 있다.

또 다른 자랑거리로는 우스터에서 탄생한 유명한 조미료인 우스터 소스이다. 1837년에 화학자 존 리 레아와 윌리엄 페린스가 천연 재료로 개발한 이 소스는 우리나라의 된장, 고추장처럼 영국과 유럽의 음식에 필수적인 조미료로 시저 샐러드, 스튜, 스테이크, 햄버거 등 다양한 요리에 활용된다. 두 화학자는 곧 리 앤 페린스라는 회사를 설립해 대성당에서 동쪽으로 몇 블록 떨어진 미들랜드 로드에 소스 제조 공장을 세웠다. 이곳에서는 지금도 오랜 전통과 비밀

리 앤 페린스 우스터 소스 공장

을 간직한 소스를 생산하고 있다.

우스터 소스의 기원에 관한 하나의 설화가 있다.
19세기 초, 인도 벵골 주지사였던 샌디스는 벵골에서
돌아오면서 현지에서 맛본 특별한 소스를 몇 병 가져
왔다. 그는 이 소스를 레아와 페린스에게 보여주고,
같은 소스를 만들어달라고 부탁했다. 둘은 여러 가지
재료를 섞어보았지만, 샌디스가 원하는 맛을 재현하
지 못했다. 그래서 그들은 실패한 소스들을 통에 담
아서 창고에 넣어두었다고 한다. 몇 년 후, 우연히 그

우스터 소스

통을 발견하고 소스의 맛을 확인해 보았더니 이전과
는 다른 새로운 맛과 향이 났고, 이후 개발을 거쳐 지금의 우스터
소스가 됐다고 한다.

우스터 하면 도자기도 뺄 수가 없다. 이곳 도자기의 역사는
1751년에 의사 존 월과 화학자 윌리엄 데이비스 등 사업가와 장인
들이 설립한 우스터 포슬린Worcester Porcelain에서 시작됐다. 이 회사
는 영국에서 가장 오래된 도자기 회사로, 중국식 도자기와 비슷하
지만 더 내구성이 좋고 부드러운 형태의 도자기를 개발했다. 이 도
자기는 1783년에 조지 3세의 '왕실 조달 허가증'을 받아 로열 우스
터Royal Worcester로 불리게 됐다. 20세기부터 로열 우스터는 다른 영
국 도자기 브랜드를 모방하면서 우스터에서의 생산을 줄였다. 하지
만 로열 우스터의 전통과 문화는 대성당 남쪽에 있는 로열 우스터

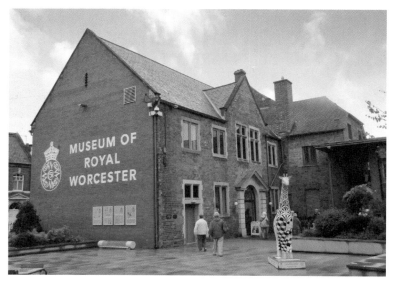

로열 우스터 박물관

박물관에서 여전히 볼 수 있다.

　우스터에서는 교육과 전투, 세계적인 도자기와 소스 등 다양한 이야기를 들을 수 있다. 이 모두가 담긴 장소를 찾는다면 당연히 우스터 길드 홀이다. 이 건물은 18세기에 지어져 시민들의 의회, 법정, 공청회 등 다수의 행정 업무를 수행했다. 왕실과 중앙정부도 이곳을 많이 방문했는데, 조지 3세는 이곳을 '멋진 갤러리'라 칭찬했고, 엘리자베스 2세와 에든버러 공은 이곳에서 연회를 즐겼다. 윈스턴 처칠도, 우스터시로부터 '명예로운 자유인' 상을 이곳에서 받았다. 또한 1972년에 만들어진 지방정부법에 따라 우스터 지역의 지방정치를 총괄하는 본부의 역할도 하고 있다. 결국 길드 홀을 방문하면 영국이 법 아래에 군주도 시민도 함께 공존하는 입헌 군주제의 국가임을 충분히 확인할 수 있다.

에드워드 7세가 왕위에 오른 후 엘가의 「위풍당당 행진곡」이 대관식에서 연주되었다. 이 곡은 빅토리아 여왕 시대의 영광과 권위를 이어받아 새로운 왕조의 자부심을 드러내는 작품이었다. 하지만 이 곡을 듣는 순간, 왕의 위엄보다는 국민의 자존감이 더 당당히 표현되어 나오는 듯 느껴지면서 그 자존감의 중심지가 우스터라는 사실에 고개가 자연스레 끄덕여진다.

우스터 길드 홀

달리어다

픽트랜드

고도딘

알트클루트

베르니시아

노스
레게드

이니스
마나우

사우스
레게드

듀노팅

에브로크

데이라

엘멧

린지

로첸셋

게일스

머시아

이스트앵글리아

마르곤셋

위체

에식스

웨섹스

켄트

서식스

코르누비아

노섬브리아 왕국

노섬브리아 왕국

노섬브리아는 잉글랜드 동부 해안과 스코틀랜드 남부를 아우르는 왕국이었다. 현재의 지도에서 보면, 노섬브리아의 영토는 요크에서 에든버러까지 이어졌다. 노섬브리아의 기원은 7세기 잉글랜드 동북부에 앵글로인이 세운 베르니시아 왕인 애셀프리스가 데이라 왕국을 정복하고 두 왕국을 통합한 것으로 알려져 있다. 이 통합은 노섬브리아를 강력한 왕국으로 만들었지만, 왕국을 유지하는 과정은 쉽지 않았다. 베르니시아와 데이라 왕실은 평화를 유지하기 위해 여러 번 결혼 동맹을 맺었다.

노섬브리아 왕국은 머시아 왕국과도 서로의 영토를 습격하거나 침공하는 일이 잦았다. 9세기에 노섬브리아는 바이킹의 침략을 받았다. 바이킹들은 서기 866년에 요크를 점령하고, 그 후 100여 년 동안 노섬브리아를 지배했다. 노섬브리아에서 스코틀랜드에 편입된 곳을 제외하고 노섬브리아 왕국의 범위에 속한 여덟 곳, 뉴캐슬어폰타인을 시작으로 요크, 킹스턴어폰헐, 리즈, 셰필드, 맨체스터, 리버풀, 랭커스터를 살펴볼 것이다.

18

뉴캐슬어폰타인

Newcastle upon Tyne

석탄으로 떠오른
문화 도시

주   타인 앤 웨어 자치구
인구   300,200명(2021)

뉴캐슬어폰타인은 잉글랜드 북동부의 지역 행정 단위인 타인 앤 웨어 자치구^{Tyne and Wear}에 속해 있다가 독립한 대도시 자치구로, 일반적으로 뉴캐슬이라고 불린다. 이 도시는 런던에서 북동쪽으로 약 397킬로미터나 떨어진 거리에 있는 로마 정착촌인 폰스 아엘리우스에서 시작됐는데, 이는 타인강을 건너기 위해 로마 황제 하드리아누스가 놓은 다리를 중심으로 형성된 곳이다. 그 당시 하드리아누스는 영국의 최북단 점령지를 방문하던 중이었다. 하드리아누스 황제는 제국의 북쪽 경계를 방어하고 안정시키기 위해 하드리아누스 방벽을 건설하고 있었다.

로마군이 물러가고 잠시 앵글로색슨족들이 그 지역을 장악했지만, 바이킹에 의해 폐허가 되다시피 했다. 이후 노르만의 윌리엄이

캐슬 킵

잉글랜드를 점령한 뒤, 장남 로버트가 1080년에 이곳에 목조 성을 쌓으면서 뉴캐슬, 즉 새로운 성이라 불리게 됐다. 목조 성은 나중에 석조 성으로 바뀌었고, 지금은 그 일부인 캐슬 킵이 뉴캐슬역 동쪽 광장 인근에 남아 있다.

적이지만 가끔은 힘을 합친 합리적인 땅

하드리아누스 방벽은 로마 시대에 건설된 유적으로 스코

블랙 게이트

틀랜드의 침략으로부터 로마 제국의 영토를 보호하기 위해 만들어졌다. 영국의 북부를 가로지르는 성벽의 동쪽 끝에 뉴캐슬 중심부가 있다. 중심부에는 철길이 지나고, 건너편에는 바비컨이라고 불리는 작은 요새가 있다. 바비컨은 성벽의 문이나 다리 위에 있는 타워 같은 것으로, 성벽을 보강하거나 방어하기 위해 사용됐다. 뉴캐슬의 바비컨은 블랙 게이트라고도 하며, 13세기에 하드리아누스 방벽의 북쪽 문 앞에 지어졌다. 블랙 게이트를 보면 이곳이 옛날에 잉글랜드와 스코틀랜드 사이의 국경이었고, 잉글랜드의 군사적 요충지였다는 사실을 알 수 있다.

사실 뉴캐슬은 12~13세기에 스코틀랜드와 잉글랜드의 갈등 중심지였다. 잉글랜드의 헨리 2세는 1174년 안윅 전투^{Battle of Alnwick}에서 스코틀랜드의 윌리엄 1세를 포로로 잡은 적이 있었고, 에드워드 1세 때에는 스코틀랜드의 자유를 위해 윌리엄 월리스가 이끈 반란군이 뉴캐슬을 공격했으나 실패한 사건이 있었다. 이러한 역사적 사실들은 뉴캐슬의 중요성을 보여준다.

그러나 스코틀랜드와의 관계가 오로지 적대적이었던 것만은 아니다. 양국은 역사적으로 협력한 적도 있었다. 17세기 중반에 잉글랜드와 스코틀랜드를 통합한 찰스 1세가 양국 의회의 저항을 받았을 때 뉴캐슬은 잉글랜드 내전에서 중요한 역할을 했다. 내전이 시작되면서 왕의 군대는 1644년에 석탄 수출의 중심지인 뉴캐슬을 점령했다. 이에 따라 의회파의 본거지인 런던은 석탄 부족에 시달리며 혹독한 겨울을 견뎌야 했다.

위기 속에 잉글랜드 의회는 스코틀랜드에 도움을 요청했고, 스코틀랜드군이 뉴캐슬을 공격해 왕의 군대에게 승리했다. 런던으로의 석탄 공급은 재개됐다. 스코틀랜드군은 약 2년 동안 뉴캐슬을 점령했고, 그 사이 찰스 1세는 의회파에 패해 1646년 옥스퍼드에서 탈출해 스코틀랜드군에 항복했다. 스코틀랜드군은 찰스 1세를 뉴캐슬에 감금했다가 1647년 스코틀랜드군이 잉글랜드 의회로부터 배상금을 받고 철수할 때 9개월가량 감금했던 왕을 런던 의회에 넘겨주었다. 찰스 1세가 감금됐던 곳은 현재 도시 중심부인 그레이 스트리트에 서 있는 로이드 은행 자리에 있었으나 이후 사라졌다.

찰스 1세가 감금됐던 위치에 선 로이드 은행

석탄 무역 독점지에서 산업혁명의 중심지로

　　뉴캐슬은 영국 내란 시기에 왕이 석탄의 가치를 인식하고 점령한 곳인 만큼 석탄 무역이 도시 경제의 핵심이었다. 13세기부터 타인강 근처의 광산에서 채굴된 석탄은 외국으로 수출됐고, 1530년에는 뉴캐슬의 '호스트맨' 회사가 왕실 헌장을 받아 석탄 무역을 독점하게 됐다. 이에 따라 뉴캐슬은 석탄 공급의 중심지로 빠르게 성장했다. 타인강에서 석탄을 운반하는 나무배를 킬^{keel}이라고

나무배 킬

부르고, 이 배를 조종하는 사람들을 킬맨이라고 한다. 킬맨은 뉴캐슬에서 큰 공동체를 형성했으나, 호스트맨 회사와의 갈등이 잦았다. 19세기에나 보이던 노동쟁의가 뉴캐슬에서는 16세기부터 갈등으로 있었다는 데 의미가 있다. 17세기에는 네덜란드로 오가던 석탄 무역선에 페스트균이 들어와 도시 인구의 절반 가까이(도시 전체 1만 2000명 중 5000명 정도)가 죽은 비극도 있었으나, 석탄 무역은 여전히 활발했다. 그리고 킬맨의 역할도 계속 중요했다.

빅토리아 터널은 산업혁명 시대에 석탄 운송을 위해 만들어진 터널이다. 광산에서 채굴된 석탄을 타인강 변의 부두까지 마차로 운반하고, 거기서 큰 선박으로 옮겨 보내는 데 터널이 필요했다. 이 터널로 도심을 관통하는 타인강의 다리를 피해 석탄을 옮길 수 있었고, 다리들을 통과해서 석탄을 운송해 주던 킬맨의 역할은 사라졌다. 하지만 빅토리아 터널도 철도와 기관차가 발달하면서 석

빅토리아 터널 입구

탄 운송에 더 이상 필요하지 않아져 폐쇄됐다. 그 후 빅토리아 터널
은 제2차 세계대전 때인 1939년부터 공습을 피할 수 있는 대피소
(9000명 정도 수용)로 수리되어 다시 활용됐다. 현재 빅토리아 터널의
역할은 끝났지만, 그 입구 중 하나인 우즈 스트리트에 있는 터널 입
구는 관광객들이 방문할 수 있다.

　석탄 산업은 증기기관의 발달과 함께 성장했다. 1823년에는 조
지 스티븐슨과 그의 아들 로버트가 뉴캐슬에 최초로 기관차 공장을
건설했다. 이 공장에서 스톡턴과 달링턴 구간, 리버풀과 맨체스터
구간 등을 오가는 여러 철도용 기관차를 제작했다. 석탄 수출을 위
해 증기선도 활발히 생산했다. 증기선 생산으로 뉴캐슬은 영국에서

문학 및 철학 학회 건물

세 번째로 큰 선박 제조 도시가 됐다. 이 모두가 석탄 산업의 영향
을 받아 발전한 것이다.

석탄 산업의 발전과 함께 인문학 분야도 빛을 발했다. 1793년에
노예제도에 반대하고 북부 지역의 지성을 키우고자 했던 윌리엄 터
너 목사는 뉴캐슬역 바로 앞 건물에서 문학 및 철학 학회를 설립했
다. 이곳은 뉴캐슬의 역사적인 자료를 수집하고 보관하는 도서관이
자, 런던 외의 가장 큰 독립 도서관으로 현재까지도 활발하게 운영
된다. 문학 및 철학 학회는 단순히 책을 읽고 대여하는 곳이 아니라,
다양한 학문과 기술 분야의 전문가들이 모여 서로의 연구와 아이
디어를 공유하는 장소이기도 했다. 그중에서도 가장 유명한 사례는

기관차의 아버지로 불리는 조지 스티븐슨이 광부들을 위해 개발한 안전등을 학회원들에게 보여준 것과, 백열전구 발명가인 조지프 스완이 학회 강연에서 세계 최초로 백열 탄소 램프를 시연한 것이다. 이에 따라 문학 및 철학 학회는 백열전구가 처음으로 켜진 공공건물이라는 명예를 얻게 됐다. 스완은 이어서 1879년에 뉴캐슬의 상업 중심지였던 모슬리 거리에 백열전구를 설치해 세계 최초의 전등 거리로 만들었다.

역사적으로 석탄 채굴로 시작해 여러 산업 유산들을 낳은 뉴캐슬에서 눈에 들어오는 또 다른 부분은 문화이다. 1837년에 「베네치아의 상인」을 첫 공연작으로 문을 연 뉴캐슬 왕립 극장은 1870년대부터 스코틀랜드의 글래스고, 에든버러와 함께 엔터테인먼트 비즈니스의 삼각형을 형성하며 발전을 거듭해 현재 영국에서 가장 권

1905년 모슬리 거리

위 있고 잘 알려진 극장 중 하나다. 이 극장은 권위 있는 순회공연을 비롯해 연극, 코미디, 뮤지컬, 발레, 오페라 등 다양한 공연을 개최하며 국내외 예술가들의 재능을 선보이고 있다. 또 극장 근처 뉴캐슬의 상업 중심지인 그레인저 스트리트에는 역사적으로 1등급에 속하는 하노버와 빅토리아 양식의 건물들이 즐비하다.

　1970년대에 이르러 석탄 산업이 쇠퇴하자 이후에는 금융, 교육, 문화 및 기술과 같은 부문을 통한 경제 활성화를 꿈꾸고 있다. 특히 문화적 풍요로움은 뉴캐슬의 다른 매력들과 함께 관광객들을 유혹한다. 예를 들어 뉴캐슬대학교는 세계적으로 인정받는 연구 교육 기관이며, 타인 브리지는 혁신적인 기술과 디자인으로 유명하다. 또

뉴캐슬 왕립 극장

한 뉴캐슬 시청은 고딕 양식의 아름다운 건축물로 시민들의 자부심과 정체성을 상징한다. 또 까치를 상징으로 한 뉴캐슬 유나이티드 FC는 영국 축구의 명팀으로 손꼽히며, 세인트 제임스 파크 스타디움은 5만 명의 관중을 수용할 수 있는 영국 최고의 축구장 중 하나다. 기성용 선수가 2018~2020년까지 이곳에서 뛰어 한국 팬들에게도 친숙하다.

뉴캐슬 사람들은 조르디Geordie라는 특유의 방언을 사용한다. 이 방언은 따뜻하고 친근하며 유머러스하다는 평가를 받아서, 뉴캐슬의 대표적인 문화로 인식되기도 한다. 이 도시를 방문하면 그 매력을 직접 체험할 수 있다.

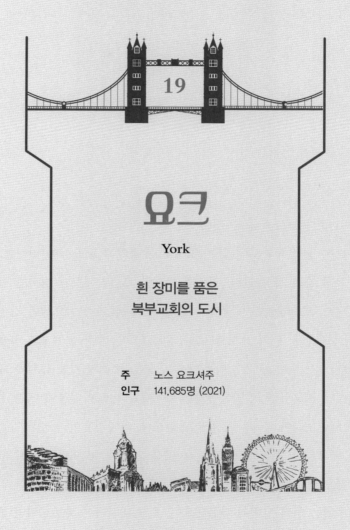

19

요크

York

흰 장미를 품은
북부교회의 도시

주 노스 요크셔주
인구 141,685명 (2021)

York

요크는 영국 북동부에 있는 도시로, 우즈강과 포스강이 만나는 교차점에 자리 잡고 있다. 켈트계 부족인 브리간테스가 정착한 곳이었으며, 로마인들이 이곳을 점령해 에보라쿰이라는 요새를 건설했다. 로마인들은 이 요새를 북부 잉글랜드의 행정 중심지로 사용했는데 당시 로마 주둔 지휘부가 있던 곳의 구조와 기둥 유적은 요크 대성당 지하와 요크 박물관에서 볼 수 있다. 로마인들이 떠난 후에는 노섬브리아 왕국의 영향을 받았으나, 바이킹들이 침공해 자신들의 왕국을 세웠다. 바이킹들은 이곳을 요르빅^{yorvik}이라고 부르기 시작했으며, 이것이 현재의 요크라는 이름의 기원이다. 노르만 정복 이후에는 성과 성벽이 건설됐으며, 요크 대성당은 북부교회의 중심지로 발전했다.

가장 많은 도심 성벽이 보존된 곳

요크는 영국에서 가장 오래된 도시 중 하나로, 그 역사는 로마 시대로 거슬러 올라간다. 요크의 가장 인상적인 명소는 성벽이다. 성벽은 처음에 로마인들이 건설을 시작했고, 이후 바이킹, 노르만인, 플랜태저넷 왕조 등 다양한 지배자가 이를 확장하고 보강했다. 성벽 대부분은 13세기와 14세기에 지어진 것이지만, 일부 구간에서는 로마 시대의 잔해를 볼 수 있다.

성벽을 따라가다 보면 '바Bar'로 알려진 도시 관문 4곳이 있는데,

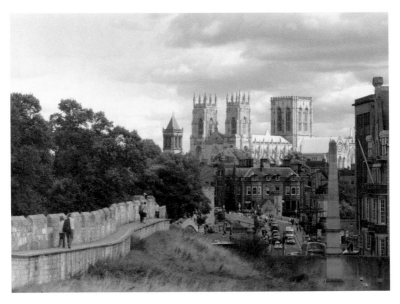

요크에 보존된 성벽

각각 동서남북에 자리 잡고 있다. 서쪽에 있는 미클 게이트 바는 주로 군주가 출입하던 관문으로, 반역자의 잘린 머리를 전시하는 전통이 있었다. 동쪽에 있는 멍크 바는 중세 성문의 방어장치를 직접 볼 수 있는 곳으로, 2020년에 문을 닫은 리처드 3세 박물관이 있다. 리처드 3세는 요크 가문의 마지막 왕으로, 에드워드 3세의 손자이자 요크 공작 에드먼드의 후손이다. 북쪽에 있는 부섬 바는 12세기에 존재하던 인근 부스 시장의 이름을 딴 곳으로 요크 대성당 가까이에 있으며, 12세기부터 도시의 북쪽 입구 역할을 해왔다. 남쪽에 있는 웜 게이트 바는 영국에서 유일하게 바비컨이 손상되지 않은

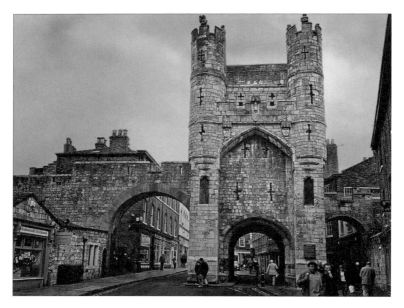

멍크 바

웜 게이트 바

채 남아 있는 마을의 관문이다.

　성벽은 도심을 중심으로 약 4킬로미터에 걸쳐 이어져 있는데 성벽을 따라 만들어진 보행자 산책로를 걷다 보면 대성당, 교회 및 도시와 주변의 탁 트인 전망을 감상할 수 있다. 성곽을 타고 웜 게이트 바를 지나 서쪽으로 이동하면 노르만 시기에 세워진 옛 요크 성의 일부인 클리퍼드 타워가 보인다. 성은 모트라는 언덕 위에 성주가 머무는 누각과 성주의 생활을 지원하는 베일리(성내 지역)로 나뉘는데 지금 남은 클리퍼드 타워는 모트 위 누각에 해당한다. 원래 바이킹이 지배하던 시절 요르비크라 불리던 이 도시를 지배하기 위해 윌리엄 1세의 명령으로 지어진 성은 강을 끼고 방어 요새로 발

클리퍼드 타워

전하기에 적합한 곳이었다. 하지만 클리퍼드 타워는 비극적인 사건의 현장이기도 했다. 1190년에는 반유대주의 폭동이 일어나서 많은 유대인(150여 명)이 이곳에 피신했다가 목숨을 잃었다. 이러한 역사는 우리에게 인종차별과 폭력의 끔찍함을 일깨워 준다.

14세기 초반인 에드워드 1세 시절부터 시작된 스코틀랜드와의 전쟁은 요크 성에 새로운 기회를 주었다. 이 성은 잉글랜드 왕실의 행정 중심지이자 군사 작전의 요충지로 사용되며 초기에 가졌던 중요성을 회복했다. 그러나 15~16세기에 들어서면서 요크 성은 점차 기능을 상실하고 황폐해졌다. 성내 지역의 일부는 철거되어 타

요크 성 박물관

위만 남았고, 성은 더 이상 왕실의 본거지가 아니라 지역의 중범죄자나 정치범을 수용하는 감옥으로 전락했다. 이러한 변화는 19세기까지도 계속됐다.

대성당 도시이며 잉글랜드 북부교회들의 중심지

요크 대성당은 요크 성의 초라함과 대조적으로 도시의 중심부에 있다. 이곳은 잉글랜드 북부와 맨섬의 종교적 지도자인 요크 대주교의 본부이다. 요크 대주교는 영국 국교회(성공회)의 최고위원

요크 대성당

중 한 명으로 왕과 캔터베리 대주교 다음인 세 번째 지위에 있다.

요크 대성당의 역사는 627년에 시작됐다. 당시 노섬브리아의 왕 에드윈은 세례를 받기 위해 임시로 지은 목조 건물에서 첫 예배를 드렸다. 그 후 637년에 오즈월드 왕은 성 베드로를 추모하기 위해 석조 건물을 건설했다. 이 건물은 세인트 베드로 대성당이라고 불리며, 요크 대성당의 정식 명칭이기도 하다.

7세기 이후에도 많은 개축과 파괴를 거듭하다가 지금 볼 수 있는 고딕 양식의 대성당은 13세기 초에 세워졌다. 요크 대주교로 임명된 월터 드 그레이는 캔터베리 대주교와 대주교 권위의 상징을 놓고 경쟁했다. 그는 요크 대성당을 고딕 양식으로 개축해 북부교회의 중심지로 만들었다. 또한 교구를 설립하고 수도원을 감독하며 대성당의 재정과 장비를 개선했다. 그의 무덤은 요크 대성당 남쪽 트랜셉트(십자형 교회당에서 본당과 부속건물을 연결해 주는 공간)에 있는데, 영국에서 오래된 것 중 하나로 인정받는 캐노피(덮개)가 있는 무덤이다. 북쪽 트랜셉트에는 다섯 자매의 창^{Five Sisters window}이 있는데, 이 창은 영국에서 가장 큰 고대 스테인드글라스 창으로 기록되어 있다. 요크 대성당은 잉글랜드 내전 때 토머스 페어팩스의 명령

요크 대주교였던 월터 드 그레이 무덤   다섯 자매의 창

으로 건물 전체가 보호되어 많은 유산이 남아 있다. 페어팩스는 문화재 보호의 선구자로 존경받을 만하다.

요크 대성당은 북부교회의 중심지로서 오랜 역사가 있다. 그러나 그 역사는 대성당 건축물 자체보다는 다른 사건과 관련이 있다. 로마 황제 콘스탄티누스가 313년에 기독교를 공식적으로 인정한 후, 314년에 프랑스 아를에서 열린 종교회의에 요크 주교가 참여했기 때문이다. 이 사실은 로마 제국이 기독교를 수용하기 전에도 영국에 이미 독립적인 기독교 공동체가 존재했다는 증거다.

한편, 요크가 대성당 중심으로 발달한 도시임은 성당 바로 밖에 있는 거리를 보면 느낄 수 있다. 대성당이 성 베드로에게 헌정됨에 따라 인근 거리도 피터게이트Petergate라고 이름이 붙여졌다. 이 거리는 1190년에 처음 언급됐으며, 성당과 함께 요크 시민들의 삶의 중심이 됐다. 이곳에서는 14세기와 15세기에 지어진 중세 시대의 건물들을 볼 수 있다.

하지만 요크에서 전형적인 중세 건물들을 감상하고 싶다면 뉴게이트와 페이브먼트를 이어주는 길에 있는 더 샘블즈The Shambles를 방문해야 한다. 옛날에 도축장이었던 더 샘블즈에서는 신선한 고기를 팔았다고 전해진다. 현재도 좁은 골목에 다양한 상점들이 즐비한데, 이는 당시 건물들이 햇빛을 차단해 고기가 상하지 않도록 하기 위한 설계였다. 또한 경사진 지형 덕분에 도축 시 나오는 피나 내장 등이 쉽게 흘러내렸을 것이다. 이런 역사적 배경을 알고 보면

더 섐블즈

더욱 흥미로운 곳이다.

　더 섐블즈는 요크의 중세 시대 직물 무역의 유산도 간직하고 있
다. 요크는 포스강과 우즈강이 합류하는 지점에 있고, 우즈강과 험
버강은 합류해 북해로 흘러나간다. 이 위치는 무역에 매우 이상적이
었다. 1212년에 요크는 존 왕의 허가를 받아 유럽과의 교역을 적극
적으로 수행했으며, 양모와 벨벳 등의 고급 직물로 명성을 떨쳤다.
더 섐블즈는 이러한 직물들을 판매하거나 보관하던 건물들로 구성
되어 있었다.

17세기에 들어서 요크는 다른 도시들과의 경쟁과 강물의 침식으로 무역 중심지로서의 위상을 점차 잃어갔다. 하지만 1839년에 조지 허드슨이 철도를 건설하면서 다시금 부흥의 기회를 잡는다. 북동부 철도 본부가 요크에 설립되어 많은 일자리를 창출했고, 국립 철도 박물관이 개관되어 관광객들을 끌어들였다. 또한 바이킹 센터, 요크 던전, 요크대학교 등의 다양한 문화와 교육 시설이 도시의 번영에 이바지했다. 요크는 오늘날까지도 북부 지역의 중요한 사회와 문화의 중심지로 남아 있다.

요크는 다국적 기업과의 협력을 통해 경제적으로 성공한 도

국립 철도 박물관

시이기도 하다. 1911년부터 론트리스Rowntree's회사가 생산한 초콜릿 과자 킷캣Kitkat은 영국에서뿐만 아니라 해외에서도 인기를 끌었다. 1988년에는 스위스의 식음료 대기업 네슬레Nestlé에 인수됐지만, 요크의 핵스비 로드Haxby Road에 있는

킷캣 초콜릿

원래 공장에서 여전히 킷캣을 생산하고 있다. 또한 네슬레의 연구소에서는 새로운 제품을 계속 개발하고 있어 초콜릿 산업은 요크의 경제에 크게 기여하고 있다.

킹스턴어폰헐

Kingston upon Hull

왕의 관심으로 커진
해안 도시

주   이스트요크셔주
인구   267,100명 (2021)

Kingston upon Hull

헐은 험버강이 북해로 흘러가는 곳에 있는 항구도시다. 런던에서는 북동쪽으로 252킬로미터, 요크에서는 남동쪽으로 55킬로미터 떨어져 있다. 헐은 원래 작은 마을이었지만, 12세기 후반부터 양모 수출을 시작한 모 수도원Meaux Abbey의 영향으로 항구로 발전했다. 1299년에 에드워드 1세가 이곳을 인수하고 킹스 타운 어폰 헐King's town upon Hull이라고 불렀다. 이후에도 헐은 교역과 선박 산업의 중심지로 번성했다.

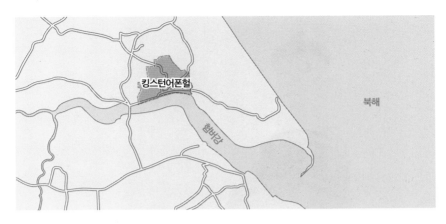

헐 시티의 위치

잉글랜드 동부 해안의 가장 중요한 항구

에드워드 1세가 헐을 인수한 과정은 길드 홀 기록에 남아 있다. 왕은 헐강을 따라 사냥을 즐기던 중, 강변의 작은 마을에 눈길이 갔다. 그는 이곳이 '왕국의 안보를 강화하고, 무역을 활성화할 수 있는 전략적인 위치'라고 판단했다. 그래서 모^{Meaux} 수도원장에게 토지를 매입하고 자신의 별장을 건설했다. 또한 마을의 발전을 촉진하기 위해 특별한 허가를 내렸다.

에드워드는 자신이 소유하게 된 정착지를 벽돌로 둘러싸 성벽을 만들고 요새화했다. 지금은 성벽과 요새 대부분이 사라져 버렸고, 몇몇 성문의 흔적만 팻말로 표시되어 있다. 험버강 변 빅토리아

빅토리아 독에 있는 탑

독에 있는 탑은 그 요새의 일부이다.

헐이 성벽과 요새로 보호됐다는 것은 14세기부터 항구로서 발전해 왔음을 의미한다. 예부터 헐의 상인들은 양모와 모직 천을 수출하고, 포도주와 목재를 수입하면서 부를 쌓았다. 처음에는 스코틀랜드, 스칸디나비아, 발트해 연안, 네덜란드를 비롯한 저지대 국가와 주로 거래했다. 하지만 대양 시대가 도래하면서 프랑스, 에스파냐, 포르투갈과 같은 남유럽 국가들과도 무역을 확장해 번창하는 항구도시가 됐다.

윌리엄 드 라 폴 동상

헐강과 험버강이 만나는 곳에는 첫 번째 시장이었던 윌리엄 드 라 폴의 동상이 있다. 그는 가스코뉴 지방을 놓고 프랑스와 대립하고 있던 에드워드 1세에게 재정을 지원해 잠시 재무부 수석장관직까지 지냈던 인물이다. 헐을 양모 무역의 중심지로 발전시키는 데 크게 공헌했기에 시에서 그를 기념하는 동상을 건립했다.

17세기에 양모 무역의 번성으로 헐강 또는 올드 항구Old Harbour에 선박들이 너무 많아져 문제가 발생했다. 선박들이 서로 부딪쳐 화물 운송이 지연되는 등의 어려움이 있었다. 이를 해결하기 위해 시의회는 부두를 새로 건설해 화물 검사와 통관 절차를 간소화, 효율화하려고 계획했다. 18세기에 들어서면서 헐은 도시를 둘러싼 기존의 성벽을 허물고 성벽을 둘러싼 해자(방어용으로 성벽을 둘러싼 호수)를 활용하는 세 개의 부두 겸 독을 건설했다. 올드타운(중심가)과의 접촉성을 고려해 내부로 깊숙이 들어와 세워진 퀸스 독, 그리고

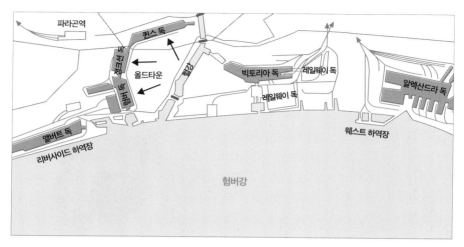

파라곤역

퀸스 독

올드타운

독 트리니티

독 서프홀

빅토리아 독

레일웨이 독

레일웨이 독

알렉산드라 독

앨버트 독

리버사이드 하역장

웨스트 하역장

험버강

험버강의 독들

강 입구에 일차적으로 배를 점검하는 험버 독, 그리고 둘을 연결해 주는 정크션 독이 그것이다. 이 부두를 통해서 이후 헐의 선박 중심 산업은 더욱 발전했다. 독은 선박이 정박하고 수리, 건조, 또는 보수 작업을 할 수 있는 시설을 의미한다. 부두는 항구 내에서 선박이 화물을 하역하고 승객이 승하차할 수 있는 구조물이며 하버(항구)는 선박이 안전하게 정박할 수 있도록 보호된 구역이나 지역을 의미한다.

이 부두를 통해 고래 사냥과 냉동육류 수입이 활발해졌다. 헐은 고래 기름으로 비누와 램프 기름을 만들어 영국 전역에 공급했고, 증기선을 이용해 해외에서 신선한 고기를 들여왔다. 이렇게 헐은 14세기부터 19세기까지 영국의 내륙과 해안을 연결하는 무역 네트

이민자 가족 동상

워크의 중심 역할을 했다.

　19세기 말부터 20세기 중반까지는, 헐의 부두는 북유럽에서 신대륙으로 이주하는 사람들의 기착지이기도 했다. 유럽에서 건너온 수많은 이민자가 헐의 부두에서 이민 절차를 마치고, 리버풀로 가서 북미로 가는 배를 탔다. 이민자 가족 동상은 이러한 역사를 상징하며, 험버 독으로 들어가는 입구에 세워져 있다.

노예 폐지운동가인 윌버포스의 고향

헐에서 유명한 인물로 윌리엄 윌버포스가 있다. 상인 출신으로 정치인이 된 그는, 노예무역 폐지 운동의 선두 주자였다. 복음주의 기독교인으로서 믿음에 따라 노예제도에 반대하는 운동을 이끈 그의 노력으로 1833년 영국에서 노예금지법이 통과됐다. 안타까운 것은 그가 운동의 결과로 노예가 해방되는 것을 보지 못하고 곧 세상을 떠난 것이다.

윌버포스 하우스

그러나 윌버포스의 희생과 헌신은 세계적인 인권 운동의 기반
이 되었고, 후대의 개혁가들에게 영향을 미쳤다. 헐의 올드타운 내
하이 스트리트에 있는 윌버포스 하우스는 그가 태어난 집으로, 그
의 삶과 업적을 소개하는 박물관이 되었다. 집 앞에는 그의 동상이
있고, 근처에는 헐대학교 공동으로 연구하는 '윌버포스 노예제도
및 해방 연구소'가 있다.

헐은 영국 북동부의 항구도시로, 과거에는 세계 최대의 어업 항
구였다. 하지만 어업의 쇠퇴와 함께 도시의 활력도 줄어들었다. 그
래서 도시는 바다와 연결된 새로운 관광 명소를 만들어 관심을 끌
기 시작했다. 그중 하나가 2002년에 개장한 더 딥The Deep이라는 거
대한 수족관이다. 다양한 종류의 해양 생물들이 살고 있는 이곳에

더 딥 수족관

서 방문객들은 해양의 신비와 아름다움을 감상할 수 있다. 또 이곳은 해양 환경 보호와 교육에도 힘쓰고 있어 해양 생태계의 중요성과 위협도 알려준다. 건물 자체도 잠수함이나 고래를 연상시키는 미래적인 디자인으로 헐의 새로운 상징이 되어 많은 사람을 유혹한다.

헐의 전통적인 상징은 헐 시티 FC라는 축구클럽이다. 1904년에 창단된 이 팀은 오랜 역사와 전통을 자랑하며, 주황색과 검정색 줄무늬 유니폼과 더 타이거즈The Tigers라는 별명으로 유명하다. FA컵 결승전에도 나가본 바 있는 팀으로, 헐 시민들의 자부심과 정체성을 대변한다.

리즈

Leeds

산업혁명을 주도했던
성공의 도시

주   웨스트요크셔주
인구   812,000명 (2021)

Leeds

리즈는 영국 북부의 중심도시로, 에어강의 기원을 따라 이름을 얻었다. 고대 브리튼어인 라텐시스Latenses는 '빠르게 흐르는 강의 사람들'이라는 뜻으로, 리즈의 역사와 문화를 반영한다. 리즈는 역사학자 베다가 로이너Roiner라고 부른 곳이며, 요크셔 지역에서 가장 인구가 많다. 또 강과 운하가 풍부한 곳으로, 동서 해안을 연결하는 무역의 중심지이자 시장으로 번성했다.

드 레이시 집안의 흔적이 깃든 곳

리즈는 노르만의 침공 전 앵글로색슨계의 마지막 왕이었

던 참회왕 에드워드 시대에는 일곱 개의 작은 농촌 영지로 구성되어 있었다. 그러나 노르만 출신인 일버트 드 레이시가 영주가 되면서 중요한 영지로 변모하기 시작했다. 일버트 드 레이시는 정복왕 윌리엄의 신임을 받았고 헤이스팅스 전투에도 참여했다. 정복왕 윌리엄은 그에게 리즈를 하사하고 아낌없이 지원해 주었다. 리즈는 에어강을 따라 발전했고 일버트 드 레이시는 리즈 남쪽 외곽 폰티프랙트에 웅장한 성을 건설했다. 17세기 잉글랜드 내전 때 의회군이 성을 파괴했지만, 기록에 따르면 화려하고 장엄했다고 한다.

폰티프랙트 성은 1311년부터 랭커스터 가문의 소유가 됐고, 영국 역사에서 많은 사건이 일어난 곳이다. 백년전쟁 도중에는 리처

폰티프랙트 성

드 2세가 랭커스터 공작이었던 헨리 볼링브로크(헨리 4세)를 프랑스로 추방했지만, 그는 영국으로 돌아와 반란을 일으켰다. 리처드 2세는 아일랜드에서 급히 귀환해 헨리와 전쟁을 벌였으나 결국 패하고 포로가 됐다. 리처드 2세는 런던 탑에 갇혔다가 갑자기 폰티프랙트 성으로 옮겨져 이곳에서 죽음을 맞았다. 죽음의 원인은 정확히 밝혀지지 않았으나 음식을 거부해 굶어 죽었다는 소문이 있었다.

도시로 거듭난 계기인 섬유 산업을 키운 유적지

리즈는 노르만 정복 이후에 성장한 도시로, 왕실의 지원을 받았다. 그러나 리즈의 역사는 커크스톨 수도원과도 밀접하게 연결되어 있다. 수도원은 시토회의 수도승들이 1152년에 세운 것으로, 리즈의 농업과 상업에 큰 영향을 미쳤다. 그러나 1539년 헨리 8세가 수도원을 해산시킬 때 수도원의 건물과 재산을 빼앗겼다. 수도원의 잔해는 에어강에 인접한 커크스톨 공원에서 볼 수 있다.

수도원의 역사는 양 사육과 모직 천 제조와 밀접한 관련이 있다. 이러한 활동으로 수도원은 재정적으로 독립할 수 있었으며, 주변 지역의 경제적 발전에도 이바지했다. 수도원 근처에는 모직 천을 거래하는 시장이 생겨났고, 시장은 리즈 도시의 중심지로 자리 잡았다. 현재 이 시장은 브리그게이트라고 불리며, 보행자 전용 쇼핑

커크스톨 수도원

거리로 변모했다.

모직 천은 수도원에서 양모를 공급받은 인근 마을의 가정에서 직접 만들었다. 이런 방식은 14~15세기 초까지 이어졌고, 리즈 주변에는 양모로 만든 모직물의 품질을 높이기 위해 여러 개의 원재료나 생산된 제품을 혼합하는 풀링과 염색 같은 공정을 하는 수공업 공장이 생겼다. 이런 배경으로 리즈는 모직 산업의 중심지가 됐다.

18세기에는 브리그게이트에서 모직 천을 거래하는 노상 시장이 너무 커져서 일부 상인들은 리즈 영주의 허가를 받아 근처에 화이트 클로스 홀이라는 첫 번째 직물 시장 건물을 지었다. 이것이 리즈의 모직물 산업의 발전에 한층 이바지했다. 『로빈슨 크루소』의 작가

브리그게이트

대니얼 디포는 "리즈의 직물 상인들은 전국에 흩어져 리즈 제조라
는 이름으로 신뢰할 수 있는 직물을 팔고 있다"라고 칭찬했다. 19세
기에 산업혁명이 본격화되면서 리즈는 강력한 제조업 지역으로 성
장했고, 직물 노동자들은 노동조합을 만들어 자신들의 권리를 보호

수도원 박물관

했다. 리즈의 역사적인 직물 공정과 시장 및 상점 형태는 커크스톨 수도원의 정문 위치에 있는 수도원 박물관에서 볼 수 있다.

운하가 없었다면 리즈도 없었다

산업혁명기에 들어가면서 리즈는 엄청난 변화를 맞이했다. 1840년대에는 인구가 15만 명을 넘어 영국에서 가장 큰 도시 중하나였다. 섬유 산업은 리즈의 성장에 크게 이바지했으나, 섬유 산업이 발전하기 위해서는 다른 산업도 뒷받침되어야만 했다. 그래서운송수단의 혁신이 필요했고, 그 결과 운하가 생겼다. 이 운하로 대

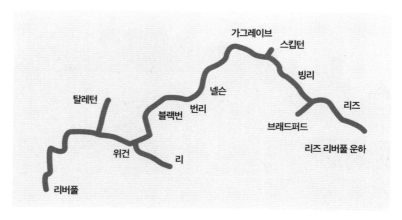

리즈 리버풀 운하

서양과 북해가 이어지며 리즈의 무역은 활기를 띠었다. 1816년에 개통한 리즈-리버풀 운하는 현재도 관광객들의 관심을 끌고 있다.

운하로 무역이 활성화됐지만, 그것만으로는 충분하지 않았다. 1840년대에 새로운 교통수단인 철도가 나타났다. 1834년에 개통한 리즈-셸비 철도는 요크셔 최초의 철도였다. 이 철도는 요크-북중부 철도와 연결되어 동부 해안의 산업 재료를 리즈로 운반할 수 있었다. 그리고 운하로 대서양 연안에 다시 수출하면서 동서 간 무역이 번창했다. 이어서 남북 방향으로도 철도망이 확장됐다. 리즈의 시내에는 여러 개의 기차역이 건설됐다. 마시 레인역, 웰링턴역, 뉴 스테이션역 등이 그중 하나였다. 현재도 리즈 기차역은 잉글랜드 북부에서 가장 바쁜 기차역이다.

리즈는 운하와 철도로 다양한 산업의 원료와 제품을 수송할 수 있었다. 섬유, 화학, 가죽, 도자기 등의 산업은 이러한 교통망의 혜택을 누리며 발전했다. 특히 석탄은 리즈 인근의 광산에서 많이 채굴됐고, 석탄 운송 전용 철도회사인 미들턴 철도가 급경사를 오르내릴 수 있도록 설계된 독특한 랙 철도로 석탄을 시내까지 운반했다. 리즈에 도착한 석탄은 운하와 전국적인 철도망을 통해 다른 지역으로 분배됐다. 석탄은 리즈의 산업에 필수적인 에너지원이었다. 이런 방식으로 리즈는 19세기 중반에 산업혁명의 중심지가 됐다.

'리즈의 작업장'으로도 불린, 산업혁명 시대를 주도했던 두 지역 중 하나는 리즈 중심부에서 남서쪽에 위치한 홀벡^{Holbeck}이다. 여기에는 최초로 모직물 마감재를 생산한 공장인 마셜스 밀^{Marshall's Mill}

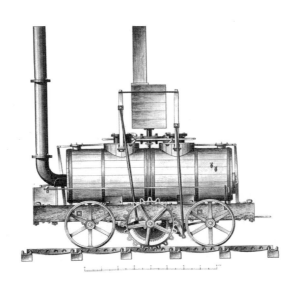

랙 철도

이 있었다. 다른 한 곳은 남쪽에 있는 헌슬릿Hunslet이다. 여기에는 섬유 산업 이외에도 철강이나 철 주조 공장, 엔진 작업 및 철도 작업과 같은 제조 산업이 발달했다. 이 두 지역은 1834년에 '요크에서 가장 번화한 곳, 가장 오염된 곳, 불편한 곳 중 하나, 가장 건강을 해치는 마을 중 하나'라고 평가받았으며, 리즈에서 인구 밀도가 가장 높은 교외 지역이었다. 산업혁명의 악영향이 드러난 곳이라고 할 수 있다. 현재는 사람들이 적지만, 옛 산업화 시절의 자취들을 보면 그때의 열악한 환경을 알 수 있다.

'작업장'과 다른 산업혁명 시대의 긍정적인 흔적을 볼 수 있는 장소는 '빅토리아 쿼터Victoria Quater'다. 이곳은 리즈 시의회가 도시의 부를 자랑하고자 1898년부터 1904년까지 건설한 쇼핑 공간이

마셜스 밀

빅토리아 쿼터

다. 빅토리아 쿼터의 천장은 섬유 산업의 영광을 상징하는 스테인 드글라스 캐노피로 장식되어 있다. 하지만 처음 세워질 때의 천장은 고급스러운 도자기와 모자이크, 대리석으로 꾸며져 있어서 세련된 분위기를 연출했다고 한다.

리즈대학교도 산업혁명 시대의 긍정적인 흔적을 볼 수 있는 장소다. 이 대학교는 1831년에 리즈 도시민들의 건강을 위해 설립된 리즈 의과 대학과 1874년에 상공업자들의 중산층 자제들의 교육을 담당하기 위해 설립된 요크셔 과학 대학이 합쳐져서 탄생했다. 1887년에는 빅토리아대학교 소속이었으나 1903~1904년 사이에 독립해 대학교로 승격됐다. 리즈대학교는 영국 중북부 지역의 교육

리즈대학교의 그레이트 홀

과 산업을 연결하는 중추적인 역할을 하며, 그레이트 홀과 같은 역사적인 건물들도 보유한 국제적 위상을 갖춘 우수한 대학교다.

산업혁명 시대를 주도했던 리즈는 1930년대 영국 제조업의 쇠퇴가 본격화되며 동반 쇠퇴했지만 제2차 세계대전 중 군복과 군수품 생산으로 전환해 일시적으로 회복할 수 있었다. 그러나 1970년대 들어 의류 산업이 값싼 외국과의 경쟁에 직면하면서 돌이킬 수 없이 쇠퇴해 리즈는 전성기 뒤에 오는 고통을 더 크게 느꼈을 것이다.

20세기 후반의 역사를 보면 세계 경제의 전자 인프라와 연결된 '전화 뱅킹 센터'로 발전하려는 비전 외에 기업 및 법률 부문의 성장도 보이며 명품 시장을 활성화하려는 3차 산업의 모습들도 보였다. 그러나 옛 명성을 되찾기에는 한계가 있다. 리즈의 아픈 역사인, 1981년 1월에 일어난 채플타운 폭동이 그 한 모습이다. 카리브해 지역 출신들이 가장 격하게 폭동을 일으켰지만, 폭동의 근본적인 이유는 인종적 긴장, 도심 빈곤, 열악한 주택 및 높은 실업률(당시 경기 침체의 결과로 급격히 증가했다) 때문이었다.

채플타운 폭동 사건은 리즈의 경제적 체질 변화의 과정 중에 나타난 모습이었고 지금은 이 모두를 극복한 3차 산업 중심의 대도시가 됐다. 현재 영국 도시 중 민간 부문 일자리가 가장 빠르게 증가하고 있으며 영국의 모든 핵심 도시 중 공공 부문 일자리 비율이 가장 높은 곳이다. 그런 상징성은 리즈 중심부의 금융빌딩 지역과 주변 40킬로미터 내에서 볼 수 있는 마천루인 브리지워터 플레이스Bridgewater Place가 잘 말해준다.

브리지워터 플레이스

22

셰필드

Sheffield

제철로 유명했던
산업혁명의 핵심 도시

주   사우스요크셔주
인구   556,500명 (2021)

Sheffield

셰필드는 영국 사우스요크셔의 주도이다. 이 도시는 리즈에서 남서쪽으로 약 56킬로미터, 동남쪽으로 약 61킬로미터 떨어져 있다. 셰필드는 영국에서 인구가 다섯 번째로 많은 도시로, 페나인 산맥의 남단과 피크 디스트릭트 국립공원의 동쪽 경계에 인접해 있다. 셰필드는 자연 녹지가 많은 도시로 알려져 있으며, 도시 면적의 60퍼센트 이상이 공원과 숲으로 이루어져 있다. 셰필드는 산업혁명 시대에 철강 산업의 중심지로 철광석이 풍부한 고원 지대에서 다양한 발명과 기술을 개발했다. 도시의 이름은 도시를 가로질러 흐르는 셰프강에서 유래한 것으로 추정된다.

한 사람의 손에 들어간 영국과 감금된 여왕

로마가 브리튼을 점령한 후 여러 곳에 성채를 건설했지만, 셰필드에는 그런 흔적이 남아 있지 않다. 앵글로색슨 시대에는 게르만족이 이곳에 정착해 노섬브리아 왕국을 세웠다. 그러나 9세기 초반, 웨섹스 왕국의 에그버트가 영국 전역을 통일하려는 야심을 품고 남부에서 북상하기 시작했다. 829년, 에그버트는 셰필드 남쪽의 도레^{Dore}라는 작은 마을에서 노섬브리아 왕 에안레드와 만났다.『앵글로색슨 연대기』에 따르면, 에안레드는 에그버트에게 복종을 맹세하고 그의 종속국이 됐다. 영국 역사상 처음으로 한 사람이 영국 전체를 지배하게 된 순간이었다. 도레에서 일어난 이 역사적인 사건을 기념한 비석이 세워져 있다.

노르만인의 잉글랜드 정복 이후 셰필드 성은 앵글로색슨족 정착촌을 통제하기 위해 건설됐다. 당시 노르만족이 지배하던 정착촌은 현재의 셰필드 도심과 비교하면 작은 규모의 마을이었다. 셰필드 성은 현재의 도심 중심부에 있었으나 잉글랜드 내전 때 의회군에게 파괴되어 폐허가 됐다. 그 후에는 다양한 목적으로 사용되다가 1960년대에 개발 때문에 철거되었고, 그 자리에 현대적인 시장이 들어섰다. 그러나 지역 역사를 보존하기 위해 2015년에 시의회는 시장을 철거했다. 현재 셰필드 성의 유적지 일부는 보존되어 있으며, 고고학적 발굴이 진행되고 있다.

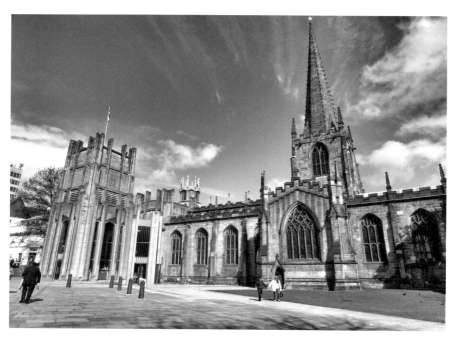

셰필드 대성당

　비록 성은 사라졌지만, 중요한 역사가 기록 속에 남아 있다. 1568년, 스코틀랜드의 장로교도 정치 세력에게 추방된 스코틀랜드의 메리 여왕은 잉글랜드의 사촌 엘리자베스 1세 여왕에게 보호를 요청했다. 그러나 엘리자베스는 국교인 성공회와 대립하는 가톨릭 신자인 스콧 메리를 반갑게 맞이하지 않았다. 스콧 메리는 잉글랜드 내에 여러 성으로 옮겨다니면서 갇혀 있었는데 셰필드 성에서는 14년여를 감금당했다. 그러다 결국 가톨릭 세력과 연관돼 처형됐다. 셰필드 성의 터는 두 여왕의 이야기를 품고 있는 곳이다.

현재 도심 중심지의 북쪽에 셰필드 대성당이 있다. 이곳은 9세기 앵글로색슨 시기에 새워진 돌 십자가가 '셰필드 크로스'라는 이름으로 불리던 장소였으며, 12세기에 교구 교회로 먼저 건립됐다. 그러다 1266년 헨리 3세와 시몽 드 몽포르의 전쟁 때 불이 나서 교회 건물이 파괴됐는데 1430년경에 다시 지어졌고 1914년에 대성당으로 승격됐다. 하지만 이 대성당은 화재로 다시 고난을 겪었다. 1979년에는 원인을 알 수 없는 화재로 종탑이 거의 사라지고, 2020년에도 방화로 인해 대성당 내부가 손상됐다. 이 대성당은 오랜 세월 동안 많은 시련을 겪었지만, 여전히 역사적 가치를 지니고 있다.

아이러니한 것은 여러 화재를 겪은 대성당과 달리, 셰필드에는 15세기경에 지어진 목재 골조의 건물임에도 불구하고 잘 보존된 곳들도 있다는 것이다. 도시 중심의 동쪽 경계선 지역에 있는 1480년경에 지어진 올드 퀸스 헤드라는 술집과 도심에서 좀 떨어진 남쪽에 있는 1500년경에 주교가 된 형제가 지어 '주교의 집'이라 불리는 곳, 또 도심의 서쪽으로 좀 떨어진 지역의 저명인사가 비슷한 시기에 지은 브룸 홀이 온전히 보존되고 있다. 이들을 대성당과 비교하면서 찾아보는 것도 재미있을 것이다.

올드 퀸스 헤드

노동자가 가장 크게 분노한 산업혁명의 핵심지

　　셰필드는 14세기부터 칼 제조의 선두 주자였다. 주변의 물길은 수력 발전에 적합했고, 페나인 산맥에서 채굴되는 석탄과 철광석, 그리고 용광로와 벽돌 제작에 필요한 암석과 모래 등은 칼과 칼날 제작에 필수적인 자원이었다. 1600년까지 셰필드는 런던 외곽에서 가장 큰 칼 제조 지역이 됐고, 1624년에는 커틀러사가 설립되어 칼 무역을 관리하게 됐다. 커틀러사의 본부는 셰필드 대성당 건너편에 있는 커틀러 홀이다. 이 시기의 칼 제품과 제작 과정은 셰필드의 애비데일 인더스트리얼 햄릿Abbeydale Industrial Hamlet 및 셰퍼드 휠^{Shepherd Wheel} 박물관에서 감상할 수 있다.

　대니얼 디포는 영국 여행기에서 17세기 셰필드의 모습을 다음과 같이 묘사했다.

　　이 도시는 인구 밀도가 높고 면적이 넓은 편이었지만, 거리는 좁고 어두운 곳이 많았다. 대장간에서 내뿜는 연기가 공기를 흐리게 하고, 집마다 벽에 검은 재가 묻어 있었다. 이곳의 주요 산업은 자르는 도구의 제작이었다. 칼, 면도기, 도끼, 낫 등 다양한 종류의 도구를 만들어 팔았다. 또한 물레방아를 이용해 숫돌을 돌려 도구를 날카롭게 하는 수력 연삭 작업장이 도시의 여러 곳에 있었다.

　18세기에 산업혁명이 본격화되면서 철과 관련된 혁신적인 기술들이 쏟아져 나왔다. 도가니 강철 공정은 강철의 품질을 향상시켰다. 셰필드 강철판은 은과 구리를 혼합해 은도금할 수 있었다. 19세기 중반에는 베서머 전로라는 장치가 개발되어 대량으로 강철을 제조할 수 있었다. 이 장치는 도심 북부의 돈강 변에 있는 켈럼 아일랜드 박물관에서 볼 수 있다. 이처럼 철의 가공과 생산 기술이 발전하면서 1912년에는 해리 브릴리라는 야금학자가 스테인리스강을 발명했다. 이것은 녹슬지 않아 저렴하고 품질이 좋은 절단 도구를 만드는 데 사용됐다. 셰필드는 이러한 기술들의 중심지였으며,

켈럼 아일랜드 박물관

18세기에는 7000명, 19세기 초에는 6만 명, 20세기 초 45만 명으로 인구가 늘었는데, 대부분은 철강 제조업과 직간접적으로 연관된 일을 했다. 셰필드는 진정 철강의 도시로서 명성을 떨친 것이다.

반면, 제철업의 발전은 도시민들에게 고통스러운 삶도 안겨주었다. 엥겔스는 자신의 저서 『영국 노동계급의 상태』에서 이러한 현실을 상세히 기술했다.

셰필드의 금속 공장에서 일하는 사람들은 좋은 임금을 받고 외모도 깔끔하지만, 건강은 매우 나빴다. 칼이나 포크 같은 제품을 만들거나 다듬는 데에는 강한 힘을 요하는 기계를 사용해야 해서, 몸의 성장이 저해되고 소화기관에 문제가 생긴다. 특히 젊은 여성 노동자들은 칼날이나 포크의 모양을 정교하게 다듬기 위해 건조한 숫돌을 쓰는데, 이 과정에서 자세가 흐트러지고 공기 중의 미세한 금속 가루를 흡입하게 된다. 건조한 숫돌을 사용하는 사람들의 평균 수명은 습기가 있는 숫돌을 사용하는 사람들보다 10년가량 짧아서, 35세 정도밖에 되지 않는다.

이런 열악한 환경은 1860년대에 자본과 노동의 갈등을 증폭시켰고, 일부 노동자들이 일으킨 폭력과 살인 사건으로 절정에 달했다. 이 현상은 '필드 분노'라고 불렸으며 셰필드는 영국에서 노동조합의 활동과 선동이 가장 활발했던 곳 중 하나였다. 그러나 노동조합의 운동도 20세기 후반에 철강과 석탄 산업이 붕괴하면서 사그라졌다. 셰필드의 산업이 망해가는 가운데 새로운 삶을 꿈꾸는 젊은이들의 이야기를 담은 작품이 「풀 몬티The Full Monty」이다. 이 영화는 셰필드의 역사와 문화를 잘 반영하고 있어, 셰필드를 방문한 사람들에게는 더욱 의미 있게 다가갈 것이다.

제철업이 쇠퇴한 20세기 중후반 이후에도 셰필드는 야금 및 제강 분야에서 여전히 세계적인 명성을 유지하고 있다. 셰필드 중심업무 지역은 현대 기술과 전통적인 산업을 조화롭게 결합해 지속적인 발전을 추구하고 있다. 교육 분야도 한몫하고 있다. 셰필드대학

셰필드대학교의 프레드릭 매핀 경 건물

교는 1828년에 의과 대학으로 시작해 공학 연구의 선두 주자로 자리매김했다. 대학교는 노벨상 수상자 6명을 배출하는 등 셰필드 지역의 성장에 크게 기여했다. 또한 다양한 국적의 유학생들을 많이 받아들이고 있으며, 그들의 학비는 지역 경제에 도움이 되고 있다.

스포츠 산업 역시 셰필드의 미래를 위한 중요한 분야이다. 특히, 셰필드 유나이티드 FC는 영국 축구의 역사와 전통을 대표하는 팀으로, 현재까지 사용 중인 축구 경기장 가운데 가장 오래된 경기장을 사용하는 전통의 팀이다.

23

맨체스터

Manchester

산업으로 만든
문화유산을 품은 도시

주　　그레이트 멘체스터주
인구　555,200명 (2021)

Manchester

페나인 산맥 자락에 위치한 피크 디스트릭트 국립공원은 두 도시를 품고 있다. 동쪽에는 셰필드가 있고, 셰필드에서 서쪽으로 51킬로미터 떨어진 곳에 맨체스터가 있다. 맨체스터의 역사는 고대 켈트족의 정착지에서 시작됐다. 그들은 어웰강과 메들록강이 만나는 언덕 위에 마을을 세웠다. 로마인들은 이곳을 정복하고 요새를 건설했다. 그들은 이곳을 마무시움Mamucium이라고 부르기 시작했다. 이 이름은 켈트어로 요새를 의미하는 체(세)스터와 결합해 맨체스터라는 이름이 됐다. 로마 요새는 3세기까지 번영했지만, 그 후에는 점차 쇠퇴했다. 407년경에 로마인들은 이곳을 떠났다. 로마인들이 남긴 유적은 오랫동안 잊혔다가 18세기 말 산업혁명이 일어난 후에 다시 발견됐다. 현재 로마 시대의 유적은 캐슬필드라는 지역에 보

복원된 로마 요새의 일부

존되어 있으며, 방문객들은 복원된 로마 요새의 일부를 볼 수 있다. 이곳은 맨체스터 여행의 첫 번째 목적지로 추천된다.

도심 한복판에 자리잡은 면직물 산업의 중심지

맨체스터는 노르만이 침공한 후에도 별로 매력적인 도시가 아니었다. 맨체스터는 샐퍼드 지역의 일부로 『둠즈데이 북』에 기록되어 있었고, 1215년에 대헌장이 발표된 후에야 자치권을 획득했다. 교구 교회는 있었지만, 그것은 1421년에 대학교회가 설립되기 전까지는 큰 역할을 하지 못했다. 대학교회는 성직자나 수도사가 없는 지역에 왕실의 허가를 받아 건립된 교회로, 일반 신자들의 공동체를 중심으로 운영됐다. 이 교회는 교회의 통치와 의식은 비슷했지만, 주교가 없었고 교구의 책임도 없었다. 지역민들의 기부와 십일조로 유지됐으며 상당히 독립적이었다. 그러다 점차 중앙정부의 간섭을 받게 되어 기존의 교회 체제에 편입됐다. 현재 맨체스터 대성당은 대학교회가 있던 근처에 캐슬필드를 중심으로 도심 북동쪽에 있으며, 대학교회의 전통을 계승하고 있다.

채텀 도서관은 원래 대학교회의 자리에 세워진 역사적인 건물

샐퍼드의 일부였던 맨체스터

맨체스터 대성당

이다. 16세기에 종교개혁으로 대학교회가 폐쇄됐고, 그 후 모직물 상인이자 자선가였던 험프리 채텀이 이 건물을 사들여 북부 잉글랜드의 학자들과 시민들을 위한 독립적인 연구 시설로 개방했다. 채텀 도서관은 그의 유산으로부터 지속적인 자금을 받아 영어권에서 가장 오랜 역사를 가진 무료 공공 참고 도서관으로 남아 있다.

15세기 초 대학교회의 기능이 강화되던 즈음 플랑드르 직공들을 도시에 유치해 모직과 리넨 같은 섬유 산업을 발전시키면서 도시의 경제적, 사회적 역할이 커졌다. 1540년경 영국 시인이자 골동품 수집가인 존 릴런드는 맨체스터를 "랭커셔 지방에서 가장 아름

채텀 도서관

답고, 가장 잘 조성되었고, 가장 번영하고, 가장 인구가 많은 도시"
라고 평가했다. 1600년경부터 면화의 수입이 증가하면서 섬유 산
업의 구조가 바뀌기 시작했고, 1750년경에는 순면 직물의 생산이
양모 직물을 앞질렀다.

　이즈음 맨체스터의 변화로 1736년에 어웰강이 머지강과 만나
소규모 배 운행이 가능해졌다. 머지강은 서쪽으로 흘러 리버풀을
거쳐 대서양으로 이어지므로 두 강의 만남은 맨체스터가 대서양 무
역에 유리한 위치를 확보하게 했다. 게다가 영국 최초의 완전 인공
수로인 브리지워터 운하가 도심의 캐슬필드를 출발점으로 1761년
에 개통된 것은 맨체스터가 발전하는 데 결정적 요인이 됐다. 대서

양에서 들어오는 원면 운송 비용이 절반으로 줄면서 이미 면직물 생산기술을 보유하고 있던 맨체스터가 면직물 산업의 중심지가 되는 것은 시간문제였기 때문이다. 이 외에도 면화 생산품을 다루는 상품 거래소가 1729년에 이미 문을 열었고 생산품을 임시로 저장할 수많은 대형 창고가 생겨나 있었다. 수력방적기를 만든 리처드 아크라이트가 1782년 맨체스터 도심에 최초의 면화 공장인 슈데힐

브리지워터 운하

면화 공장 터였던 CIS 타워

밀Shudehill Mill을 세운 것을 보면 맨체스터가 면직물 산업의 중심지였음을 알 수 있다. 지금 채텀 도서관에서 동쪽으로 한 블록 정도에 있는 고층빌딩인 CIS 타워가 그 면화 공장 터였다.

면화 산업으로 갑작스레 인구가 늘어난 맨체스터가 부딪친 시급한 문제는 도시 거주민들의 식량 배급 문제였다. 이 부분을 해

옥수수 및 농산물 거래소

결한 곳이 대성당 동쪽 인근에 있는 옥수수 및 농산물 거래소^{Corn} ^{Exchange}이다. 1837년에 세워진 거래소는 도시 인구와 비례해 확장됐는데 19세기 후반에는 바로크 양식의 웅장한 건물로 재단장하면서 그 영향력을 과시했다. 그러나 20세기 들어 북아일랜드의 정치적 혼란으로 인해 테러의 표적이 됐고, 많은 사업체가 이곳을 떠났다. 하지만 지금은 쇼핑센터로서 새로운 모습을 보여주며 다시금 활기를 찾았다. 이곳에서 쇼핑하면서 이 건물의 다채로운 과거를 떠올려 보면 더욱 흥미로운 경험이 될 것이다.

코튼폴리스에 사람이 모여 생긴 비극

맨체스터 역사를 훑어보다 보면 이곳이 최초의 면화 산업 도시(코튼폴리스)로 불리는 것이 이해된다. 그러나 이를 확인하기 위해서는 역사적 맥락과 여러 계기를 종합적으로 고려할 필요가 있다.

도시 내 다양한 산업의 발전은 면화 제품생산을 중심으로 이루어졌다. 면화 생산을 위한 기계를 제작하던 엔지니어링 회사들은 다른 제조업으로도 사업 영역을 확장했다. 화학 산업은 표백제와 염료와 같은 면 관련 제품을 생산하면서 시작됐으나 다른 화학 분야로도 진출했다. 공장들을 운영하기 위해서는 금융 서비스 산업이 필수적였고, 은행이나 보험과 같은 기관들이 함께 성장했다. 또한 금융 서비스나 수출과 관련된 통신 산업도 크게 발전했으며, 맨체스터에 있는 우체국은 1878년에 최초로 전화기를 설치하는 등 혁신을 이끌었다.

캐슬필드는 맨체스터 성의 흔적이 남아 있는 역사적인 지역이면서, 면화 제품의 운송과 유통이 발전한 핵심 장소였다. 1761년에는 브리지워터 운하가 캐슬필드에서 시작되어 맨체스터와 리버풀을 연결했다. 이 운하는 최초의 산업 운하로서 무역과 인구의 증가에 이바지했다. 1830년에는 세계 최초의 도시 간 여객 철도인 리버풀-맨체스터 철도가 캐슬필드에 위치한 '맨체스터 리버풀 로드역'에서 출발했다. 이 기차역은 현재 영국에서 가장 오래된 기차역으

맨체스터 리버풀 로드역

로 보존되어 있다. 캐슬필드는 이처럼 운송 인프라와 유통의 혁신
을 통해 산업혁명의 상징으로 남아 있다.

　1888년부터 1894년 사이에 맨체스터 선박 운하가 리버풀에서
맨체스터까지 만들어져 대서양으로부터 들어오는 원양 선박이 도
심에까지 들어올 수 있었다. 도심 인근 운하 둑에 있는 트래퍼드 파
크에는 산업단지가 마련되어 면화 가공 공장은 물론 각종 기계 공
장이 세워져 생산물들이 대량으로 수출되기 시작했다.

　이런 화려한 변화 속에 과거에는 상상할 수 없었던 부정적인 도
시의 모습도 생겨났음을 잊어서는 안 된다. 문제의 배경은 전국 각
지와 외국으로부터 사람들이 갑자기 몰려와서 열악해진 도시 환경

트래퍼드 파크

이다. 사람 간의 환경, 즉 자본가와 노동자 사이의 인권적인 부분도 사각지대가 됐다. 이런 연유로 엥겔스가 생애 대부분을 맨체스터 주변에 머물면서 이론을 정리했고 마르크스가 엥겔스와 만난 장소도 채텀 도서관으로 그 곳곳에 흔적을 남겨 놓았다. 또 1868년에 맨체스터 중심부의 메카닉스 인스티튜트에서 열린 첫 노동조합총회 TUC는 노동당과 참정권 운동의 중요한 요람이 되기도 했다.

그러나 역사적으로 가장 기억하는 노동자의 투쟁의 뿌리는 피털루 학살 사건에서 비롯된다. 1819년 8월 16일, 맨체스터의 세인트 피터스 필드에서 남성 참정권을 전제로 한 의회 개혁을 촉구하는 약 6만 명의 시위대에 기병대가 돌진해 18명이 숨지고 약 500명이 다친 비극적인 사건이다. 이 사건은 노동자들의 권리와 정의를

메카닉스 인스티튜트

피털루 학살 기념비

위한 투쟁의 상징이 됐다. 메카닉스 인스티튜트에서 서쪽으로 가까운 곳에 피털루 학살 기념비가 원형으로 세워져 있어 노동운동의 뿌리를 되새기게 한다. 피털루란 표현은 세인트 피터스 필드란 광장과 워털루 전투를 합성한 패러디적 또는 비꼬는 의미를 담고 있으며, 사건의 심각성을 강조하기 위한 표현이다.

맨체스터는 산업혁명의 중심지로서 역사적으로 큰 발전을 이루었다. 그러나 산업 구조의 변화와 함께 도시의 위기도 겪었다. 이를 극복하기 위해 맨체스터는 지역을 확장하고, 지식 기반 산업으로 전환하고, 스포츠와 문화를 강화하는 전략을 채택했다. 이러한 노력의 결과로 맨체스터는 오늘날 영국에서 가장 활기찬 도시 중 하나로 손꼽힌다. 맨체스터의 성공 요인으로 몇 가지를 꼽을 수 있는데, 먼저 맨체스터가 산업혁명 시기에 크게 성장한 도시 외곽에 있는 부유한 지역들과 협력해 행정적으로 하나의 지역으로 통합했다는 부분이다. 이를 통해 도시의 재정과 규모가 증대됐다. 또 맨체스터는 세계적인 연구 성과와 명성을 자랑하는 맨체스터대학교도 보유하고 있다. 이 대학교는 영국 전체에서 3번째로 크며 학부 지원 수로 보면 최상위 인기를 누린다. 25명의 노벨 수상자를 배출한 연구 대학교로서 과학 기술 분야에서 특히 뛰어난 성과를 내며, 도시의 인재 유치와 혁신에 기여하고 있다.

맨체스터도 많은 지역 문화유산을 품고 있는데, 사회·정치적 문제를 탐구한 맨체스터 출신 안톤 파머나 음악적 유산을 세계에 알

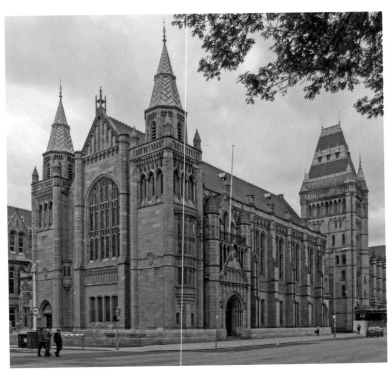

맨체스터대학교

리며 도시의 문화적 정체성을 보여준 록밴드인 오아시스 등이 눈에
띈다.

마지막으로 맨체스터는 프리미어 리그에서 활약하는 두 개의
세계적인 축구클럽, 맨체스터 유나이티드와 맨체스터 시티가 있다
는 점이다. 둘 다 잉글랜드 최상위 리그인 프리미어 리그에서 경쟁
하며, 전자는 2019년 세계에서 세 번째로, 후자는 2022년에 여섯

번째로 세계에서 가치 있는 축구클럽이었다. 이들은 도시의 상표 가치와 관광 수입을 높이고, 시민들에게 자부심과 희망을 주고 있다. 특히 맨체스터 유나이티드 FC에서 박지성 선수는 2005년부터 2013년까지 뛰면서 세계적으로 주목받는 축구선수가 됐다. 오늘도 도시를 중심으로 동서쪽으로 세워져 있는 양 클럽의 스타디움에서 터지는 함성이 도시 중심부로 울려 퍼져 오는 듯하다.

24

리버풀

Liverpool

다양한 문화가
공존하는 항구 도시

주 머지사이드주
인구 552,000명 (2021)

Liverpool

리버풀은 머지강이 아일랜드해로 흘러 나가는 어귀에 있는 영국의 항구 도시다. 리버풀이라는 이름은 강가의 진흙을 의미하는 'Liuerpul'과 웅덩이를 의미하는 'pool'이 결합한 것으로 전해진다. 이곳의 주민들은 스카우저[Scouser]라고도 불리는데, 이는 쇠고기나 양고기, 감자, 당근, 양파 등으로 만든 스튜인 스카우스를 즐겨 먹는다는 뜻에서 비롯됐다. 참고로 스카우스는 과거 북유럽 선원들의 음식인 랍스카우스에서 유래했다. 로마 시대에 리버풀은 체(세)스터 요새의 소속이었으며, 그 이후에도 게르만족들이 정착하긴 했지만, 인구가 많지 않았다. 14세기에도 주민 수가 1000명을 넘지 못했으며, 1650년대에는 오히려 600여 명으로 줄어들었다. 그러나 19세기에 들어서면서 산업혁명과 제국주의의 영향을 받아 리버풀은 영

체스터 요새 소속이었던 리버풀

국에서 두 번째로 큰 도시로 성장하게 됐다. 이것은 역사적으로 매우 놀라운 변화였다.

도시의 상징이 된 범죄자 구류 시설

리버풀은 1207년 존 왕의 허가를 받아 정착촌에서 소도시로 승격됐다. 그러나 이후 수백 년 동안 리버풀은 경제적으로 그다지 성장하지 못했다. 1571년에는 엘리자베스 1세 여왕에게 "폐하의 가난하고 쇠퇴한 리버풀 마을"이라고 도시의 가난한 상황을 표현하고 호소하며 도움을 요청한 사례가 있다. 정작 이러한 요청을 들어준 것은 1626년 찰스 1세가 리버풀에 왕실 헌장을 내려준 때였다. 이 헌장 덕분에 리버풀은 인근 디강에서 채굴한 토사를 체스터나 맨섬 등에 판매할 수 있는 권리를 얻었다.

하지만 이 도시가 세상에 알려진 것은 경제적 성장보다는 정치적 사건 때문이었다. 1644년, 잉글랜드 내전 시기에 왕당파의 총사령관이었던 루퍼트 왕자(컴벌랜드 공작)가 만 명의 군대를 이끌고 의회파의 요새였던 리버풀 성을 16일 동안 공격했던 사건이다. 당시 루퍼트 왕자는 현재 리버풀의 중심부인 에버턴 지역에 진지를 구축하고 공격을 지휘했는데, 내전이 끝나고 100년 뒤 이곳에 경찰에 체포된 지역 주민들과 범죄자들을 잠시 가둬놓는 에버턴 구치소가 세워졌다. 흥미로운 점은 이 건물을 잉글랜드 내전의 역사를 기려 루퍼트 왕자의 타워라고 부르며 관광지로 활용하고 있다는 것이다. 더욱이 이 타워의 모습은 프리미어 리그에서 유명한 리버풀 연고 팀인 에버턴 FC의 상징으로 쓰이고 있다.

에버턴 락업, 루퍼트 왕자의 타워

리버풀의 경제적 융성과 도시화의 시작은 항구에 있는 리버풀 박물관에서 확인할 수 있다. 박물관 기록을 보면, 1699년에 최초의 노예선이 리버풀항에서 출항했고, 1862년에 마지막으로 기록된 노예 항해가 있었다. 이 기간에 총 4973회의 노예 항해가 이루어졌는데, 이는 리버풀의 역사에 부끄러운 오점이지만, 가난하고 쇠락했던 도시를 번영시킨 원인이기도 했다. 물론 리버풀의 발전은 노예무역에만 의존한 것이 아니었다. 리버풀 항구는 석탄, 면화, 담배 등 다양한 화물과 원자재도 교역했다. 1715년에 선박의 출입과 화물 처

세계 최초 상업용 밀폐형 습식 독

리의 효율성을 높이는 세계 최초의 상업용 밀폐형 습식 독이 건설
됐다. 100척의 선박을 동시에 수용할 수 있는 규모의 무역항이 된
리버풀은 노예무역을 주력으로 하는 브리스틀과 경쟁하며 런던을
넘는 금융 중심지가 됐다.

　　리버풀 태생의 정치인 윌리엄 로스코는 1806년부터 1807년까
지 리버풀의 의원으로 고향의 노예무역 문제점을 역설하며 1807년
노예무역 폐지법안 통과에 큰 역할을 했다. 이 법안은 노예무역을
억제하는 수단으로 노예무역 시 100파운드의 벌금을 부과했다. 노
예제도 폐지를 위한 중요한 첫 걸음으로 간주되는 이 법안의 결과,

1808년에 29번의 노예 항해선이 리버풀을 떠났지만 1809년에는 한 번도 떠나지 않았고, 1810년에 2번, 1811년에 2번 더 떠났을 뿐이다. 참고로 1811년에 헨리 브로엄을 포함한 여러 정치인들이 주도해 노예무역 중범죄법을 제정하고 노예 상인에게 21년간 식민지로 추방하는 형벌까지 규정되자 노예무역은 거의 사라졌다. 궁극적으로 이 법은 1833년 월버포스

윌리엄 로스코 초상화

를 중심으로 한 노예금지법이 통과되는 데도 중요한 역할을 했다.

과거를 깔끔하게 인정하고 나아가는 도시

리버풀은 노예무역을 통해 부를 쌓았지만, 이는 월버포스를 인간의 존엄성을 무시한 비인도적인 행위였다. 그러나 리버풀은 노예무역이란 자신들의 과거를 숨기거나 부인하지 않고, 노예 폐지 법안 상정에 적극적으로 참여하며 오히려 잘못을 직시하고 반성하며 사과하려는 자세를 보였다. 이런 부분을 함께 보면, 리버풀이 더

욱 성숙하고 책임감 있는 도시로 보일 뿐 아니라 그곳의 아름다움을 더욱 즐길 수 있다.

리버풀은 노예무역이란 부담스러운 역사를 도려내던 중에 경제적으로 도약했다. 18세기에 서인도 제도에서 들여온 면화는 대서양을 건너 리버풀 항구로 수입됐다. 사실 리버풀은 노예무역을 위해 최초로 건설된 습식 독이 있어 이미 무역항으로 주목됐다. 19세기에는 서인도 제도의 면화 생산이 브라질이나 미국으로 이동했지만, 리버풀은 여전히 면화의 주요 수입지였다. 이러한 경제적 여건으로 1790년에 리버풀에 미국의 첫 영사관이 개설됐다. 또한 동인도 회사의 독점이 종료되면서 인도나 극동에서도 면화가 들어왔다. 리버풀은 수입한 면화를 주로 맨체스터와 랭커셔의 직물 공장으로 운송하는 역할이었다. 이에 힘입어 1824년부터 1858년까지 56만 제곱미터의 면적을 포함해, 총 길이가 16킬로미터에 달하는 부두가 새롭게 확장 건설되면서 산업무역 도시로 성장했다.

18세기 초에 약 6000명이던 도시의 인구는 세기 말에 이르러 8만 명으로 증가했다. 인구가 늘자 사람들이 오가는 주변 지역과의 육로 및 해상 교통이 꾸준히 발전해 산업무역 도시로서의 면모를 갖췄다. 1721년에 리버풀과 맨체스터 사이에 운하로 처음 연결됐고, 1816년에는 리즈 운하가 연장됐다. 1830년에 증기 기관차로만 운영하는 세계 최초의 도시 간 철도인 리버풀 맨체스터 철도가 시작됐다. 이 철도는 여러 면에서 최초란 기록이 있다. 최초의 복선 선

새롭게 확장된 부두 공간

로로 최초의 철도 신호시스템과 최초의 운행 시간표를 갖추고 철도 최초로 우편물을 수송한 것 등이 이에 해당한다. 1893년에는 리버풀 부두를 따라 운행되는 세계 최초의 전기 고가철도인 리버풀 오버헤드 철도가 개통됐는데 이 철도도 여러 최초의 기록이 있다. 최초의 자동신호, 최초의 전기 컬러조명신호 및 전기 다중장치를 사용한 것은 물론 시포스 샌즈Seaforth Sands역에 만들어진 에스컬레이터가 최초의 승객용 에스컬레이터 중 하나라는 기록이다. 위의 모든 조건이 조화롭게 작용하면서 리버풀은 영 제국의 '제2의 도시'라고 불리게 됐다.

리즈까지 연결된 리즈-리버풀 운하

리버풀 오버헤드 철도

이민자들의 색으로 물든 도시

리버풀 항구는 17세기부터 19세기까지 대서양 무역의 중심지로서 영국 산업의 발전에 필요한 목재와 면화와 같은 원자재를 수입하고, 영국의 제조품을 수출하는 역할을 했다. 또한 많은 이민자가 도착하거나 북아메리카와 서인도 제도로 떠나는 항구이기도 했다. 특히 리버풀은 유럽 대륙에서 아메리카로 가려는 이민자들이 모여드는 항구였다. 증기선으로 북해를 건너 킹스턴어폰헐까지 온 유럽의 이민자들은 다시 기차를 이용해 리버풀로 이동했다. 리버풀은 스칸디나비아, 러시아, 폴란드 등 북부 유럽 국가에서 온 이민자들을 수용하고 보내기에 적합한 이민 항구로 점점 이름이 높아졌다. 리버풀의 앨버트 독에는 이민자 가족의 모습을 담은 동상이 있는데, 이는 킹스턴어폰헐에 있는 이민자 가족 동상과 비슷한 모습이다.

이민자 가족 동상

1845년부터 1849년까지는 대기근으로 인해 많은 아일랜드 이민자가 유입됐다. 1847년에는 약 30만 명의 아일랜드인들이 이곳에 도착했으며, 1851년에는 아일랜드

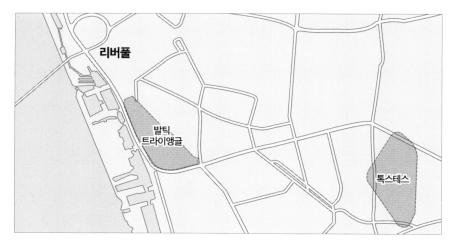

리버풀 도심의 발틱 트라이앵글과 톡스테스

출신이 리버풀 인구의 4분의 1에 달했다. 아일랜드 문화의 영향은 여전히 리버풀 도심의 발틱 트라이앵글Baltic Triangle에서 볼 수 있다. 이 지역은 과거 아일랜드인 사회의 중심지였다. 리버풀은 다른 국가들의 이민자들도 받아들였다. 스코틀랜드 로드 근처의 거리는 작은 이탈리아Little Italy라고 불리는 이탈리아인들의 거주지였다. 또한 웨일스에서 온 사람들도 많았기 때문에 리버풀은 북웨일스의 수도라고도 불린다.

리버풀 부두를 중심으로 이곳에 들어온 아일랜드인들의 상당수는 북미로 다시 이민을 갔고 비슷한 처지의 다양한 문화권의 이민자들도 그와 같은 움직임을 보였다. 자연스레 도시 전체가 이민자들이 북적이는 곳이 됐다. 또 양차 세계대전이 끝난 후, 리버풀 지역에서 복무한 적 있던 영연방 국가들의 군인과 선원 상당수도 이곳으로 이민을 왔다. 19세기 중반에 리버풀을 통과하거나 들어오는 이민자들은 '러너runners'로 알려진 지역 사기꾼들의 괴롭힘과 사기에 시달렸다. 러너들은 자주 이주자들의 짐을 낚아챘고, 이주자가 거액의 돈을 지급해야만 짐을 돌려주곤 했다. 이 때문에 이민자들은 자구책으로 자연스레 이민자 공동체를 형성했는데, 이들은 대부분 집값이 저렴한 톡스테스Toxteth와 같은 오래된 도심 지역에 정착했다. 이러한 이유로 영국에서 가장 오래된 흑인 공동체, 유럽에서 가장 오래된 중국인 공동체, 영국 최초의 모스크도 모두 리버풀에 자리 잡고 있다.

리버풀은 다양한 문화가 공존하는 도시다. 이곳은 오랫동안 해외로부터 영향을 받아왔으며, 특히 미국의 음악이 큰 역할을 했다. 1960년대에는 비틀스를 비롯한 리버풀 출신의 록 밴드들이 '머지 비트'라는 새로운 장르를 만들어냈다. 이들은 영국의 전통적인 음악과 미국의 리듬 앤드 블루스, 록 음악을 결합해 전 세계적인 인기를 얻었다. 리버풀은 현대 음악만이 아니라 클래식 음악도 잘 알려져 있다. 1840년에 창단한 로열 리버풀 필하모닉 오케스트라는 영국에서 가장 오래된 전문 오케스트라로, 고전과 현대를 아우르는 다양한 곡들을 연주한다. 리버풀은 음악의 역사와 현재를 함께 보여주는 독특한 도시라고 할 수 있다.

1970년대 중반부터 리버풀은 영국 정부가 펼친 자국의 식민지

더 비틀스 스토리

로열 리버풀 필하모닉 오케스트라

독립 추진 및 서비스업의 활성화 같은 탈식민지화와 탈산업화 정책의 영향으로 부두와 제조업이 쇠퇴했다. 컨테이너화化 도입으로 도시의 부두는 대부분 사용할 수 없게 됐고, 실업률은 영국 최고 수준에 이르렀다. 시민들은 런던의 중앙정부에 강한 좌익적 반감을 표출했다. 그러던 1981년 7월, 톡스테스의 이민자들이 주로 거주하던 곳에서 폭동이 발생했다. 이 폭동은 큰 충격을 주었다. 폭동은 9일 동안 계속됐고, 500명 이상의 경찰관이 다치고, 200명 이상이 체포됐다. 또한 최소 70채의 건물이 화재로 파괴됐다. 이때 경찰은 북아일랜드를 제외한 영국에서 처음으로 민간인에게 최루탄을 사용했다.

리버풀은 1980년대 후반에 앨버트 독이 복합 단지로 개발되면서 부흥의 기회를 잡았다. 앨버트 독은 부두 건물과 창고로 이루어

앨버트 독

져 있으며, 선박이 부두에서 직접 상품을 적재하거나 하역할 수 있는 편리한 시설이다. 리버풀 항구는 이제 영국에서 네 번째로 큰 항구이며, 미국과의 무역에서 45퍼센트의 비중을 차지한다. 항구의 회복을 바탕으로 리버풀은 해양 산업, 관광, 문화, 의료, 생명 과학, 크리에이티브 및 디지털 분야에서도 성장하고 있다. 그 중심에 대학의 역할도 상당한 부분을 차지한다. '붉은 벽돌로 지은 대학'이란 상징성을 가진 6개의 시민 대학교 중 최초로 세워진 리버풀대학교가 동문과 교수진을 아울러 10여 명이나 노벨 수상자를 배출했다.

붉은 벽돌로 지은 대학, 리버풀대학교

25

랭커스터

Lancaster

붉은 장미를 품은
면화 산업 도시

주   랭커셔주
인구 142,900 (2021)

Lancaster

랭커스터는 영국 북서부에 있는 중요한 경제 및 상업 도시이다. 도시 중심으로 룬강이 흐르고 있으며, 강의 하구는 모어컴만^{Morecambe bay}라는 천연 항구로 대서양과 연결되어 있다. 이러한 지리적 조건은 해외무역에 유리했다. 또한, 룬강은 로마 시대의 요새와 결합해 랭커스터라는 이름의 기원이 되기도 했다. 랭커스터를 본거지로 한 가문은 장미전쟁에서 활약하고 세 명의 왕을 배출한 왕실 가문이기도 했다. 이 가문의 시조는 헨리 3세의 아들 에드먼드 크라우치백으로, 1265년에 레스터 백작으로 임명되었고, 1276년에는 랭커스터 백작령으로 랭커스터 지역의 영주권을 얻었다. 그러나 1362년에 에드워드 3세의 둘째 아들 존 곤트가 랭커스터 공작 직위를 받으면서 랭커스터와 레스터는 작위가 분리됐고, 현재는 랭커스터 공작으로만 불리게 됐다.

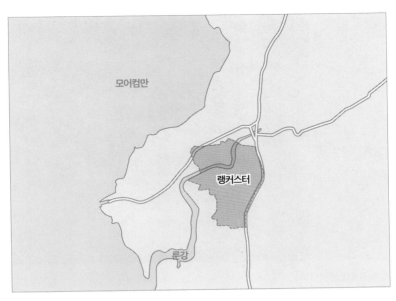

룬강의 하구, 모어컴만

로마의 땅에 세워진 랭커스터 성

　　랭커스터의 상징인 성은 도심의 서편 언덕에 위치해 룬강을 전망할 수 있는 전략적인 지점에 있다. 고고학적 조사에 따르면 이곳은 고대 로마의 요새 터였다고 추정된다. 그 증거로 서기 60년경에 만들어진 로마 동전이 발견됐으며, 성 근처에는 로마목욕탕의 흔적이 남아 유적으로 보존되고 있다. 지금 성은 노르만 시대에 건설된 것으로, 정확한 연대는 알 수 없다. 아마도 윌리엄 2세가 스코

로마 목욕탕 유적

틀랜드와의 국경을 칼라일^{Carlisle}로 정한 1092년 이후에 이 지역을 국경 방어의 중심지로 삼아 성을 지었다고 추측된다.

국경 방어가 목적이었던 랭커스터 성은 스코틀랜드와 잉글랜드 국경 분쟁의 중심지였다. 12세기 중반에 헨리 1세가 죽자, 사촌 스티븐이 계승자인 헨리의 딸 마틸다를 몰아내고 왕위를 차지했다. 이에 불복한 마틸다와 왕위를 지키려는 스티븐 사이에 전쟁이 일어나 잉글랜드는 혼란해졌다. 이 시기에 스코틀랜드의 데이비드 1세는 스코틀랜드의 영토를 확장하려 랭커스터 지역으로 넘어와 성을 침공한 적이 있다. 하지만 잉글랜드의 헨리 2세가 왕위에 오르면서 침략은 멈추었다. 또 14세기에는 에드워드 1세가 잠시 스코틀랜드

랭커스터 성

중남부를 통치했으나 1307년 그의 사망으로 스코틀랜드 왕가인 브루스 가문의 로버트 브루스(후에 로버트 1세가 됨)가 독립운동을 벌이던 중, 국경을 넓히기 위해 1322년에 에드워드 2세 통치에 있던 랭커스터 성을 공격해 일부 시설을 파괴한 사건이 있었다.

이후 성은 역사 속에 잊힌 듯 보이다가 랭커스터 가문의 첫 왕인 헨리 4세가 성을 대대적으로 수리하면서 다시 주목받았고, 그의 아들이자 백년전쟁 후반기의 주인공인 헨리 5세 때 화려함을 되찾았다. 그러나 엘리자베스 1세 때가 되면 또 다른 모습으로 주목받는다. 엘리자베스 1세는 성공회를 국교로 선포하고 남아 있던 가톨릭 성직자들을 색출하란 명을 내렸는데 랭커스터 주변에서 색출된 가톨릭 성직자들을 재판하고 가둘 곳으로 이 성이 쓰였다. 1584∼1646년 사이에 15명이 이 성에서 재판받고 처형되었고, 유명한 펜들 마녀 재판도 이곳에서 진행됐다. 상세한 기록이 남아 있는 이 재판은 17세기 랭커셔의 펜들 힐 지역에서 전통 치료사로 약재를 활용해 치료하던 이들이 마법을 써서 10명을 살해했다는 혐의로 기소된 사건이다. 재판 결과 관련자인 12명 중 10명이 처형됐다. 이후 이곳은 세간에 국경의 전략 요충지보다 감옥으로 더 유명해졌다.

18세기 산업혁명기에는 정치범보다 경제사범이 더 많이 처벌됐다. 1782년부터 1865년까지 랭커스터 성에서 약 265명의 사람이 교수형을 당했다. 이곳은 행잉 코너 Hanging Corner라고 불리며, 현재도 성 안에 남아 있다. 이후 제1차 세계대전 때는 독일 민간인과 전쟁 포로를 수용했고, 1955년부터 2011년까지는 교도소로 사용됐다. 지금은 일부 지역이 개방되어 관광객들을 위한 명소로 변모했다. 특히, 펜들 마녀 재판의 역사를 주제로 한 랭커셔 마

감옥으로 더 유명해진 랭커스터 성

랭커셔 마녀 산책로

녀 산책로가 눈에 들어온다. 이 산책로는 펜들 지역의 배로포드란 마을에서 시작해 랭커스터 성까지 82킬로미터에 이르는 길이다.

노예도, 면화도 사라진 하이테크 도시

18세기, 랭커스터 성에서 내려다보이는 룬강 변에 세인트 조지스 키 항구가 생겼다. 이곳은 랭커스터의 황금시대를 이끌던 중요한 무역 거점으로 북아메리카와 서인도 제도의 식민지와의 교역을 통해 설탕, 면화, 럼주, 마호가니, 가구 및 잡화 등을 수입하고 수출했다. 또한 노예무역이 이루어진 곳이기도 하다. 당시 영국에서 네 번째로 큰 노예무역 중심지였던 이곳에서 노예 상인 출신 인물

몇몇은 영향력을 행사했으며 의회의 랭커스터 항구 개발 지원을 얻는 데에도 중요한 역할을 했다. 덕분에 랭커스터가 리버풀과 견줄 만한 성장을 이루었다. 랭커스터에서 활동한 노예 상인 중 가장 유명한 인물은 토머스 힌데이다. 그는 네 차례의 노예무역에 참여했으며, 나중에는 항만위원과 시장으로서 도시를 이끌었다. 랭커스터에서 건조된 마지막 노예선은 트라팔가호였다. 1806년에 브록뱅크 조선소에서 만들어진 267톤의 배는 랭커스터 시립박물관에 그림으로 남아 있다.

하지만 룬 강의 토사가 쌓이면서 세인트 조지스 키는 주요 항구에서 물러났다. 대신 강의 하구에 있는 항구인 글래슨 독Glasson Dock

세인트 조지스 키 항구

과 선덜랜드 포인트Sunderland Point가 활기를 띠었다. 이에 따라 랭커스터의 무역은 점점 줄어들었다.

이즈음 랭커스터에 새로운 산업이 주목받았는데 면화 방적과 직조였다. 당시 영국은 인도로부터 대량의 면화를 수입했으나, 인도의 독립운동과 프랑스의 방해로 공급이 불안정해졌다. 영국 정부는 다른 지역(미국)에서 면화를 재배하고 이를 국내에서 가공하는 것을 장려하기 시작했다. 랭커스터는 이러한 정책에 적극적으로 응답했다. 랭커스터 인근에는 천연자원인 석탄과 빠르게 흘러가는 하천이 많았다. 증기기관의 발명과 천연자원의 중요성 덕분에 증기기관을 이용하기 쉬운 방적 기계 공장이 랭커스터에 속속 들어섰다.

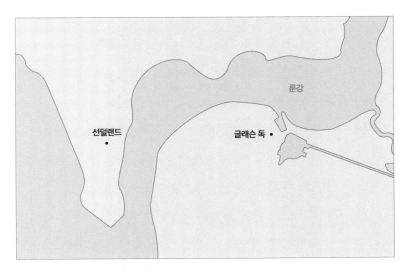

글래슨 독과 선덜랜드 포인트 지도

1830년에는 리버풀과 맨체스터를 연결하는 철도가 개통되면서 면화가 더 빠르게 방적 공장으로 운송될 수 있었다. 또한 랭커스터 기반의 방적업자들은 리버풀을 통해 수입되는 면화를 수입 중개인과 쉽게 거래할 수 있게 되었고, 완성된 면제품도 철도를 이용해 리버풀로 운송해 중개인에게 위탁하는 방식으로 처리됐다. 이로 인해 면화 산업을 주축으로 하는 회사의 수가 기하급수적으로 증가했고, 랭커스터는 면화 산업의 중심지로 자리잡았다.

1860년에는 랭커스터와 그 주변에 2650개 정도의 방적 공장이 있었고 고용자만 44만 명으로 세계 면화의 과반을 이곳에서 생산했다. 그러나 1856~1860년 사이 중국과 치른 2차 아편전쟁, 1861~1865년 사이에 면화 생산의 주축이던 미국에 남북전쟁이 일어나면서 면화가 원활히 공급되지 않아 면화 기근의 시기를 겪었다. 하지만 이런 경험을 교훈으로 삼아 인도뿐만 아니라 이집트, 아프리카 등등으로 공급지를 다양화해 면화 산업의 호황을 다시 이어갔다. 그 정점은 애슈턴 기념관에서 확인해 볼 수 있다. 직물 사업가이자 자유당 정치인이며 백만장자였던 제임스 애슈턴이 1907~1909년 사이, 윌리엄슨 공원에 아내를 위해 새운 건축물인데 당시 랭커스터의 화려함이 이 건축물에 모두 녹아 있다.

그러나 랭커스터의 면화 산업은 영원하지 않았다. 제1차 세계대전이 종식되면서 영국 제국의 세력이 약화되고, 면화 수출 시장이 위축됐다. 그 결과, 1930년대부터 랭커스터의 면화 공장들이 하나

면화 기근 그림

애슈턴 기념관

둘씩 문을 닫기 시작했고, 약 35만 명의 노동자가 일자리를 잃었다. 산업혁명의 영광이 사라진 후, 랭커스터는 잉글랜드 북부의 다른 도시들처럼 경제위기와 실업 문제에 직면했다. 이러한 어려운 상황에서 랭커스터는 어떻게 부흥의 길을 찾았는지, 그 과정은 매우 궁금증을 자아낸다.

랭커스터는 현재 정보 기술 및 통신 분야의 발전에 힘을 쓰고 있다. 이러한 하이테크 산업은 서비스 지향적인 도시로 거듭나려는 노력의 결과로 보인다. 또한 랭커스터는 공정무역 도시로서 무역의 전통을 이어가고 있으며 동물 사료, 섬유, 화학, 축산, 종이, 합성 섬유, 농기계, 대형 트레일러 및 미네랄 섬유 등 다양한 상품을 거래하고 있다.

한편 영국 역사에 익숙한 사람들은 랭커스터와 요크 가문 사이의 왕위 다툼인 장미전쟁을 잘 알 것이다. 그러나 사실 랭커스터에는 역사적인 흔적이 별로 남아 있지 않다. 그럼에도 주의 깊게 찾아보면 장미전쟁은 스포츠 분야에서 여전히 진행 중임을 알 수 있다. 1965년에 첫 행사를 치른 이래 매년 랭커스터대학교와 요크대학교가 40여 종목의 스포츠에서 우위를 겨루는 장미 토너먼트를 개최하고 있기 때문이다.

3부

고립적이고 자연 중심적인
잉글랜드 이외 지역

켈트족 도시들

스코틀랜드, 웨일스, 북아일랜드

유럽에 근거를 둔 켈트족은 영국 제도諸島로 건너와 현재의 잉글랜드, 스코
틀랜드, 웨일스, 아일랜드의 원주민이 됐다. 이후 로마와 앵글로색슨족의 침
략으로 잉글랜드 켈트족은 여러 민족 속에 녹아들어 갔지만, 침략을 막아낸
스코틀랜드나 웨일스, 아일랜드 켈트족은 자신의 문화를 이어갔다. 특히 켈
트 언어는 고대 웨일스어(컴브릭), 고대 콘월어, 고대 게일어, 그리고 고대 아
일랜드어가 있는데, 이런 언어의 차이가 각 지역에 독특한 문화를 만들었다.
그 결과 오늘날도 이 지역들은 여전히 강력한 켈트 문화의 존재감을 드러내
고 있다. 각각의 왕국들이 존재했던 이 지역들은 결국 16~17세기에 잉글랜
드에 복속한다. 20세기에 들어서 북쪽 지역 일부(북아일랜드)를 제외한 아일
랜드는 공화국으로 독립했다. 켈트족 도시로는 영국(브리튼)에 속한 스코틀
랜드와 웨일스, 그리고 북아일랜드의 주요 도시로 에든버러, 글래스고, 카디
프, 스완지, 벨파스트를 살펴보고자 한다.

26

에든버러

Edinburgh

종교개혁의 성지이자
스코틀랜드의 수도

주	시티 오브 에든버러
인구	506,520명 (2022)

Edinburgh

에든버러는 스코틀랜드의 수도로서, 북해와 포스만에 접한 동쪽 해안에 있는 도시이다. 이 도시는 중심부에서 남서쪽으로 8~10킬로미터에 위치한 펜틀랜드 힐스라는 구릉지, 그리고 아몬드강과 에스크강 사이에 있어서 도시로 발달하기에 적합한 지형이다. 15세기부터 스코틀랜드의 정부, 의회, 법원 등이 모여 있었던 역사적인 도시였으며, 현재 스코틀랜드 자치 정부의 수도로서 인구가 스코틀랜드에서 두 번째로, 영국 전체에서는 일곱 번째로 많다. 에든버러라는 이름은 켈트인들이 세운 언덕 요새 중 하나인 아이딘Eidyn에서 유래됐다고 알려져 있다. 아이딘은 현재 에든버러 성이 있는 캐슬 록 지역이라고 추정된다. 에든버러의 버러burgh는 스코틀랜드식으로 도시나 마을을 뜻하는 말이다.

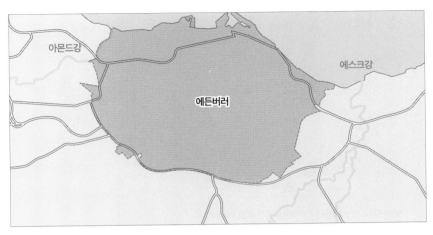

펜틀랜드 힐스와 두 강에 둘러싸인 에든버러

스코틀랜드의 근본을 느낄 수 있는 곳

에든버러를 둘러보려면 웨이벌리 기차역에서 시작하는 것이 좋다. 도시의 중심부에 있는 역에서는 동서로 펼쳐진 왕실과 정부의 건물들을 쉽게 만나볼 수 있다. 도시의 상징적인 에든버러 성은 기차역에서 서쪽으로 뻗어 있는 고지대에 자리 잡고 있다. 성으로 가는 길 중 하나는 기차역에서 북쪽으로 조금 걸으면 만나는 프린스 스트리트를 따라 서쪽으로 가는 것이다. 이 거리는 18~19세기 조지 왕조 시대의 건축물들로 장식되어 있으며, 뉴타운이라고 불리는 지역을 지난다. 프린스 스트리트를 걷다 보면 특이한 첨탑 모양의 기념탑을 발견할 수 있다. 이 탑은 『아이반호』로

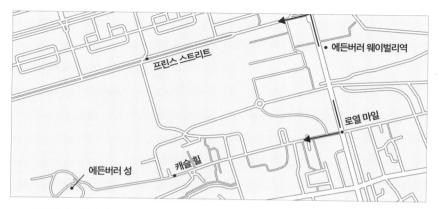

웨이벌리 기차역에서 시작하는 에든버러 여행 지도

월터 스콧 기념탑

유명한 스코틀랜드의 문
호 월터 스콧을 기리기 위
해 세워진 것이다. 월터
스콧은 에든버러의 옛 도
심인 칼리지 와인드에서
태어났으며, 지금도 스코
틀랜드인들에게 큰 존경
과 사랑을 받고 있다.

에든버러 성에 가는
또 다른 방법은 기차역에
서 남쪽으로 걸어가다 만
나는 하이 스트리트로 가

에든버러 성

는 것이다. 길을 따라 서쪽으로 쭉 가면 성의 정문에 도착한다. 하이
스트리트와 그에 이어지는 캐논 게이트는 로열 마일에 속하는데,
거리의 양쪽 끝에 있는 에든버러 성과 홀리루드 궁 사이가 약 1마
일(1.6킬로미터)이기 때문이다. 하이 스트리트는 예술과 문화가 풍부
한 곳으로, 다양한 상점과 카페, 박물관 등이 즐비하다. 로열 마일을
통해 에든버러 성을 방문하는 것이 더 흥미로울 수 있다.

　캐슬 록 위에 우뚝 선 에든버러 성은 스코틀랜드의 오랜 역사를
담고 있다. 9세기에 스코트족과 픽트족을 통합한 케네스 1세가 퍼

성 마거릿 채플

스 인근 스콘 성에서 시작한 왕궁이 11세기에 에드거가 에든버러로 옮기면서 이곳이 됐다. 12세기 초 데이비드 1세가 성 내부에 어머니인 마거릿을 기리며 성 마거릿 채플을 세워 성을 더욱 확장했다. 이 채플은 현재 스코틀랜드에 남아 있는 가장 오래된 건물로 볼 수 있다. 1603년 스코틀랜드가 잉글랜드와 통합 왕국이 되면서 제임스 6세가 런던으로 간 후에는, 이 성은 버려진 듯 방치됐다. 그러다가 제임스 1세가 떠나 있던 스코틀랜드를 방문할 때를 정하고 이를 대비해 그동안 비워둔 성을 수리했지만, 정작 방문 당시엔 성에서 잠깐 일을 보기만 하고 홀리루드 궁에 가서 머물렀다. 그의 아들 찰스 1세도 한 번만 성에 방문했는데, 1633년에 스코틀랜드 대관식을 앞두고 그레이트 홀에서 열린 연회 때였다. 그를 마지막으로, 군주가 이 성을 방문한 적은 없다.

왕이 머물렀던 홀리루드 궁은 에든버러 성에서 동쪽으로 이어지는 로열 마일의 끝에 자리 잡고 있으며, 12세기에 데이비드 1세가 세운 홀리루드 수도원과 인접해 있다. 홀리루드란 예수 그리스도의 십자가를 의미하는데, 데이비드 1세는 사냥하던 중 십자가의 환상을 보고 수도원을 건설했다고 전해진다. 이후 스코틀랜드 왕실은 수도원 건물의 일부를 왕실 거주지로 사용했으며, 이곳에는 여러 역사적 사건의 기록이 남아 있다. 로버트 1세는 여기서 잉글랜드와의 조약을 체결했고, 제임스 2세는 이곳에서 태어나고 결혼하고

홀리루드 궁

죽었다. 16세기에는 제임스 4세가 잉글랜드의 마거릿 공주와 결혼하면서 인근에 고딕 양식의 궁을 새로 지었는데, 이 궁이 현재까지 남아 있는 홀리루드 궁이다. 마거릿 공주의 후손인 제임스 6세는 잉글랜드와 스코틀랜드의 통합 왕인 제임스 1세가 됐다. 홀리루드 궁은 그 후에도 스코틀랜드 왕실의 주요 거주지로 계속 사용됐으며, 최근에 즉위한 찰스 3세도 왕세자 때부터 매년 여름이면 이곳에서 일주일 정도 머물며 여러 행사에 참석하곤 했다.

다시 에든버러 성으로 눈을 돌리면 찰스 2세 시대에 이 성은 왕궁수비대의 본거지였으며, 1707년 스코틀랜드가 잉글랜드에 병합된 후에는 자코바이트의 난을 진압하고 반란에 관여한 자들을 수용한 정치범 수용소로 사용됐다. 현재 성안에는 다양한 볼거리가 있는데, 그레이트 홀과 전시 감옥, 국립 전쟁기념관, 왕권 상징 보석 보관소 등이 있다. 그중에서 특히 주목할 만한 것은 보석보관소에 있는 스콘석과 왕의 검이다.

스콘석은 9세기 스코틀랜드 왕의 대관식에 쓰였던 네모난 사암으로, 1296년 잉글랜드의 에드워드 1세가 빼앗아 가서 웨스트민스터 사원의 대관식 의자 아래에 두었다. 1950년 이 돌이 도난당한 적이 있는데, 범인은 스코틀랜드의 대학생들이었다. 스콘석은 다시 잉글랜드로 옮겨졌다가 1996년에 정식으로 스코틀랜드로 돌아가 에든버러 성에 안착했다. 하지만 영국 정부는 스코틀랜드 쪽으로부터 대관식 때마다 이 돌을 런던으로 가져와 대관식 의자 밑에 둘 수 있

에든버러 성 그레이트 홀

다는 약속을 받은 후에 돌려준 것이었다.

스콘석과 함께 전시된 왕의 검(스코틀랜드 국검)은 15세기에 제작되어 스코틀랜드 왕들이 대관식에 사용됐다. 이 검 또한 이야기를 품고 있다. 찰스 1세가 처형되자 망명지 프랑스에 있던 찰스 왕자(후에 찰스 2세)가 부친을 처형한 올리버 크롬웰을 없애기 위해 1650년에 망명지에서 스코틀랜드로 돌아와 전투를 준비했다. 그러나 크롬웰군이 워낙 강했기 때문에 도리어 찰스 왕자가 패배하고 다시 프랑스로 도주했다. 그 과정에서 왕실 관리인은 왕권의 상징을 빼앗기지 않기 위해 천혜의 요새인 던노타 성으로 왕관과 홀, 보검을 옮겼다. 크롬웰군이 이곳까지 몰려오며 위태해지자, 성 근처

조그만 마을 교회의 설교단 아래에 구멍을 파서 왕관과 홀을 묻고 긴 보검은 두 동강 내어서 교회 내부 뒤쪽 긴 의자 밑에 구덩이를 파고 숨겨 두었다. 다행히 이 보물들은 빼앗기지 않아서 오늘날 에든버러 성에 다시 보관 중이다.

이곳에서 눈여겨볼 것은 보검이다. 칼날을 자세히 보면 부러졌다가 붙인 흔적을 확인할 수 있다. 이를 발견하면 그때의 살아 있는 역사를 맛볼 수가 있을 것이다. 국검은 오래되어 의식에 사용하기 어렵기 때문에 최근 찰스 3세가 대관식을 행할 때는 엘리자베스 2세 때

국검 대신 의식용 검으로 인정된 '엘리자베스 검'을 사용했다.

에든버러에서는 매년 8월 축제인 에든버러 프린지 페스티벌^{Fringe}
^{Festival}이 열린다. 프린지 페스티벌을 비롯한 축제 기간 에든버러
성에서는 세계 각국의 군악대가 참가하는 군악대 퍼레이드가 벌어
진다.

혹시 에든버러시와 성을 한눈에 감상하고자 한다면 프린스 스
트리트를 따라 동쪽으로 가다 보면 만나는 칼턴 힐^{Calton Hill}에 올라
가면 된다. 유네스코 세계 유산으로 지정된 이 언덕에서는 홀리루
드 궁전, 스코틀랜드 의회, 에든버러 성 등의 역사적 건물들을 한눈
에 볼 수 있다. 칼턴 힐에는 파르테논 신전과 비슷한 모양의 스코틀
랜드 국립 기념물이 있는데, 나폴레옹전쟁에서 싸우다 사망한 군인

에든버러 프린지 페스티벌

스코틀랜드 국립 기념물

과 선원을 기리되 승리한 기념으로 건설됐으나 자금 부족으로 완공되지 못한 건물이다. 칼턴 힐 아래에서 바라보는 국립 기념물과 칼튼 힐에 올라가서 바라보는 에든버러의 모습을 교차해 보면 세간에서 이 도시를 북부의 아테네라고 부르는 이유를 알 수 있다.

스코틀랜드 종교개혁의 성지

에든버러 성을 기준으로 로열 마일의 동쪽에는 세인트 자일스 교회가 있다. 교회의 외관은 고딕 양식으로, 특히 66미터의 첨탑은 에든버러 시내에서 가장 높은 건물이다. 이 첨탑은 스코틀랜드

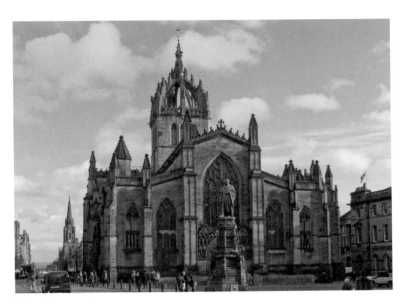

세인트 자일스 교회

의 왕관이라고도 불린다. 교회 이름인 세인트 자일스는 한센병자의
수호성인이다. 이 성자의 이름으로 12세기에 시작된 이 교회는 15세
기에 대학교회로 승격됐다. 스코틀랜드에 장로교의 분위기가 무르
익은 1559년, 스코틀랜드 장로교의 창시자인 존 녹스가 이곳에 목사
로 부임해 첫 연설을 했고, 이때 이곳은 개신교 교회가 되었다. 당시
녹스의 첫 설교는 프랑스에서 돌아온 스콧 메리 여왕이 반드시 장로
교를 인정하고 이에 맞는 정치를 시행해야 한다는 경고였다.

세인트 자일스 교회는 1633년에 찰스 1세가 대관식 장소로 선
정해 대성당의 지위를 얻었다. 1637년 7월 23일, 찰스 1세는 장로

교 성향인 스코틀랜드 국민에게 잉글랜드 국교와 같은 스코틀랜드 교회 헌법(공동기도서)을 강제하려고 했다. 교회 안에서 이 공동기도서가 읽히자 교회에 모인 사람들은 분노했고, 그중 제니 게데스라는 노점상 여성은 의자를 던져 낭독자를 공격했다. 이 의자는 지금도 교회 안에 보관되어 있다. 이날은 스코틀랜드 종교개혁의 서막이 됐고, 왕과 스코틀랜드 의회의 두 차례 주교전쟁Bishop wars의 원인이 됐다.

이후에도 이 교회는 스코틀랜드의 중심지로 여러 사건과 인물과 연결됐다. 예를 들면, 1638년에는 스코틀랜드 국민이 찰스 1세의 종교개혁에 반대하는 서약서를 이곳에서 작성했다. 1649년에는 올리버 크롬웰이 스코틀랜드를 점령하고 말을 타고 교회에 들어와 내부를 파괴했다. 1661년에는 복위한 찰스 2세가 이 교회에서 장로교 목회자들을 추방하고 장로교를 금지했다. 1688년에는 제임스 2세가 퇴위하고 윌리엄 3세와 메리 2세가 왕위를 계승하는 명예혁명이 일어났다. 이 혁명은 스코틀랜드에서도 지지받아 세인트 자일스 교회에서 초기 스코틀랜드 의회가 열리기도 했다.

장로교의 개혁가이자 스코틀랜드 교회의 창립자인 존 녹스는 세인트 자일스 교회와 깊은 관계가 있다. 교회 안에 그가 설교한 자리와 그를 기리는 흔적이 여러 곳에 남아 있는데, 존 녹스가 올라섰을 설교단, 설교하는 모습이 묘사된 스테인드글라스, 교회 입구에서 조금 걸어 들어가면 왼편 통로에 서 있는 존 녹스의 동상이 그것이다.

존 녹스의 동상

존 녹스의 흔적을 더 찾고자 한다면 에든버러 성 입구에서 조금 떨어진 곳에 있는 에든버러대학교 신학대학(구 신학부), 세계적인 종교 연구기관인 뉴 칼리지에서 그의 사상을 기리는 기념 동상도 볼 수 있다. 뉴 칼리지의 총회 홀은 스코틀랜드 교회 총회의 연례 회의가 열리는 곳으로도 유명하다. 참고로 현재 올드 칼리지로 알려진 건물은 에든버러대학교의 본부와 법대가 있는 곳이다. 세인트 자일스 교회에서 로열 마일을 따라 동쪽으로 몇 블록 더 가면 녹스가 살았고 그가 눈을 감은 존 녹스 하우스가 있다. 이곳은 박물관 역할도 하며 녹스의 생애를 한눈에 볼 수가 있다.

세인트 자일스 교회에서 종교개혁의 첫 항의가 시작된 날, 남쪽으로 5분 거리에 있는 그레이 프라이어스 수도원 교회도 항의의 목소리를 높였다. 이 교회와 그에 딸린 뜰은 에든버러의 유명한 공동묘지로, 많은 역사적 인물이 안장된 곳이다. 묘지 입구에는 주인이

존 녹스 하우스

죽은 후에도 14년 동안 그의 무덤을 지켜 충성스러운 개로 전해지
는 바비의 무덤과 동상이 있어 방문객의 관심을 끈다. 이 동상은 관
광객들이 자주 방문하는 명소로, 바비의 코를 만지면 행운이 온다
는 이야기도 있다.

의회가 사라져도 많은 것이 남았다

에든버러는 1560년에 스코틀랜드의 수도로서 약 100만 명의 총인구 중 1만 2000명이 거주하는 큰 도시였다. 이 도시는 다양한 직업을 가진 사람들로 번성했다. 모자 제작자, 직조공, 대장장이와 가죽 노동자, 석공, 재단사, 이발사, 제빵사, 정육점 주인, 외과 의사 등의 많은 직업에 종사하는 이들이 에든버러의 생활을 풍요롭게 했다. 이런 연유로 에든버러는 스코틀랜드 정부에 세금으로 전체의 1/5 정도를 납부했다고 알려졌다.

1707년 연합법에 따라 스코틀랜드 의회가 웨스트민스터 의회와 합쳐지면서 행정수도의 역할을 상실했다. 이 법이 발효되자 스코틀랜드의 독립을 지키려는 자코바이트가 반란을 일으켰다. 그러나 1746년 컬로든 전투Battle of Culloden에서 영국군에게 패하고 말았다. 그 후 에든버러 시의회는 에든버러를 런던과 비슷하게 개발하기로 했다. 조지 3세도 이런 계획에 협조했다. 조지 시대의 건축물들이 즐비한 뉴타운은 이런 역사적인 배경 속에 만들어졌다.

스코틀랜드 의회가 런던으로 이동함에 따라 스코틀랜드의 정치인들과 귀족들, 관료들은 그 뒤를 따라갔다. 그러나 스코틀랜드법은 잉글랜드법과 별도로 적용됐기에 법원과 변호사, 법학자들은 에든버러에 남았다. 또한 스코틀랜드 국교회와 대학, 의료 기관도 에든버러에 자리 잡고 있었다. 그래서 에든버러는 변호사와 목사, 교

에든버러 의회

수, 지식인, 의료인, 과학자, 건축가 등 중산층 엘리트들이 주도하
는 도시로 발전했다. 특히 18세기에는 잉글랜드에는 옥스퍼드와 케
임브리지 두 대학교밖에 없었지만, 스코틀랜드에는 네 곳의 대학교
(세인트앤드루스, 글래스고, 에든버러, 에버딘의 킹스 칼리지와 마리슐 칼리지)
가 있었다. 풍부한 교육 환경을 배경으로 스코틀랜드의 지식인들은
토론을 중심으로 하는 지적 단체를 결성하고, 스코틀랜드 계몽주의
를 이끌어갔다. 이러한 단체 중에서 가장 유명한 것은 셀렉트 소사
이어티Select Society와 포커 클럽The Poker Club이었다. 계몽주의 철학자
데이비드 흄과 경제학자 애덤 스미스와 같은 인물들도 이런 단체의

일원이었다. 뉴타운의 퀸 스트리트에 있는 스코틀랜드 국립 초상화 미술관 건물 외벽에 세워진 11개 동상 중에는 두 사람의 동상도 있다. 또 스코틀랜드 국립 기념물 인근에 우뚝 서 있는 에든버러 교수였던 두갈드 스튜어트 기념물에서도 스코틀랜드 계몽주의의 위상을 느낄 수 있다.

19세기 초반부터 인쇄, 양조 및 증류와 같은 전통적인 산업에 더해 고무와 엔지니어링, 제약 같은 신산업도 도입됨에 따라 에든버러는 산업중심지로서의 위상을 높였다. 에든버러 성 입구에서 조금 이동하면 스카치위스키 체험장이 있는데, 이곳에서 스코틀랜드의 오랜 역사를 볼 수 있다. 그러나 1821년부터 글래스고가 대서양 항구도시로서 산업화에 성공하면서 에든버러의 경제적 우위는 약화됐다. 1840년대에 철도가 도시 중심부에 연결되면서 뉴타운 지역

스코틀랜드 국립 초상화 미술관, 건물 외벽에 동상이 있다

이 쇼핑거리로 변화했다. 하지만 이것으로는 도시의 활력을 회복하기에 부족했다. 에든버러를 사랑한 빅토리아 여왕이 1860년대에 통치자로서 도시의 대규모 개조를 지원했다. 그 결과, 현재의 구시가지와 같은 우아하고 역사적인 빅토리아 양식의 건물들이 탄생했다.

에든버러는 지속적으로 도시를 개발했다. 1960년대와 1970년대에는 빈민가를 청산하고, 에든버러 성 남쪽에 있는 조지 스퀘어에 에든버러대학교의 새로운 캠퍼스를 건설하며 도약의 단계로 들어섰다. 지금 에든버러대학교는 세계적으로 유명한 대학교가 되었다. 1980년대부터는 쇠퇴한 산업 시설과 양조장을 도심에서 좀 떨어진 파운틴브리지 지역으로 옮겼다. 이와 함께 1990년대 이후에는 에든버러 국제 컨퍼런스 센터를 비롯한 새로운 '금융 지구'가 성 서쪽의 철거된 철도 용지에 마련되었다. 그리고 1999년에 자치 정부가 들어선 후에 에든버러는 런던 다음으로 영국에서 가장 큰 금융과 행정의 중심지가 됐다.

누구나 에든버러를 방문하면 옛것과 새로움이 함께 공존하고 자연스레 녹아 있는 아주 매력적인 곳임을 알 수 있다.

27

글래스고

Glasgow

담배 군주들이
활약한 도시

주 　 글래스고시
인구 　 622,820명 (2022)

Glasgow

글래스고는 스코틀랜드의 최대 도시이자 영국에서 세 번째로 큰 도시로, 에든버러에서 서쪽으로 약 65킬로미터 떨어져 있다. 19세기 후반 산업혁명이 한창이던 시기에는 영국에서 런던 다음으로 큰 도시였다. 글래스고의 중심부에는 클라이드강이 흐르고 있으며, 이 강 서쪽으로 흘러서 클라이드만을 거쳐 대서양과 연결된다. 이 강 덕분에 글래스고는 무역항으로 발전하고 도시로서의 위상을 높였다. 글래스고라는 이름은 게일어에서 '녹색 장소'라는 뜻을 가진 글라스^{glas}와 구릉, 언덕을 의미하는 코우^{Cow}라는 단어가 결합한 것으로, 글래스고 대성당 동쪽에 있는 웅장한 녹색 언덕인 글래스고 네크로폴리스(빅토리아 시대 묘지)를 상징적으로 지칭하는 것으로 알려졌다.

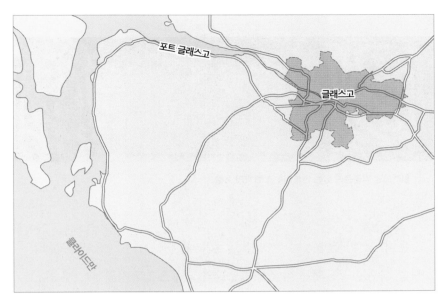

글래스고와 클라이드만 지도

도시로 발전하는 기반이 된 대성당과 대학교

　　글래스고의 초기 정착지는 고대 로마인들이 세운 안토니누스 방벽의 서단에 있는 클라이드강과 인접하고 현재 대성당과 가까운 지역이었다. 안토니누스 방벽은 하드리아누스 방벽보다 북쪽에 있는, 영국을 동서로 가로지르며 16개의 요새로 구성된 돌벽이다. 글래스고대학교의 헌터리언 박물관에서는 이 방벽과 요새의 유물들을 볼 수 있다. 로마의 통치가 끝난 후에 이 정착지는 24킬로미터 아래 덤버턴에 수도를 둔 스트래스클라이드 왕국의 일부가 됐

헌터리언 박물관에 있는 안토니누스 방벽의 유물

는데, 그 왕국의 성자 뭉고가 현재의 대성당 있는 곳에 작은 교회를 세우고 공동체를 이끌면서 오늘의 글래스고의 정체성이 생겼다. 11세기에는 스코틀랜드 왕국의 데이비드 1세가 원래 뿌리가 있던 종교 부분을 부각할 글래스고 주교단을 설립하고 1136년에 목재로 대성당의 기초를 만들면서 글래스고는 도시로 인정되었다. 이후 대성당은 12세기 말과 13세기 초에 걸쳐 석재로 재건축되었다. 글래스고 중앙역에 도착해 도시를 탐방하려는 사람들은 역에서 북동쪽으로 몇 블록 떨어진 글래스고 대성당을 우선 방문하는 것을 추천한다.

글래스고 대성당은 스코틀랜드의 역사와 문화에 깊은 영향을 미친 중세 건축물이다. 이 대성당은 장로교의 개혁운동에도 파괴되지 않고 원형을 유지한 드문 곳이다. 대성당은 1451년에 글래스고 대학이 창립됐을 때 첫 강의가 열린 챕터 하우스를 포함하고 있다. 또한 종교개혁 이후에는 내부 공간을 여러 개의 독립된 교회로 나

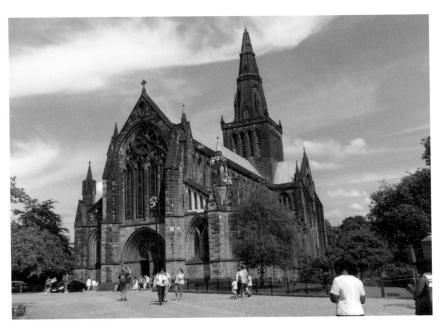

글래스고 대성당

누어 사용했다. 1638년부터 스코틀랜드 교회총회로 삼아 스코틀랜드 장로교 중심지의 임무를 수행했다. 19세기에 보수적인 복원 작업으로 현재의 모습을 갖추게 됐다. 이렇게 대성당은 글래스고 도시의 정체성과 위상을 높여주었다.

　도시의 위상을 높여준 또 다른 요소는 대학교이다. 대성당의 주교였던 윌리엄 턴불이 교황 니콜라스 5세에게 대성당 소유의 학교 설립을 청했다. 교황의 승인을 받은 턴불은 1451년에 스투디움 제네랄레^{Studium generale}를 창립했다. 신학, 교회법, 시민법, 예술 등을 가르치는 학교로 턴블은 학교의 첫 총장이 됐다. 이것이 바로 글래스고대학교의 시초였다. 처음에는 건물이 따로 대성당에서 강의했지만, 나중에는 주변 지역으로 분리, 이동했다. 1563년에 대성당과 이어진 하이 스트리트 남쪽에 있는 도미니언 수도원 소속의 터를 얻어 건물을 지었다. 17세기 후반에 43미터 높이의 시계탑이 있는 본관과 예배당을 갖춘 멋진 대학교가 완성됐다. 그러나 대학교의 규모가 커지고 클라이드강과 대성당 사이에 있는 상업 지역이 활성화되자 보다 넓은 부지가 필요해졌다. 1870년에 대학교는 도시 중심부의 서쪽 끝에 있는 녹지였던 길모어힐로 이사했다. 길모어힐에 새로 지은 대학교 본관은 더 웅장해졌지만, 기존의 43미터 시계탑은 그대로 옮겨 왔다. 오늘날 글래스고의 상징물로 글래스고대학교

글래스고대학교 본관

본관이 손꼽히는 것은 이 시계탑 덕분이다.

　이미 대성당이 스코틀랜드 장로교회의 모체 역할을 했기에 대학교도 장로교 신학의 중심지였고 관련된 연구를 하려는 학자들과 학생들이 몰려들면서 도시는 더욱 활기를 띠었다. 게다가 근대 산업혁명 붐이 일자 이곳 대학은 스코틀랜드 계몽주의 철학은 물론 경제 과학 분야에서도 많은 업적과 인물을 보유한 곳이 되기도 했다. 익히 들은 애덤 스미스, 제임스 와트, 절대온도 K(약 섭씨 −273.15)를 결정한 켈빈 등이 이곳 출신이다. 특히 글래스고대학교에서 수학한 해부학자이자 의사인 윌리엄 헌터의 유언으로 1807년에 세워진 헌터리언 박물관은 지질학, 동물학, 해부학, 고고학, 민족지학 및 과학 도구 관련 전시물을 보유하고 있는 박물관이다.

　글래스고대학교에는 주목할 건물들도 많다. 그중 한 해에 1만 명 이상이 방문하는 글래스고대학교 도서관은 풍부한 자료를 갖춘 유서 깊은 도서관이다. 글래스고대학교 기록 보관소는 1451년부터 현재까지 스코틀랜드의 역사와 문화를 담은 기록을 수집, 보존하고 있다. 특히 종교개혁과 관련된 자료들은 스코틀랜드의 정신적 유산을 이해하는 데 매우 중요하다. 이 두 곳은 스코틀랜드의 전통과 계몽주의의 산실로서 많은 학자와 연구자들에게 도움을 주고 있다.

　참고로 스코틀랜드의 오래된 4개 대학교는 잉글랜드의 대학교

글래스고대학교 도서관

들과 달리 부총장이 일상적 대학 행정을 책임지고 있으며 총장은
교직원과 학생의 투표로 3년 임기로 뽑히는 상징적인 명예직이다.
이런 총장을 로드 렉토^{Lord Lector}라고 부르는데, 이 제도는 1858년
스코틀랜드대학교법에 따른 것이다. 렉토의 역할은 대학 본부의 행
정과 학생 사이의 소통을 위해 대학 법원 회의에 참석하고 다양한
문제에 대한 학생들의 견해를 대변하며 더 넓은 대학 커뮤니티에
참여하는 것이다. 명예롭고 의례적인 직책이다 보니 렉토로 뽑힌
이들은 주로 유명 정치인, 방송인, 음악가, 노동 운동가 등이다.

영 제국 제2의 도시였던 흔적, 담배 군주의 활약

       18세기 초에 글래스고를 방문한 대니얼 디포는 그가 쓴 「영국 여행기」에서 이 도시를 "런던에 버금가는 깔끔하고 아름다운 곳"이라고 칭찬했다. 1707년에 스코틀랜드가 잉글랜드와 통합되면서, 글래스고의 상인들은 해외시장과 무역에 더 많은 기회를 얻었다. 특히 노예무역이 글래스고 경제에 큰 영향을 미쳤는데, 스코틀랜드를 거쳐 미국으로 수송된 노예 중 절반 이상이 글래스고 항구를 거쳐 갔다. 노예무역으로 부를 쌓은 상인들은 설탕, 담배, 면화, 리넨 등 노예들이 재배한 농산물을 수입하고 판매하면서 글래스고는 산업과 상업의 중심지로 발전했다.

    특히 북아메리카에서 노예가 생산하는 담배는 글래스고 상인들이 독점하다시피 거래했는데 그들이 벌어들인 돈으로 글래스고의 타운하우스 교회 등 많은 건물을 지었다. 그러다 보니 그들을 담배 군주Tobacco Lords라고 불렀다. 도시 중심부인 퀸 스트리트에 있는 현대미술관과 하이 스트리트 가까이 있는 이전 교회이자 지금은 문화 센터로 활용하는 세인트 앤드루스 인 더 스키 등이 담배 군주들의 소유였다.

    이들은 기존의 글래스고항에서 도심으로 더 가까이 담배를 옮겨오기 위해 얕은 수심의 클라이드강을 깊게 팠다. 담배 수송이 더 원활해진 덕분에 글래스고는 북아메리카 및 서인도 제도와 영국의

글래스고 현대미술관　　　　　세인트 앤드루스 인 더 스키

주요 해양 무역 중심지 중 하나로 비약적으로 성장했고, 빅토리아 시대와 에드워드 시대에 걸쳐 오랫동안 '영 제국의 두 번째 도시'가 됐다.

　과거 활발했던 무역 중심지임을 도심에서 확인할 수 있는 곳으로 조지 광장과 글래스고 크로스^{Glasgow Cross} 사이의 공간인 머천트 시티(상인도시)가 있다. 담배 군주들의 거주지와 물품 창고들이 있었던 곳인데 지금은 사무실, 아파트, 소매점, 레스토랑 및 바 등이 즐비하다. 또한 7월마다 진행되는 머천트 시티 페스티벌은 글래스고

조지 광장과 머천트 시티 지도

가 산업 도시였음을 충분히 증명해 준다. 참고로 글래스고 크로스는 동쪽 끝에서 도심으로 들어가는 교차 지점이다. 17세기 이곳에는 교도소가 있었으나 지금은 사라졌고, 당시의 첨탑만이 남아 있다. 이 첨탑은 지금도 보존되어 글래스고의 상징적인 건물로 인식되고 있다.

　글래스고 항구는 뉴어크라 불리던 작은 어촌 마을에서 국제적인 무역으로 성장한 곳이다. 1780년에 토머스 맥길이 뉴어크 성 근처에 목재선을 만들기 위한 최초의 조선소를 설립했다. 그 이후로 많은 조선소가 생겨났고, 유럽에서 처음으로 상업적인 여객선인 PS 코멧Comet을 1812년에 만들어냈다. 조선업의 중심지가 된 글래스고 항구는 인근 도시에도 큰 영향을 미쳤다. 현재는 다른 유통 수단이

유럽 최초 상업 여객선 코멧의 복제품

발달하면서 조선업이 쇠퇴했지만, 퍼거슨 마린^{Ferguson Marine}이라는
마지막 조선소가 여전히 운영되고 있으며, 옛 시절의 활기를 엿볼
수 있다.

글래스고는 20세기 후반 제조업의 쇠퇴와 함께 경제적 위기에
처했다. 그러나 금융과 비지니스 서비스 분야에서 회복하고 성장해
스코틀랜드에서 가장 큰 경제 성과를 달성했다. 영국의 모든 도시
중에서도 1인당 GDP가 세 번째로 높은 수준이다. 이와 함께 문화
적으로도 빛나는 도시이다. 스코틀랜드 왕립 음악원, 버럴 컬렉션,
켈빈그로브 미술관과 박물관, 로열 스코틀랜드 국립 오케스트라,

BBC 스코틀랜드 심포니 오케스트라, 스코틀랜드 발레단, 스코틀랜드 오페라 등은 세계적인 명성을 자랑한다. 또한 열광적인 축구 도시로도 유명하다. 셀틱, 레인저스, 파틱 시슬, 퀸스 파크(2019년 프로로 승격) 등 4개 프로축구 클럽이 모두 스코틀랜드 프로축구 리그 SPFL에 소속되어 있다. 1967년 셀틱은 유러피언컵에서 우승했고, 라이벌 레인저스는 1961년에 유럽 결승전에 진출한 최초의 영국 축구클럽이었다. 세계 최초의 국제 축구 경기는 1872년 글래스고의 해밀턴 크레센트에서 열렸으며, 스코틀랜드 축구 국립경기장인 햄던 파크도 글래스고 남부에 자리 잡고 있다. 글래스고의 사람들의 축구에 대한 열정과 애정은 잉글랜드와 견주어도 손색이 없어 보인다. 셀틱 FC는 한국 선수들이 활약한 클럽으로 우리에게도 친숙하다. 2010~2012년 사이에 기성용과 차두리 선수가 뛰었고, 2023년부터 2024년 현재까지 오현규, 양현준, 권혁규 선수가 뛰고 있다.

28

카디프

Cardiff

가장 큰 석탄 항구를 품었던
웨일스의 수도

주   카디프시
인구   362,400명 (2021)

Cardiff

카디프는 웨일스의 수도이자 가장 큰 도시로, 세번강의 하류와 브리스틀 해협이 만나는 곳에 있다. 강과 해안을 따라 펼쳐져 있는 이 도시는 남쪽을 제외하면 산과 언덕으로 둘러싸여 있다. 브리스틀 해협은 암초와 절벽으로 유명하며, 여기서 많은 배들이 좌초되어 배의 묘지라고 불리기도 한다. 카디프의 중심부를 가로지르는 태프강은 도시의 서쪽을 지나 카디프만으로 흘러 들어간다. 이 강가에는 옛날 로마 요새의 흔적이 남아 있으며, 카디프라는 이름은 웨일스어로 요새를 의미하는 카^{Caer}와 태프^{Taff}가 합쳐진 것이다. 카디프 성벽의 일부에서 초기 요새의 흔적을 발견할 수 있다. 그러므로 카디프 여행의 시작으로 카디프 성을 선택하면 후회하지 않을 것이다.

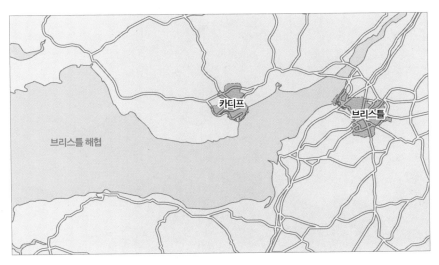

카디프 주변 지도

장미전쟁을 그대로 간직한 카디프 성

　　노르만의 정복왕 윌리엄은 남웨일스 지역을 점령하면서 로마의 요새였던 카디프를 전략적 요충지로 인식하고 성을 건설했다. 카디프 성은 바다와 가까운 위치에 있고, 태프강에 배를 띄워 내륙까지 물자나 병력을 운송할 수 있었다. 초기에 지어진 노르만 성은 흙으로 쌓은 모트 위에 목조형 누각과 성주의 생활을 보호하는 울타리인 베일리로 이루어져 있었다. 카디프 성은 이 구조를 잘 보존하고 있는데, 독특한 점은 베일리 안에도 돌벽으로 나뉘어 있었

카디프 성

다는 것이다. 성주 또는 영주의 생활에 필요한 인원과 시설은 서쪽에 배치되어 있었다.

글러모건 영지와 카디프 성의 첫 번째 영주였던 노르만 정복의 역사에 깊이 관여한 인물이었다. 그는 윌리엄 1세의 신하였으며 다음 왕인 윌리엄 2세가 사냥터에서 의문의 죽음을 당한 사건을 꿈으로 예지했다고 전해진다. 피츠하몬은 윌리엄 2세가 죽자, 시신을 망토로 덮어주고 왕의 동생 헨리 1세에게로 충성의 방향을 바꾸었다. 헨리 1세와 그의 형 로버트가 왕위를 놓고 싸울 때도 헨리 1세를 지지했다. 그 덕분에 그는 웨일스 국경을 관리하는 마처 로드^{Marcher Lord}라는 특권과 영지 내 독립권을 얻었다.

그러나 부와 명예를 모두 거머쥔 피츠하몬은 탱슈브레 전투가 있었던 이듬해 1107년에 세상을 떠났다. 탱슈브레 전투란 헨리 1세와 로버트의 권력 다툼의 절정이었다. 헨리 1세는 마침내 전투에서 승리하고, 귀족들에게 봉건적 보상을 주었는데, 피츠하몬은 세상을 떠나서 그의 사위인 (글로스터) 로버트에게 카디프 성을 상속시켰다.

로버트의 아들인 윌리엄 피츠 로버트는 카디프 성의 목조 누각을 돌로 된 킵으로 바꾸었다. 이 킵은 너비가 23미터, 높이가 9미터로 웨일스에서 가장 크고 오래된 노르만 성의 특징을 보여준다.

윌리엄 피츠 로버트의 딸 이사벨라는 잉글랜드의 존 왕과 결혼했다가 이혼했는데, 이혼 후에도 존 왕이 일정 기간 카디프 성을 소유하고 있었으나, 결국 성은 이사벨라의 여동생의 남편인 클래어 가문으로 넘어갔다.

카디프 성은 존 왕의 시대에 블랙 타워Black Tower라는 남쪽 관문의 일부를 건설해 확장했다. 이 성은 존 왕의 중요한 거점 중 하나로 1215년 대헌장 협상과 관련된 중요한 회의가 진행된 장소라 더욱 흥미롭다.

카디프 성은 13세기 이후 잉글랜드 역사의 중요한 장면들과 연결되어 있다. 15세기 랭커스터가와 요크가의 왕위 다툼으로 장미 전쟁이 터졌다. 이 전쟁에서 헨리 6세와 에드워드 4세는 두 차례에 걸쳐 왕관을 빼앗기고 되찾았는데, 그 과정에서 워릭 백작이라는 인물이 큰 역할을 했다. 왕을 바꾸는 힘을 가진 '킹 메이커'로 불리

블랙 타워

고, 워릭 백작은 부인이 소유하고 있었던 카디프 성을 자신의 본거지처럼 썼다. 장미전쟁을 마무리한 헨리 7세는 새로운 왕조를 세우고, 행정상 독립적 특권을 소유한 성주인 킹 메이커가 다시 나타나지 않도록 카디프 성의 마처 로드란 특권을 폐지했다. 이후 17세기에 잉글랜드 내전이 일어나면서 이 성도 화재와 파괴를 겪었고, 이에 따라 역사의 뒤안길로 사라진 듯 보였다.

18세기에서 19세기로 넘어가는 산업혁명기에 들어 이 성에도 반전의 기회가 찾아왔다. 석탄 항구의 중요성이 높아지면서, 이곳 토호였던 뷰트 후작은 성을 화려하게 개조하기 시작했다. 그의 가장 큰 업적은 서쪽 성벽에 신 고딕 양식의 여름 별장식 성을 추가로 건설한 것이다. 이 성은 뷰트 집안의 자랑거리였으나, 실제로는 잘 사용되지 않았다. 그러나 후손들이 계속해서 성을 가꾸고 증축했고, 특히 남쪽 성벽과 성이 만나는 지점에 시계탑을 추가로 세워 성의 아름다움을 더욱 높였다. 시계탑 안에는 다

킹 메이커 워릭 백작 초상화

양한 방들이 있었으며, 세련된 인테리어가 돋보인다. 또한 1889년에 북쪽 성벽 근처에서 로마 성벽 유적이 발견되면서, 이 유적을 기초로 북쪽 성벽을 다시 세우고 로마식 북문까지 복원해 역사적 가치를 더욱 높였다.

뷰트가 지은 카디프 성은 현재 박물관으로 개방되어 있다. 성안에 들어가면 방마다 벽화들로 고급스럽게 꾸며져 있고, 계절이나 신화, 우화 등을 표현해 환상적이다. 성의 중심에는 연회장이 있고 도서관도 있다. 또 성내 아랍 룸의 천장은 금박으로 장식된 패턴과 기하학적 디자인이 돋보여 걸작으로 평가받는다.

신고딕 양식의 여름 별장식 성

카디프 성의 아랍 룸

석탄을 발판 삼아 고급 도시로

카디프 항구는 타이거 베이라는 별명을 가진 곳으로, 과거에는 석탄 수출의 중심지였다. 현재는 로스와 퀸 알렉산드라라는 두 개의 부두가 있으며, 목재, 석유, 컨테이너 등 다양한 물품을 거래하고 있다.

카디프항은 18세기 후반까지 브리스틀항을 오가는 두 척의 소형범선이 정박하는 등 소규모 무역에만 사용됐으나, 남웨일스 지역의 철강 산업의 발전과 함께 항구 시설이 확장됐다. 1794년에는 석탄 산업의 중심지인 머서와 카디프를 잇는 글러모건셔 운하가 개통했고, 1798년에는 카디프만과도 연결되어 수로 운송이 가능해졌다. 1839년에는 카디프 성의 주인이자 카디프의 영향력 있는 인물이었던 2대 뷰트 후작이 글러모건셔 운하와 카디프만이 만나는 곳에 뷰트 부두를 건설했다. 이 부두는 1841년에 태프 베일 철도와도 연결되어 철도운송도 가능하게 됐다. 이러한 기반 시설의 개선으로 카디프항은 세계적인 무역항으로 성장하기 시작했다.

1850년대에 이르러서는 석탄 산업의 중심지로 자리매김했다. 철 대신 석탄이 남부 웨일스의 주요 산업 자원이 되면서 1862년에는 연간 200만 톤의 석탄을 수출했다. 증기선의 등장과 함께 석탄 수출은 더욱 증가했다. 이후에도 여러 부두가 개장됐고, 로스와 퀸 엘리자베스 부두를 포함해 1913년에는 1070만 톤의 석탄을 수출

글러모건셔 운하

했다. 이렇게 카디프는 런던이나 리버풀보다도 더 많은 석탄을 취급하는 세계적인 항구도시로 발전했다.

    제1차 세계대전이 끝나면서 카디프의 해운 산업은 크게 활성화됐고 1920년에는 122개의 해운 회사가 있었다. 그러나 석탄 수요가 감소하고 석유 수요가 증가함에 따라 카디프의 경제적 지위는 약화됐다. 베르사유 조약으로 저렴한 독일산 석탄이 유럽 시장에 밀려들어 오면서 카디프의 석탄 수출은 급격히 감소했다. 1929년부터 시작된 경제위기(대공황)와 제2차 세계대전은 카디프의 해운 산

카디프항

업에 치명타를 입혔고 1964년에는 석탄 무역이 완전히 중단됐다.

오늘날 카디프 항구는 100년 전과 비교할 수 없을 만큼 변화했다. 석탄 무역의 중심지였던 이곳은 이제 고급 아파트와 펍, 비스트로 등이 즐비한 해안가로 재탄생했다. 현재의 카디프항을 보면 이곳이 웨일스 남부에서 채굴된 검은 다이아몬드(석탄)를 실은 증기선으로 북적였던 모습을 상상하기는 어렵다.

카디프 중심지에서 웨일스 정부와 영국 정부의 주요 기관들인 커테이즈 파크와 윌리엄 모건 하우스, 시청사나 카운티 홀 등을 둘러보면 웨일스의 수도이자 정치, 경제, 문화의 중심지임을 알 수 있

오늘날 카디프 항구

다. 경제적으로 이 도시는 소매, 금융, 미디어, 관광 등 다양한 산업
이 번성하고 있다. 또 도시의 중심부와 부두 지역은 지난 수십 년간
근대화와 재개발을 통해 새로운 모습을 갖췄다. 그 결과 카디프는
웨일스 GDP의 약 20퍼센트를 창출하고 있으며, 인근 지역에서 오
가는 노동자들로 늘 활기차다. 카디프대학교를 포함한 4개의 고등
교육기관이 도시 주변에 있어서 웨일스의 역사와 문화를 연구하고
교육하고 있다. 카디프 시티 FC는 1927년 아스널 FC를 꺾고 FA컵
에서 우승했는데, 이는 비잉글랜드팀 가운데서는 유일한 성적이다.
김보경 선수가 2013~2014년까지 뛰었던 구단이기도 하다.

29

스완지

Swansea

변화에 발맞춰
빠르게 나아가는 도시

주	스완지시
인구	238,500명 (2022)

Swansea

스완지는 웨일스에서 두 번째로 큰 도시로, 브리스틀 해협 상류에 있는 스완지만을 따라 펼쳐진 해안 도시이다. 스완지의 이름은 11세기에 웨일스 해안을 습격했던 덴마크 바이킹 출신의 왕인 스웨인 포크비어드Sweyn Forkbeard의 이름과 섬이라는 의미의 'ey'에서 유래했다고 한다. 스완지는 19세기 중반에 구리 수출의 중심지로 번성했으며, 타웨강이 흐르는 도심에는 여러 부두와 항구가 있었다. 현재도 그 흔적을 볼 수 있는 곳이다. 스완지를 방문한다면 구리 수출 현장을 살펴볼 수 있는 부두가 자연스러운 출발점이 되겠지만, 부두로 가기 위해 통과하는 도심에 있는 스완지 성과 같은 역사적인 유적지를 먼저 둘러보는 것도 좋다. 여러 번 파괴되고 재건되다가 일부만 보존되어 있지만, 과거의 영광과 비극을 엿볼 수 있기 때문이다.

스완지 주변 지도

다양하게 쓰였던 스완지 성

스완지는 원래 켈트계 주민들이 살던 곳이었지만, 12세기 초 노르만족의 정복으로 새로운 모습이 됐다. 타웨강 근처의 우스터 플레이스에 노르만 영주가 목조 성을 건설했고, 성 주변에는 시장과 수비대가 생겨났다. 마처 로드가 관리하는 독립적이고 안정적 지역이었기 때문에 잉글랜드 쪽에서 이주해 오는 노르만인들이 많았다. 이런 이유로 13세기 초에는 존 왕의 승인을 받아 도시로 승격했다.

스완지 성은 처음에 도랑과 나무 방벽으로 둘러싸인 베일리와

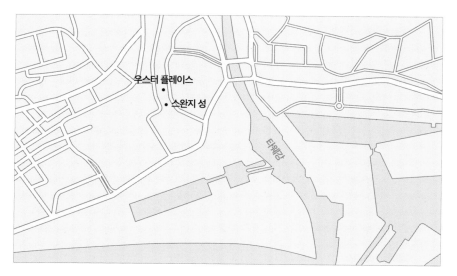

우스터 플레이스 지도

흙 위에 지은 목조 누각으로 시작했다. 14세기 초에는 베일리 성벽과 누각이 돌로 대체됐고, 아케이드로 연결된 궁정이 추가됐다. 성은 웨일스의 다른 켈트계 소왕국들로부터 자주 공격받았는데, 그 이유는 스완지에 노르만계 이주민들이 많이 살고 있었기 때문이다. 웨일스인들이 이 성을 마지막으로 공격한 것은 1402년 웨일스 통합 군주 오언 글렌도어의 침략 때였다. 성은 그 후에는 잉글랜드 역사와 맞물려 파괴와 복원을 반복했다.

　스완지 성은 동족 웨일스와 잉글랜드의 침략으로부터 굳건히 도시를 지켜냈지만, 한동안 성주나 성의 소유자가 없다가 17세기

스완지 성

후반부터 다양한 용도로 변화됐다. 1670년대에는 병 공장이었고, 1700년에는 시청이 들어섰다. 1800년대에 시청은 우체국이 됐고 1850년에는 군사 훈련실이 산업 작업장으로 바뀌었다. 20세기에는 지역 신문사가 일부 공간을 사용했다. 이렇게 성의 원래 모습은 점점 사라졌다. 현재에는 일부 건물이 보존되어 관광객들을 맞이하고 있다.

2차 산업을 버리고 가장 잘 적응한 도시

　　스완지 도심에서 멀지 않은 리버티 스타디움 근처에는 1810년에 만들어진 하포드 코퍼웍스라는 역사적인 유적지가 있다. 초기 영국 산업화의 한 측면을 보여주는 몇 안 되는 유적지 중 하나인 이곳은 19세기에 1000명 이상의 노동자가 있던 전 세계에서 가장 큰 구리 생산 공장이었다.

　　스완지에서 구리 산업의 발전은 놀랍도록 빠른 속도로 이루어졌다. 1820년까지 웨일스는 세계 구리 생산량의 절반 이상을 차지했는데, 그중 대부분은 스완지에서 나왔다. 스완지가 구리 산업의 중심지가 된 이유는 석탄을 이용한 제련 기술이 있었기 때문이다. 17세기와 18세기에는 석탄 제련 기술이 아직 초기 단계였고, 구리

하포드 코퍼웍스

광석을 제련하려면 석탄과 광석이 3:1의 비율로 필요했다. 그래서 구리가 생산되는 콘월보다 석탄이 많은 스완지에서 제련하는 것이 경제적이었다. 스완지 인근에는 석탄이 풍부했고, 콘월에서 캔 구리 광석은 배로 운송할 수 있었다. 이런 배경으로 타웨강 둑에는 석탄과 구리 광석을 모두 수용할 수 있는 제련로가 설치됐고, 그중 하나가 앞서 말한 하포드 코퍼웍스이다.

스완지는 1770년대부터 19세기 중반까지 '구리 산업화 도시(코퍼폴리스)'라는 별명을 얻었다. 작은 해변 마을이었던 이 도시는 세계적인 산업 중심지로 성장했으며, 구리 제련과 석탄 수송에 주력했다. 스완지의 구리 제련 공장은 전 세계에서 수입한 광석을 정제하고, 웨일스의 석탄은 스완지의 항구를 통해 수출됐다. 그러나 산업 활동으로 인해 땅이 산성화되고 작물이 죽는 등 농업에 큰 영향을 미쳤다. 농부들이 소송을 제기했지만, 스완지의 산업 발전을 막을 수는 없었다. 1850년대에 스완지에는 600개 이상의 구리 제련 공장과 웨일스의 석탄과 전 세계의 금속 광석을 운반하는 500척의 원양 선박이 있었다. 당시 미국에서 생산된 대부분의 구리 매트는 정제를 위해 스완지로 보내졌을 정도였다.

스완지의 구리 제련 업계는 19세기 말에 몇 가지 요인으로 인해 쇠퇴했다. 콘월에서 구리 채굴량이 줄었고, 1860년대에는 112파운드였던 구리 가격이 1890년대에는 35파운드로 급락했다. 이에 따라 구리 채굴은 북미와 남미 중심이 되어 스완지로 구리를 옮겨올 수 없었다. 하포드 코퍼웍스는 한때 대량의 직원을 고용했던 대형 제련소였으나 1929년 대공황으로 경제적 압박을 받으며 쇠퇴의 길을 걸었고 1980년에 최종적으로 문을 닫았다. 지금은 풀이 무성한 조용한 곳에 있는 이 옛 공장에서 오래된 가마와 저장소, 그리고 킬베이 언덕까지 부산물을 운반하기 위해 사용됐던 거대한 경사로를 볼 수 있다. 타웨 베이슨 부두 근처에 있는 워터프런트 박물관을 방문하면 구리 제련과 웨일스의 산업혁명을 더 자세히 느끼고 알아볼 수 있다.

스완지는 20세기 동안 산업의 몰락과 전쟁의 파괴로 큰 고통을 겪었지만, 1969년 현재 영국 국왕인 찰스 3세가 웨일스 왕자 찰스로 즉위한 기념으로 이곳에 도시 지위를 다시 부여하면서 새로운 희망을 찾았다. 이후 제조업을 과감히 버리고 서비스 부문과 교육,

오래된 가마와 저장소

국립 워터프런트 박물관 내부

의료, 금융 등의 분야에서 발전을 이뤄 영국과 웨일스 평균보다 높은 성과를 냈다.

현재 스완지를 생각하면, 잉글랜드 축구 리그에 속해 있는, 그리고 기성용 선수가 2012~2018년까지 몸담았던 스완지 시티 AFC와 스완지대학교가 도시의 자부심과 명성을 높이는 대표적인 기관이란 점이 눈에 들어온다. 특히 스완지대학교는 엔지니어링, 물리학, 의학 등에서 세계적인 수준의 연구를 수행하고 있다. 스완지는 산업화 이후의 변화와 도전에 잘 적응한 도시로 평가받고 있다.

벨파스트

Belfast

갈등과 아픔에서 벗어난
북아일랜드의 수도

주   안트림주와 다운주
인구   348,005명 (2021)

벨파스트는 북아일랜드의 수도로, 아일랜드섬에서 더블린 다음으로 인구가 많은 도시이다. 이 도시는 언덕으로 둘러싸인 중심부에서 동쪽 해안의 벨파스트만에 이르는 라간강을 따라 성장했다. 벨파스트란 지명은 강과 만이 만나는 곳에 있는 모래톱을 의미하는 아일랜드어 이름인 '모래톱의 입$^{Béal\ Feirste}$'에서 유래했다. 현재 이 도시는 평화롭지만, 1960년대 말부터 1990년대 말까지 북아일랜드의 분쟁 시기에 정치적 종교적으로 긴장이 높았던 곳이었다. 다행히 1998년 성 금요일 협정 이후 갈등과 충돌이 줄어들었고, 그 이후로 평화와 안정을 유지하고 있다.

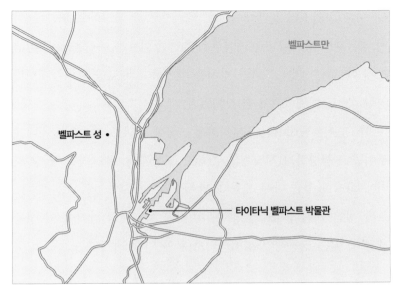

벨파스트만

종파 갈등의 아픔을 간직한 도시

벨파스트는 중세에 그리 중요한 지역이 아니었다. 노르만인들은 지금의 도시 중심부에서 한참 북쪽까지 건너와 벨파스트 성을 방어와 거주 목적의 석조 구조인 타워 하우스로 사용했다. 그러다 17세기 초, 잉글랜드의 스튜어트 왕실이 아일랜드 지주와 주민으로부터 얼스터(현재의 북아일랜드를 포함하는 지역)에 있는 토지 대부분을 몰수해 본섬(잉글랜드와 스코틀랜드)에서 온 정착민들에게 재분배하고 새로운 사회를 구축하도록 지원하면서 이곳도 변화하게 됐다. 이때를 얼스터 플랜테이션^{plantation of Ulster} 시기라고 부른다. 당시 잉글랜드 왕실이 플랜테이션을 추진한 이유는 이곳을 토박이 켈트계 아일랜드인의 문화와 정치를 제어하고 게르만계 잉글랜드의 영향력으로 대체하고자 한 것이었다.

1613년 플랜테이션이 본격화될 즈음에 벨파스트는 도시 지위를 부여받고 성장하기 시작했다. 그리고 도심에서 좀 떨어진 옛 성 자리에 화려한 성을 다시 세웠다. 당시 벨파스트 인근에 정통적인 노르만 성인 캐릭퍼거스 성의 총독이었던 치체스터 남작이 이 성을 세웠다. 이는 정통적인 성이라기보다 옛 영주 저택의 모습인 타워

빅토리아식의 현재 성

하우스였다. 이 집도 결국 불에 타버렸지만 19세기에 다시 지어진 빅토리아식의 현재 성도 이전처럼 대저택의 모습을 하고 있다.

한편 얼스터 플랜테이션 정책은 아일랜드의 가톨릭 세력을 약화하고 영국의 통제를 강화하기 위한 목적으로 진행됐지만, 이 과정에서 신교도와 가톨릭 사이에 심각한 종교적 갈등이 발생해, 1641년 아일랜드 반란으로 이어졌다. 아일랜드 반란은 가톨릭 신자인 주민들이 영국의 압제와 차별에 저항하며 일어난 민족 해방 운동이었다. 이 반란은 전쟁과 학살로 수많은 희생자를 낳았으며, 특히 얼스터 지방에서는 신교도 이주민들이 대규모로 살해됐다.

하지만 이런 종교적 불만도 한동안 잠잠해졌다. 패널법이 가톨릭교도들에게 무자비한 압박이 됐기 때문이었다. 영국 정부는 패널법으로 아일랜드의 85%를 차지하는 가톨릭 신자들에게 성공회로의 개종을 강요했고, 그렇게 하지 않으면 그들의 자녀들은 교육받을 수 없었고, 무기나 동물을 소유할 수 없었고, 양털을 팔 수도 없게 만들었다. 이런 억압적인 조치 때문에 아일랜드는 더 이상 저항하지 못하고 궁극엔 아일랜드 연합법Union with Ireland Act 1800으로 잉글랜드의 통치하에 들어가게 됐다.

1921년, 120년 만에 영국으로부터 자치권을 인정받은 아일랜드는 1937년 공화국으로 독립했다. 그러나 얼스터 지방과 벨파스트에 거주하는 영국계 신교 이민자들은 공화국에 합류하지 않고 자치권을 주장했다. 이에 따라 가톨릭계 주민들과의 갈등이 수십 년 동안 격화됐다.

특히 1960년대 후반부터 얼스터 지역에서는 아일랜드 독립을 주장하며 민족주의적 목표를 갖고 있는 '공화주의자'와 잉글랜드의 통치를 지지하는 '충성주의자' 두 층이 뚜렷해지면서 이들 사이에 갈등이 한층 심화됐다. 이 갈등의 절정이 1971년 12월에 벨파스트 도심에서 발생한 맥거크 술집 폭탄 테러였다. 공화주의자들이 자주 찾는 술집에서 충성주의자들의 얼스터 의용군UVF이 크리스마스 몇 주 전에 폭탄을 터뜨렸다. 이 사건으로 15명의 가톨릭 민간인이 숨지고 17명이 다쳤다. 이에 분노한 공화주의자들이 소속된 아일랜드 공화국군IRA이 다음 해 7월 벨파스트 시내 여러 곳에서 차량 폭탄을 동시에 터뜨린 '피의 금요일' 사건을 일으켰다. 이 사건으로 인해 9명이 사망하고 130여 명이 다쳤다. 벨파스트는 이런 종파 간의 충돌로 1970년대부터 1980년대까지 세계에서 가장 위험한 도시로 불렸으며, 도심에 있는 유로파 호텔은 이 기간에 36번이나 폭탄 테러를 당했다.

1973년 영국은 북아일랜드의 정치적 미래를 결정하기 위해 국민투표를 실시했다. 대다수 유권자가 영국에 속하는 것을 선택하자 영국은 북아일랜드를 편입했다. 이에 따라 가톨릭과 프로테스탄트 종파 간의 갈등이 한층 심화됐다. 영국 정부는 이 문제를 해결하기 위해 1998년 성 금요일 협정을 체결했다. 이 협정은 양측이 영토를 나누고 상호 비개입을 원칙으로 삼는 것이었다. 이를 위해 벨파스

폭탄 테러를 당했던 맥거크 술집

세계에서 가장 많은 폭탄 테러가 일어난 유로파 호텔

트 등지에 평화의 벽을 건설했다. 지금도 벨파스트 몇 군데에 장벽이 있지만 봄베이 스트리트 인근 쿠퍼웨이에 가면 이 장벽을 확실하게 볼 수 있다. 이 장벽은 양측의 충돌을 방지하기 위한 목적이었으나, 동시에 분리와 차별을 일으키기도 했다. 2008년부터 영국 정부는 평화의 벽을 철거하기 위한 논의하고 있다.

평화의 벽

크럼린 로드 감옥

북아일랜드 분쟁의 상징 중 다른 하나는 벨파스트 시내에 있는 크럼린 로드 감옥Crumlin Road Gaol이다. 1996년에 폐쇄되기까지 150여 년의 역사를 가진 감옥은 그동안 2만 5000명이 넘는 범죄자를 수용했다. 이 중에는 북아일랜드 분쟁에 관련된 많은 사람이 있었으며, 일부는 사형당했다. 이제는 관광 명소로 개방되어 방문객들은 1800년대의 감옥을 볼 수 있다. 그러나 이 감옥이 담고 있는 고통과 공포는 잊혀서는 안 될 북아일랜드 분쟁의 역사다.

아일랜드의 산업혁명을 책임진 도시

얼스터 플랜테이션이 본섬의 잉글랜드와 스코틀랜드 정

착민들을 유입시킨 것은 알려진 사실이다. 그러나 산업화에 선도적인 역할을 한 민족은 스코틀랜드 정착민들이었다. 스코틀랜드의 장로교도들은 프랑스에서 온 위그노(신교) 난민들과 협력해 리넨(아마)을 재배하고, 실과 천으로 가공해 지역 시장에서 판매했다. 리넨 제조는 얼스터 전역에 퍼져 있었으며, 수출을 위해서는 갈색 리넨 천을 표백하는 과정이 필요했다. 이 과정도 성공적으로 극복한 정착민들은 1728년에 벨파스트에 자신들이 운영하는 화이트 리넨 홀(지금은 시청사)을 건설했고, 영국 상인들과 직접 거래했다. 당연히 벨파스트 부두도 리넨 직물 수출의 중심지가 됐다.

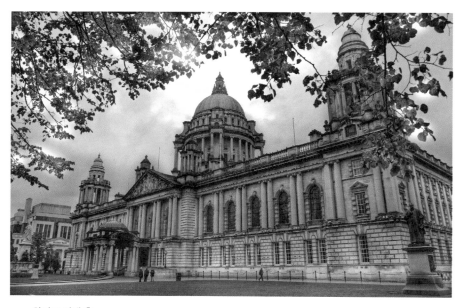

화이트 리넨 홀

19세기 초, 면화 산업의 발전과 함께 면직기가 개선됐다. 벨파스트 상인들은 리넨 천 제조에도 면직기를 활용할 수 있다는 것을 알아내고, 대량 생산을 시작했다. 리넨 천을 짜는 직물 기계를 발명하고 활용한 결과, 1850년대에는 62개의 방적 공장과 1만 9000명의 노동자가 도시 내에 있었고, 1871년경에는 78개의 방적 공장과 4만 3000명의 노동자가 모여 있었다. 이 때문에 벨파스트는 리넨 산업화 도시(리네노폴리스)라는 별칭까지 얻게 됐다. 그러나 리넨 산업도 1차 세계대전 이후 면직물의 대량 생산과 경쟁하면서 자연스레 쇠퇴하게 됐다.

벨파스트는 리넨 산업의 역사를 자랑하는 도시이다. 도심에 있는 지역인 리넨 쿼터Linen Quarter는 당시 리넨 무역의 번창을 증명하는 건물들로 가득하다. 예를 들어 화이트 리넨 홀은 시청으로 개조되었고, 리넨 창고들은 고급 사무실로 재탄생했다. 이 지역은 현재 벨파스트의 문화와 비즈니스의 중심지로, 얼스터 홀Ulster Hall과 그랜드 오페라 하우스Grand Opera House 등의 유명한 공연장을 비롯해 다양한 숙박, 식사, 쇼핑 시설이 갖춰져 있다.

리넨 수출항이던 곳에는 조선소들이 들어섰다. 그중 하나인 할랜드 앤 울프 조선소는 세계적으로 유명한 RMS 타이태닉호를 건조한 곳이다. 타이태닉호는 1912년 4월 15일, 미국 뉴욕으로 향하는 도중 북대서양의 빙산과 충돌해 침몰했다. 이 사고로 탑승자와 승무원 2224명 중 1496명이 목숨을 잃었다. 단일 선박의 침몰 사

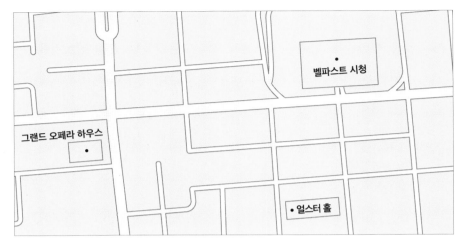

벨파스트 주변 지도

고로는 역사상 최악의 참사였다. 타이태닉호의 제작 과정과 역사를 자세히 알아보려면 타이태닉 벨파스트 박물관을 방문해 보면 된다. 박물관은 타이태닉호를 건조한 조선소 근처에 자리 잡고 있다. 9개 체험형 전시관으로 구성된 박물관에서는 타이태닉호뿐만 아니라 아일랜드의 조선업과 역사도 살펴볼 수 있다. 특히 19세기 중반에 발생한 아일랜드 감자 기근으로 더블린에서 벨파스트로 이주한 많은 사람이 조선소에서 일했다는 사실을 알면, 아일랜드의 역사와 조선업의 관련성을 더욱 깊이 이해할 수 있다.

　1998년의 성 금요일 협정은 폭력과 테러의 끝을 알리고, 정치적인 안정과 더불어 경제적인 회복을 가져왔다. 외국 기업들은 벨파스트의 잠재력을 인식하고 투자와 협력을 확대하고 있다. 관광객들

타이태닉 벨파스트 박물관

은 타이태닉의 출생지, 역사적 건축물, 문화적 행사 등 여러 즐길 거
리가 가득한 벨파스트의 매력에 빠지고 있다. 또한 북아일랜드 자
연의 아름다움을 감상하기 위한 출발점이기도 하다. 이 모두에서
벨파스트는 자신들의 과거를 잊지 않으면서도 새로운 미래를 향해
다양성과 번영을 추구하는 모델이 되고 있음이 분명하다. 벨파스트
는 과거의 분쟁과 고통에서 벗어나 새로운 도전과 기회를 맞이하는
도시다.

01 윈체스터

앨프레드 대왕 동상 | puffin11k | 플리커
윈체스터 대성당 | grassrootsgroundswell | 플리커
아서 왕 원탁 | David Spender | 플리커
리코리시아와 베네딕트 동상 | Lategatsby23 | 위키피디아

02 그레이터 런던

런던아이 | Nicole Tam | 플리커
웨스트민스터 사원 | Kevin Poh | 플리커
웨스트민스터 궁 | Alvesgaspar | 위키피디아
버킹엄 궁 | Chiugoran | 위키미디어
영국중앙은행 | acediscovery | 위키미디어
웨스트민스터길드 홀 | Wilhelm Joys Andersen | 플리커
로드 메이어 쇼 | S Pakhrin | 위키피디아
템플 바 게이트 | Eliott Brown | 플리커
길드 홀 내부의 그레이트 홀 | diliff | 위키미디어
알드게이트 펌프 | Matt Brown | 위키피디아
올드 스피탈필드 마켓 | Jonathan Cardy | 위키미디어
잭 더 리퍼 기사 | Pierre André Leclercq | 위키미디어
카나리 워프 | Alexander-93 | 위키미디어

03 캔터베리

에설버트 왕 동상 | Jolanta Fallach | 플리커
베르타 왕비 동상 | Jolanta Fallach | 플리커
세인트 마틴 교회 | Partonez | 위키미디어
캔터베리 대성당 | Hans Musil | 위키미디어
버켓의 희생을 기리는 칼 조각 | JOHN K THORNE | 플리커
제프리 초서 동상 | Ad Meskens | 위키미디어

세인트 토머스 병원 옛 건물 | Helmut Zozmann | 위키미디어
저스틴 웰비 대주교 | Roger Harris | 위키미디어

04 포츠머스
스피니터 타워 | Rhys Jones | 위키미디어
세인트 토머스 오브 캔터베리 대성당 | Lewis Hulbert | 위키미디어
라운드 타워 | Tim Sheerman-Chase | 위키미디어
스퀘어 타워 | Mark | 플리커
찰스1세의 흉상 | The wub | 위키미디어
포츠머스 포인트 | Tim Sheerman-Chase | 위키미디어
넬슨 제독 동상 | Harry Mitchell | 위키미디어
HMS 빅토리 | Vince Wingate | 플리커
메리 로즈호 | Allan Henderson | 플리커
포츠머스 블록 밀스 | Comlat | 위키피디아
도르래 블록 | GK Bloemsma | 위키피디아
D-day 스토리 박물관 | Wintonian | 위키피디아
사우스윅 하우스 | 위키피디아
HMY 브리타니아 | Lynda Poulter | 위키미디어

05 플리머스
스미턴스 타워 | Herbythyme | 위키미디어
드레이크 동상 | Philip Halling | 위키미디어
골드 하인드 | Steve Daniels | 위키미디어
드레이크섬 | Herbythyme | 위키미디어
로열 시타델 전경 | Geni | 위키미디어
세인트 캐서린 어폰 더 호 왕실 예배당 | Ian Cairns | 위키피디아
플리머스 해군 기념비 | Partonez | 위키미디어
메이플라워 스텝스 | Barry Skeates | 플리커
플리머스 록 | Bill Ilott | 플리커
로열 윌리엄 야드 | Own work | 위키미디어

06 브리스틀
플로팅 하버 | Reading Tom | 플리커

존 캐벗 동상 | Robert Cutts | 플리커
매슈 호 복제품 | Hugh Llewelyn | 플리커
콜스턴 홀 | Thomas Nugent | 위키미디어
조지안 하우스 박물관 | Heather Cowper | 위키미디어
존 웨슬리 동상 | Philip Halling | 위키미디어
브리스틀 대성당 | NotFromUtrecht | 위키미디어
세븐 스타스 | William Avery | 위키미디어
에드워드 콜스턴 동상 | Tim Green | 위키미디어
브리스틀대학교 | Graeme Churchard | 플리커

07 글로스터
네르바 황제 기마상 | Philip Halling | 위키미디어
에드워드 2세의 무덤 | Andrew and Annemarie | 플리커
글로스터 대성당 스테인드글라스 | Jules & Jenny | 플리커
세인트 메리 드 로드 교회 | Philafrenzy | 위키미디어
세인트 마이클 타워 | Philafrenzy | 위키미디어
뉴 인 | Bob&anne Powell | 위키미디어
샤이어 홀 | Tilman2007 | 위키미디어
파운튼 인 | Philafrenzy | 위키미디어
스워드 인 | Philafrenzy | 위키미디어
올드벨 | andy dolman | 위키미디어
세인트 메리 드 크립트 교회 | Philafrenzy | 위키미디어

08 옥스퍼드
카팩스 타워 | Raymond Knapman | 위키미디어
노스 게이트의 세인트 마이클 교회 | Motacilla | 위키미디어
순교자의 십자가 | Set in Stone Project | 위키미디어
순교자 기념탑 | Charlie | 플리커
발리올 칼리지 | Steve Cadman | 플리커
트리니티 칼리지 | Dave_S. | 플리커
트리니티 칼리지 식당 | Diliff | 위키피디아
보들리언 도서관 | Hugh Llewelyn | 플리커
유니버시티 칼리지 | Txllxt TxllxT | 위키미디어

머튼 칼리지 | Jonas Magnus Lystad | 위키미디어
크라이스트 처치 칼리지 | Gaytier Poupeau | 플리커
그레이트 다이닝 홀 | Bo&Ko | 플리커
옥스퍼드 성 | Jim Linwood | 플리커

09 케임브리지
코퍼스 시계 | In Memoriam Andy | 플리커
킹스 칼리지 | R Boed | 플리커
킹스 칼리지 천장 | Txllxt TxllxT | 위키미디어
화이트 호스 태번 | Robin Drayton | 위키피디아
그레이트 세인트 메리 교회 | Jorge Pena Ramos | 위키미디어
시드니 서식스 칼리지 | Modussiccandi | 위키미디어
축구 기념비 | The wub | 위키미디어
피터하우스 | ADTeasdale | 플리커
수학의 다리 | Jin Koo Nierbach | 플리커
트리니티 칼리지 | Rafa Esteve | 위키미디어
케임브리지대학교 도서관 | David Hallam-Jones | 위키미디어
캐번디시 연구소 | Peter Trimming | 위키미디어

10 일리
뱀장어 조각상 | Jim Linwood | 플리커
일리 대성당 | Jack Pease | 플리커
성 에셀드레다 무덤 | Francis Helminski | 위키미디어
러시아 대포 | Jim Linwood | 플리커
크롬웰의 옛집 | Jim Linwood | 플리커
광장시장 | N Chadwick | 위키미디어

11 노리치
부디카 여왕 동상 | Paul Walter | 위키미디어
부디카의 길 | Colin Park | 위키미디어
드래곤 홀 | Chris Morgan | 위키미디어
노리치 대성당 보스들 | Poliphilo | 위키미디어
자크마르 | Amitchell125 | 위키미디어

어펑엄 게이트 | Robert Cutts | 플리커
엘름 힐 | Peter Munks | 플리커
노리치 성 | John Fielding | 위키미디어
엔클로저 | Trevor Lottlewood | 지오그래프
마우스홀드 히스 | Michael John Button | 플리커
400주년 기념 패 | Robert Kett plaque | 플리커
노리치 박물관 | Evelyn Simak | 위키미디어

12 콜체스터

발케른 게이트 | Ben Sutherland | 플리커
클라우디우스 신전 | Werner Doenni | 비시
콜체스터 킵 | Sannse | 위키미디어
매슈 홉킨스 초상화 | Fæ | 위키미디어
오벨리스크 | Jim Osley | 위키미디어
세인트 피터스 교회 | David Hawgood | 위키미디어
더치 쿼터 | Amandajm | 위키미디어
존 루카스 집안 소유 건물 | Saltnarsh | 위키미디어

13 버밍엄

피터 드 버밍엄 그림 | Eliott Brown | 위키미디어
세인트 마틴 교회 | Sunil060902 | 위키미디어
로이드 은행 명패 | Spudgun67 | 위키미디어
팜 저택 | Tony Hisgett | 플리커
에스턴 홀 | Tony Hisgett | 플리커
버밍엄 운하 | Amanda Slater | 플리커
주얼리 쿼터 | Brian Clift | 위키미디어
소호 하우스 박물관 | Tony Hisgett | 플리커
센테네리 스퀘어 동상 | Eliott Brown | 플리커
커즌스트리트역 | Tony Hisgett | 플리커
버밍엄 공공도서관 | Martin Pettitt | 플리커
체임벌린 시계탑 | Mingkai Zhang | 위키미디어
체임벌린 기념비 | Eliott Brown | 위키미디어
캐드버리 월드 | Seth Whales | 위키미디어

14 **노팅엄**

드루리 힐 동굴 | Enchufla Con Clave | 위키미디어

게이트 하우스 | Immanuel Giel | 위키미디어

로빈 후드 동상 | Mike Peel | 위키미디어

노팅엄 성 | Arran Bee | 플리커

아담스 페이지 빌딩 | Andrew Abbott | 위키미디어

베이커 게이트 웨어하우스 | Matthew Black | 플리커

15 **레스터**

유대인 벽 박물관 | Roger W | 플리커

시몽 드 몽포르 동상 | NotFromUtrecht | 위키미디어

드몽포르대학교 | Jim Barton | 위키미디어

드 몽포르 홀 | NotFromUtrecht | 위키미디어

트리니티 구빈원 | Jack ÓSullkvan | 위키미디어

교회 유적 | RobinLeicester | 위키미디어

리처드 3세의 유해 | L S Wilson | 위키미디어

수도원 터 | NotFromUtrecht | 위키미디어

리젠트 대학 | Jenmcall | 위키미디어

레스터 길드 홀 | Killer Trails | 플리커

16 **코번트리**

세인트 미카엘 대성당 | Andrew Walker | 위키미디어

세인트 메리 수도원 대성당 | Shastrix | 위키미디어

쿡 스트리트 게이트 | Wikipedia Takes Coventry | 위키미디어

체일스모어 영주 집 | Snowmanradic | 위키미디어

고다이바 동상 | Si Chun Lam | 위키미디어

세이프티 바이시클 | Kenneth C. Zirkel | 위키미디어

그라인들레이 피러리스 오토바이 | WidoWido | 위키미디어

교통박물관 | Jim Limwood | 위키미디어

미들랜드 항공박물관 | Rwendland | 위키미디어

17 **우스터**

우스터 대성당 | SimonWiseman | 위키미디어

우스터 대성당 지하실 | Hugh Llewelyn | 위키미디어
우스터 대성당 챕터 하우스 | Tilman2007 | 위키미디어
킹스 스쿨 | Bob Embleton | 위키미디어
에드거 타워 | Celuici | 위키미디어
존 왕의 무덤 | Michael Garlick | 위키미디어
우스터 전투 기념비 | Bollothepriest | 위키미디어
리 앤 페린스 소스 공장 | Colin Park | 위키미디어
우스터 소스 | Qurren | 위키미디어
로열 우스터 박물관 | Colin Smith | 위키미디어
우스터 길드 홀 | David James | 위키미디어

18 뉴캐슬어폰타인
캐슬 킵 | Chabe01 | 위키미디어
블랙 게이트 | Chabe01 | 위키미디어
로이드 은행 | Andrew Curtis | 위키미디어
빅토리아 터널 입구 | Chabe01 | 위키미디어
문학 및 철학 학회 건물 | Andrew Curtis | 위키미디어
뉴캐슬 왕립 극장 | Chabe01 | 위키미디어

19 요크
요크 성벽 | Fary Rogers | 위키미디어
멍크 바 | Dun_deagh | 위키미디어
웜 게이트 바 | Chabe01 | 위키미디어
클리퍼드 타워 | Tim Green | 위키미디어
요크 성 박물관 | Jitka Erbenová | 위키미디어
요크 대성당 | John Robinson | 플리커
월터 드 그레이 무덤 | Andrewrabbott | 위키미디어
다섯 자매의 창 | dun_deagh | 위키미디어
더 샘블즈 | Peter K Burian | 위키미디어
국립 철도 박물관 | Christine Matthews | 지오그래프

20 킹스턴어폰헐
빅토리아 독 탑 | Andy Beecroft | 위키미디어

윌리엄 드 라 폴 동상 | Hulian111 | 위키미디어
이민자 가족 동상 | RHaworth | 위키미디어
윌버포스 하우스 | Bernard Sharp | 위키미디어
더 딥 수족관 | JThomas | 위키미디어

21 리즈
폰티프랙트 성 | Mtraylor848 | 위키미디어
커크스톨 수도원 | Minda | 위키미디어
브리그게이트 | Tim Green | 플리커
마샬 밀 | Alan Murray-Rust
빅토리아 쿼터 | Michael D Beckwith | 위키미디어
리즈대학교 | Mtaylor848 | 위키미디어
브리지워터 플레이스 | Lad2011 | 위키미디어

22 셰필드
셰필드 대성당 | A S Morton | 플리커
올드 퀸스 헤드 | Motacilla | 위키미디어
켈럼 아일랜드 박물관 | cooldudeandy01 | 위키미디어
셰필드 대학교 내 프레드릭 매핀 경 건물 | Paolo Margari | 위키미디어

23 맨체스터
로마 요새 일부 | Валерий Дед | 위키미디어
맨체스터 대성당 | Robert Cutts | 위키미디어
채텀 도서관 리딩 룸 | Michael D Beckwith | 위키미디어
브리지워터 운하 | Babby Clegg | 위키미디어
CIS 타워 | Alex Liivet | 위키미디어
옥수수 및 농산물 거래소 | Michael D Beckwith | 플리커
맨체스터 리버풀 로드역 | Geof Sheppard | 위키미디어
트래퍼드 파크 | Mikey | 위키미디어
메카닉스 인스티튜트 | KJP1 | 위키미디어
피털루 학살 기념비 | Etephen Gidley | 플리커
맨체스터대학교 | Tim Green | 위키미디어

24 리버풀

루퍼트 왕자의 타워 | Rodhullandemu | 위키미디어
연장된 리즈-리버풀 운하 | Ian Greig | 위키미디어
리버풀 오버헤드철도 | Neil Turner | 위키미디어
이민자 가족 동상 | Jonathan Cardy | 위키미디어
더 비틀스 스토리 | George M. Groutas | 플리커
로열 리버풀 필하모닉 오케스트라 | Smith & Brown | 플리커
앨버트 독 | McDaddy1815 | 위키미디어
리버풀대학교 | Rodhullandemu | 위키미디어

25 랭커스터

로마 목욕탕 유적 | Mat Fascione | 지오그래프
랭커스터 성 | Nuttytimmy | 위키미디어
감옥 팻말 | Ian Taylor | 위키미디어
랭커셔 마녀 산책로 | Ian Taylor | 위키미디어
세인트 조지스 키 항구 | Robert Linsdell | 플리커
애슈턴 기념관 | Rob Farrow | 위키미디어

26 에든버러

월터 스콧 기념탑 | Juan Carlos Arizmendi | 위키미디어
에든버러 성 | Scglossop1 | 플리커
성 마거릿 예배당 | Jonathan Oldenbuck | 위키미디어
홀리루드 궁 | Ad Meskens | 위키미디어
스콘석 대관식 의자 | 코넬대학교도서관 | 위키미디어
에든버러 프린지 페스티벌 | Festival Fringe Society | 위키미디어
스코틀랜드 국립 기념물 | Colin | 위키미디어
세인트 자일스 교회 | Carlos Delgado | 위키미디어
존 녹스 동상 | CPClegg | 위키미디어
에든버러 의회 | AlasdairW | 위키미디어
스코틀랜드 국립 초상화 미술관 | Yair Hakai | 위키미디어

27 글래스고

안토니누스 방벽 | George MacDonald | 위키미디어

글래스고 대성당 | Bewahrerderwerte | 위키미디어
글래스고대학교 본관 | Ian Dick | 플리커
글래스고 현대 미술관 | Ian Paterson | 위키미디어
세인트 앤드루스 인 더 스키 | Colin | 위키미디어
유럽 최초 상업 여객선 코멧의 복제품 | Thomas Nugent | 위키미디어

28 카디프

카디프 성 | W.Sauber | 위키미디어
블랙 타워 | Ham | 위키미디어
여름 별장식 성 | Kevin Gabbert | 위키미디어
카디프 성의 아랍 룸 | Gregg M. Erickson | 위키미디어
글러모건셔 운하 | Gareth James | 위키미디어
오늘날의 카디프 항구 | Richard Szwejkowski | 위키미디어

29 스완지

스완지 성 | Tiia Monto | 위키미디어
하포드 코퍼웍스 | Chris Allen | 위키미디어
오래된 가마와 저장소 | Chris Allen | 위키미디어
국립 워터프런트 박물관 | Tiia Monto | 위키미디어

30 벨파스트

벨파스트 성 | Trevor Caruth | 위키미디어
맥거크 술집 | Keresaspa | 위키미디어
유로파 호텔 | Suzanne Mischyshyn | 지오그래프
평화의 벽 | Cruise-Pics.com | 플리커
크럼린 로드 감옥 | Albert Bridge | 위키미디어
화이트 리넨 홀 | Mark Gunn | 플리커
타이태닉 벨파스트 박물관 | Nico Kaiser | 위키미디어

세계를 사로잡은 대중문화 종주국 영국의 도시와 역사 이야기

30개 도시로 읽는 영국사

초판 1쇄 인쇄 2024년 10월 10일
초판 1쇄 발행 2024년 10월 17일

지은이 김현수
펴낸이 김선식

부사장 김은영
콘텐츠사업본부장 임보윤
책임편집 김민경 **책임마케터** 양지환
콘텐츠사업8팀장 전두현 **콘텐츠사업8팀** 김상영, 김민경, 장종철, 임지원
마케팅본부장 권장규 **마케팅2팀** 이고은, 배한진, 양지환 **채널2팀** 권오권, 지석배
미디어홍보본부장 정명찬 **브랜드관리팀** 오수미, 김은지, 이소영, 박장미, 박주현, 서가을
뉴미디어팀 김민정, 이지은, 홍수경, 변승주
지식교양팀 이수인, 염아라, 석찬미, 김혜원
편집관리팀 조세현, 김호주, 백설희
저작권팀 이슬, 윤제희
재무관리팀 하미선, 임혜정, 이슬기, 김주영, 오지수
인사총무팀 강미숙, 김혜진, 황종원
제작관리팀 이소현, 김소영, 김진경, 최완규, 이지우, 박예찬
물류관리팀 김형기, 김선민, 주정훈, 김선진, 한유현, 전태연, 양문현, 이민운
외부스태프 본문 장선혜 표지 디자인장마

펴낸곳 다산북스 **출판등록** 2005년 12월 23일 제313-2005-00277호
주소 경기도 파주시 회동길 490 다산북스 파주사옥
전화 02-702-1724 **팩스** 02-703-2219 **이메일** dasanbooks@dasanbooks.com
홈페이지 www.dasan.group **블로그** blog.naver.com/dasan_books
종이 신승아이엔씨 **인쇄** 북토리 **코팅 및 후가공** 평창피엔지 **제본** 다온바인텍

ISBN 979-11-306-4884-2 04900
       979-11-306-7795-8(세트)

다산북스(DASANBOOKS)는 독자 여러분의 책에 관한 아이디어와 원고 투고를 기쁜 마음으로 기다리고 있습니다.
책 출간을 원하는 아이디어가 있으신 분은 다산북스 홈페이지 '투고원고'란으로 간단한 개요와 취지, 연락처 등을 보내 주세요.
머뭇거리지 말고 문을 두드리세요.